Studien zu Staat, Recht und Verwaltung

Herausgegeben von
Prof. Dr. Gabriele Britz
Prof. Dr. Wolfgang Hoffmann-Riem
Prof. Dr. Jens-Peter Schneider

Band 32

Christina Kreissl

Die Religionsfreiheit juristischer Personen im Sinne des Art. 19 Abs. 3 GG

Zur Notwendigkeit einer Neubewertung

Nomos

Onlineversion
Nomos eLibrary

Die Deutsche Nationalbibliothek verzeichnet diese Publikation in der Deutschen Nationalbibliografie; detaillierte bibliografische Daten sind im Internet über http://dnb.d-nb.de abrufbar.

Zugl.: Bonn, Univ., Diss., 2019

ISBN 978-3-8487-6715-1 (Print)

ISBN 978-3-7489-0836-4 (ePDF)

1. Auflage 2020

Vorwort

Die vorliegende Arbeit wurde von der Rechts- und Staatswissenschaftlichen Fakultät der Rheinischen Friedrich-Wilhelms-Universität Bonn im Wintersemester 2018/2019 als Dissertation angenommen. Die Disputation fand am 14. November 2019 statt. Rechtsprechung und Literatur sind soweit möglich bis Dezember 2019 berücksichtigt worden.

Meinem Doktorvater Herrn Prof. Dr. Christian Hillgruber danke ich für die umfassende Betreuung meiner Arbeit, für seinen Enthusiasmus und sein offenes Ohr.

Herrn Prof. Dr. Ansgar Hense danke ich für die Erstellung des Zweitgutachtens.

Meinen Eltern, meiner Schwester und meinem Freund danke ich für angeregte Diskussionen und stetigen Rückhalt.

Bonn, im März 2020 Christina Kreissl

Inhaltsverzeichnis

Einleitung

„Juristische Personen mit wirtschaftlicher Zielsetzung haben mit religiöser und weltanschaulicher Zielsetzung und deshalb auch mit Glaubens-, Gewissens- und Bekenntnisfreiheit nichts zu tun. Sie sind nicht nur bekenntnisneutral, sondern bekenntnisfremd.“[1]

"It would do one well to bear in mind that, at the heart of all complexities of corporate forms and corporate law lie the simple, ordinary phenomenon of the human tendency to form groups and the law's efforts to make sense of these groups."[2]

Am 30. Juni 2014 verkündete Associate Justice Samuel Alito das Urteil des Supreme Court in der Sache *Burwell Secretary of Health and Human Services, et al. v. Hobby Lobby Stores Inc. et al.*.[3] Mit einem knappen 5:4 Votum entschieden die Richterinnen und Richter des höchsten US-Bundesgerichtes, dass eine „for-profit corporation“ Trägerin der Religionsfreiheit sein und sich auf diese berufen könne, um hierdurch eine Befreiung von bestimmten Zahlungsverpflichtungen im Rahmen des gesetzlichen Krankenkassenprogramms („Obamacare") zu erhalten. Die Entscheidung spaltete nicht nur die Richterinnen und Richter des US Supreme Court, sondern ebenso die juristischen Stimmen Amerikas.[4] Eine derart extensive Auslegung dessen, was, beziehungsweise wer, den Schutz der Religionsfreiheit beanspruchen kann, war in der Rechtsprechung des obersten Bundesgerichts bisher nicht erfolgt.[5]

Die Entscheidung ist Ausdruck der Auffassung, dass es einer umfassenden Freiheit der Religionsausübung, des religiösen Bekenntnisses und des Glaubens entgegensteht, diesen Glauben und die Berufung hierauf, auf den Bereich des Privatlebens zu beschränken. Sie zeigt die Konfliktfelder auf, die gerade im Bereich von sog. „closely-held corporations“ entstehen

1 BVerwGE 7, 189 (195).

2 *Colombo*, 51 Hous. L. Rev. 1, (48) 2013.

3 *Burwell v. Hobby Lobby Stores*, 573 U.S. (2014).

4 Siehe hierzu die Nachweise in den Fn. 104 und 107.

5 So konnten sich zwar Religionsgemeinschaften und nicht-profitorientierte Organisationen auf die Religionsfreiheit berufen, nicht aber profitorientierte Kapitalgesellschaften.

können, wenn der Staat einer juristischen Person Verpflichtungen auferlegt, die Erfüllung dieser Verpflichtung aber letztlich den hinter der Gesellschaft stehenden Individuen obliegt. Religiöse Gewissenszwänge können dort auftreten, wo der Einzelne zwar durch die der Gesellschaft auferlegte Regelung selbst nicht unmittelbar betroffen ist, da er nicht Adressat der Regelung ist, er aber aufgrund der Ausgestaltung des Konstrukts „juristische Person" auch nicht gänzlich unberührt von der Regelung bleibt.

Die in Amerika erfolgte Entscheidung zeigt auf, dass es Situationen gibt, in denen die juristische Person Anknüpfungspunkt einer staatlichen Regelung ist und in der auch erst einmal nur die juristische Person gegen diese Regelung vorgehen kann, dass aber darüber hinaus die eigentliche Beeinträchtigung von grundrechtlich geschützter Freiheit ein Individuum trifft, das in der und durch die juristische Person agiert. Insoweit muss man sich die Frage stellen, auf welche Grundrechte sich die juristische Person im Einzelfall berufen kann und worauf die Grundrechtsberechtigung der juristischen Person begründet ist.

Der Fall *Burwell v. Hobby Lobby Stores* dient als Denkanstoß dafür, ob eine Neubewertung der Grundrechtsträgerschaft juristischer Personen des Privatrechts im Hinblick auf die Religionsfreiheit des Art. 4 Abs. 1 und 2 GG erforderlich ist.

Ausgehend von der Situation der Religionsfreiheit in Amerika sowie einer Darstellung der wesentlichen Argumente des Supreme Court und der kritischen Stimmen in der amerikanischen Literatur, wird sich die Arbeit mit der personellen Reichweite der Religionsfreiheit juristischer Personen in Deutschland beschäftigen.

Nach einer Darstellung der relevanten Normen im Grundgesetz, Art. 19 Abs. 3 GG und Art. 4 Abs. 1 und 2 GG, wird insbesondere untersucht, inwieweit nach dem Grundgesetz der Bundesrepublik Deutschland die Berufung von juristischen Personen auf die Religionsfreiheit des Art. 4 Abs. 1 und 2 GG anerkannt ist und, inwieweit diese zwar noch nicht anerkannt, aber dennoch anerkennungsbedürftig ist.

Von Bedeutung im Bereich der deutschen Rechtsprechung ist darüber hinaus die europäische Sichtweise auf die Religionsfreiheit. Diese findet sich sowohl in der Europäischen Grundrechtecharta (GRCh) als auch in der Europäischen Menschenrechtskonvention (EMRK). Die Europäische Grundrechtecharta gilt ausweislich ihres Art. 51 jedoch nur für Organe, Einrichtungen und sonstige Stellen der Union unter Wahrung des Subsidiaritätsgrundsatzes und für die Mitgliedstaaten ausschließlich bei der Durchführung des Rechts der Union. Da der Union darüber hinaus keine ausdrücklichen Kompetenzen im Bereich des Staatskirchenrechts oder Religionsrechts in den Mitgliedstaaten zustehen,[6] ist der Anwendungsbereich der Religionsfreiheit der Europäischen Grundrechtecharta stark beschränkt.[7]

Größere Bedeutung kommt in diesem Zusammenhang der im Rahmen der EMRK garantierten Religionsfreiheit zu. Zwar haben die EMRK und ihre Zusatzprotokolle in Deutschland den Rang eines Bundesgesetzes. Sie stehen damit unterhalb des Verfassungsrechts und sind kein unmittelbarer verfassungsrechtlicher Prüfungsmaßstab.[8] Dennoch haben die Gewährleistungen der Konvention und ihrer Zusatzprotokolle nach der Rechtsprechung des BVerfG Einfluss auf die Auslegung der Grundrechte und der im Grundgesetz enthaltenen rechtsstaatlichen Grundsätze.[9] Reichweite und Inhalt der nationalen Grundrechte können im Wege der Auslegung unter Heranziehung des Konventionstextes und der Rechtsprechung des Europäischen Gerichtshofs für Menschenrechte beeinflusst werden. Hierin spiegelt sich die Völkerrechtsfreundlichkeit des Grundgesetzes wider.[10] Die Grenze dieser Auslegung verläuft dort, wo diese Auslegung zu einer von der Konvention nicht gewollten Einschränkung des nach dem Grundgesetz bestehenden Grundrechtsschutzes führt.[11] Dies bedeutet, dass ein Verständnis der Religionsfreiheit der EMRK, das weitergehenden Schutz bietet als das nationale Verständnis der Religionsfreiheit des Art. 4 Abs. 1 und 2 GG, im Wege der Auslegung Einfluss haben kann auf Inhalt und Reichweite der Religionsfreiheit des Art. 4 Abs. 1 und 2 GG. Der Konventionstext sowie etwaige Entscheidungen des EGMR sind zumindest in den Willensbildungsprozess des mit der Rechtssache betrauten Gerichts, der zuständigen Behörde oder des Gesetzgebers einzubeziehen. Die Missachtung der Berücksichtigung entgegenstehender Rechtsprechung des EGMR kann vor dem BVerfG unter Berufung auf das einschlägige nationale Grundrecht in Verbindung mit dem Rechtsstaatsprinzip gerügt werden.[12] Insoweit ist auch eine Betrachtung der Religionsfreiheit des Art. 9 Abs. 1 und 2 EMRK im Kontext dieser Arbeit unerlässlich.

---

6 *Weber*, Religionsrecht und Religionspolitik der EU, NVwZ 2011, 1485 (1486).

7 *Krimphove*, Europäisches Religions- und Weltanschauungsrecht, EuR 2009, 330 (332).

8 BVerfGE 111, 307 (317).

9 BVerfGE 111, 307 (317).

10 BVerfGE 111, 307 (317).

11 BVerfGE 111, 307 (317).

12 BVerfGE 111, 307 (316).

Kapitel 1: Der Fall Hobby Lobby und die Religionsfreiheit juristischer Personen im amerikanischen Recht

> *"When rights, whether constitutional or statutory, are extended to corporations, the purpose is to protect the rights of these people."*[13]

Das erste Kapitel der vorliegenden Arbeit beschäftigt sich mit der am 30. Juni 2014 ergangenen Entscheidung des Supreme Court in der Sache *Burwell, Secretary of Health and Human Services, Et al. V. Hobby Lobby Stores Inc., Et al.* Es werden die Entscheidungsgründe des Supreme Court sowie die der Vorinstanzen erläutert und analysiert. Sodann wird ein Blick auf den in diesem Zusammenhang bestehenden Meinungsstand in der Literatur geworfen. Das Kapitel dient als Ausgangspunkt für die Beantwortung der Frage nach einer Religionsfreiheit juristischer Personen nach deutschem Verfassungsrecht.

I. Der Fall Hobby Lobby

In dem Fall *Burwell, Secretary of Health and Human Services, Et al. V. Hobby Lobby Stores Inc., Et al.* mussten sich die Richterinnen und Richter des Supreme Court damit auseinandersetzen, wie weit das in den USA sowohl verfassungsrechtlich im 1. Zusatzartikel der Verfassung der Vereinigten Staaten (First Amendment) als auch einfachgesetzlich im Religious Freedom Restoration Act (RFRA) garantierte Recht auf Religionsfreiheit reicht. Die Entscheidung, die am 30. Juni 2014 mit einem knappen 5:4 Votum verkündet wurde, rief in der Bevölkerung und unter Juristen ein gespaltenes Echo hervor. Von den Klägern als wegweisender Sieg für die Religionsfreiheit beschrieben („landmark victory for religious liberty")[14], sprechen Literatur und die abweichenden Meinungen der Richter des Supreme Court davon, dass der Supreme Court die Möglichkeit verpasst ha-

13 *Burwell v. Hobby Lobby*, 573 U.S. (2014) S. 18 der Opinion of the court.

14 Abrufbar unter: http://hobbylobbycase.com/the-case/the-decision/ (zuletzt besucht am 23.3.2020).

be „to reverse its practice of holding corporate rights more clearly than those of individuals“[15]. Doch worum genau ging es in diesem Fall?

1. Die Kläger

Norman und Elizabeth Hahn sowie ihre drei Kinder führen ein Unternehmen mit dem Namen Conestoga Wood Specialties, welches ca. 950 Mitarbeiter hat und nach dem Recht des Staates Pennsylvania als „business corporation“[16] organisiert ist. Der Begriff der „corporation“ bezeichnet im amerikanischen Gesellschaftsrecht eine Gesellschaftsform, bei der die Gesellschaft verselbstständigt gegenüber ihren Mitgliedern ist.[17] Insoweit kann sie mit dem im hiesigen Gesellschaftsrecht verwendeten Begriff der juristischen Person gleichgesetzt werden. Den „corporations“ werden im amerikanischen Recht, vergleichbar mit den Personengesellschaften im deutschen Recht, die „partnerships“ gegenübergestellt.[18]

Die Familie Hahn ist alleinige Eigentümerin der Gesellschaft Conestoga Wood Specialties und hat die vollständige Kontrolle im Aufsichtsrat sowie sämtliche Stimmrechte.[19] Ein Sohn der Hahns ist Präsident des Unternehmens und Vorstandsvorsitzender.[20] Es handelt sich um eine Kapitalgesellschaft mit nur wenigen Gesellschaftern (sog. „closely-held“ business corporation). Wenn man im amerikanischen Gesellschaftsrecht von „closely held“ corporations spricht, so sind hierunter Gesellschaften zu verstehen, die eine geringe Anzahl an Gesellschaftern haben, von denen die meisten aktiv an der Geschäftsführung beteiligt sind. Anteile werden nicht am Markt gehandelt.[21]

David und Barbara Green sowie ihre drei Kinder sind ebenfalls Kläger in dem Verfahren und Inhaber zweier Familienunternehmen: Hobby Lobby

15 *Jorczak,* Not like You and Me: Hobby Lobby, The Fourteenth Amendment, and What the Further Expansion of Corporate Personhood Means for Individual Rights, Brok. L. Rev. Vol. 80, (2014), S. 321.

16 Einsehbar unter: https://www.corporations.pa.gov/Search/corpsearch (zuletzt besucht am 23.3.2020).

17 *Schmidt*, Gesellschaftsrecht, S. 987.

18 *Merkt*, US-amerikanisches Gesellschaftsrecht, S. 102f.

19 *Burwell v. Hobby Lobby Stores* 573 US _ (2014), S. 12 der Opinion of the Court. Die Entscheidungen der amerikanischen Gerichte sind auf der Seite des US Supreme Court zu finden: https://supreme.justia.com/cases/federal/us/573/13-354/ (zuletzt besucht am 23.3.2020).

20 *Burwell v. Hobby Lobby Stores* 573 US _ (2014), S. 12 der Opinion of the Court.

21 *Merkt*, US-amerikanisches Gesellschaftsrecht, S. 179.

und Mardel. Bei dem Unternehmen Mardel handelt es sich um ein dem Hobby Lobby Unternehmen angeschlossenes Unternehmen, das 35 christliche Buchläden betreibt und von einem Sohn der Greens geführt wird. Bei Hobby Lobby handelt es sich um eine mittlerweile bundesweit operierende Kette von Kunsthandwerksläden. Hobby Lobby beschäftigt über 13.500 Mitarbeiter, Mardel nahezu 400. Bei beiden Unternehmen handelt es sich nach dem Recht des Staates Oklahoma ebenfalls um „business corporations"[22]. Über beide Unternehmen haben die Greens und ihre Kinder die alleinige Kontrolle. Auch bei diesen Unternehmen handelt es sich um familiengeführte Unternehmen.[23]

2. Klagegegenstand

Ausgangspunkt der Klagen beider Familien war ihr Glaube. Klagegegenstand waren Bestimmungen, die im Rahmen des Patient Protection and Affordable Care Act of 2010 ergangen waren und von Arbeitgebern mit mehr als 50 Vollzeitarbeitnehmern verlangen, einen Gesundheitsplan aufzustellen beziehungsweise ein Minimum an krankenversicherungsrechtlichem Schutz bereitzustellen. Von dieser Regelung umfasst ist auch die Verpflichtung, Vorsorgeuntersuchungen, Screenings und Verhütungsmittel für Frauen zu bezahlen, ohne dass diese sich an den Kosten hierfür beteiligen müssen.

Welche Vorsorgeuntersuchungen und Verhütungsmittel von dem Programm gedeckt sein sollten, wurde durch die Health Resources and Services Administration (HRSA), einer Abteilung des Secretary of Health and Human Services (HHS), in Zusammenarbeit mit dem Institute of Medicine festgelegt. Durch den Beitrag der Arbeitgeber bekommen die Arbeitnehmerinnen unter anderem erleichterten Zugang zu 20 Verhütungsmitteln, die von der Food and Drug Administration auf Bitte des HHS zusammengestellt wurden. Vier der dort aufgeführten und von den Beiträgen abgedeckten Verhütungsmittel führen dazu, dass eine bereits befruchtete Eizelle daran gehindert wird, sich im Uterus einzunisten.

Besonders aus diesem Grund sehen die relevanten Bestimmungen des Protection and Affordable Care Act of 2010 Ausnahmen von der Leistung der Krankenkassenbeiträge für religiöse Arbeitgeber, wie Kirchen und

---

22 Abrufbar unter: https://www.sos.ok.gov/corp/corpinquiryfind.aspx (zuletzt besucht am 23.3.2020).

23 *Burwell v. Hobby Lobby Stores* 573 US _ (2014), S. 13f. der Opinion of the Court.

nichtwirtschaftliche Organisationen mit religiöser Zielsetzung vor. Die Hahns und die Greens waren der Meinung, eine solche Ausnahme müsse auch für sie als zutiefst gläubige Arbeitgeber beziehungsweise als religiöse Unternehmen gelten.[24]

Bei den Hahns und Greens handelt es sich um gläubige Christen. Beide Familien verklagen unter Berufung auf sowohl ihre Religionsausübungsfreiheit aus dem 1. Zusatzartikel der amerikanischen Bundesverfassung als auch den Religious Freedom Restoration Act aus dem Jahr 1993 das Secretary of Health and Human Services.

Mit ihrem Glauben sei es nicht vereinbar, Verhütungsmittel zu benutzen, die darauf abzielen, ungeborenes Leben zu verhindern, sowie solche Methoden zu gebrauchen, deren Wirkung zu einem Zeitpunkt eintrete, zu dem die Eizelle bereits befruchtet sei. All dies käme aus ihrer Sicht einer Abtreibung gleich.[25] Ebenso wenig gestatte es ihr Glaube ihnen, irgendetwas zu unternehmen, das dazu führen würde, dass andere derartige Untersuchungen und Behandlungen vornehmen können.[26] Daher verklagten sie das HHS einmal unter Berufung auf ihre eigene Religionsfreiheit, aber auch - und das ist das eigentlich Interessante an diesem Fall - unter Berufung auf die eigene Religionsfreiheit der jeweiligen Unternehmen: Conestoga Wood Specialties, Hobby Lobby und Mardel.

Die Gerichte mussten nun darüber entscheiden, ob die Free Exercise Clause des 1. Zusatzartikels der amerikanischen Verfassung und/oder der RFRA es verbieten, von Conestoga Wood Specialties, Hobby Lobby und Mardel zu verlangen, die Krankenkassenbeiträge in vollem Umfang zu bezahlen.

Um das Urteil nachvollziehen zu können, ist es zunächst wichtig, sich die Stellung der juristischen Person im amerikanischen Verfassungsrecht sowie die rechtliche Lage der Religionsfreiheit in Amerika zu vergegenwärtigen.

II. Stellung der juristischen Person im amerikanischen Verfassungsrecht

Weder die amerikanische Verfassung noch ihre Zusatzartikel, der sog. „Bill of Rights“[27], erwähnen die juristische Person als Grundrechtssubjekt. Eine

24 *Burwell v. Hobby Lobby Stores* 573 US _ (2014), S. 12 der Opinion of the Court.
25 *Burwell v. Hobby Lobby Stores* 573 US _ (2014), S. 14 der Opinion of the Court.
26 *Burwell v. Hobby Lobby Stores* 573 US _ (2014), S. 14 der Opinion of the Court.
27 *Hay*, Law of the United States, Kap. 2, Rn. 67.

dem Art. 19 Abs. 3 GG vergleichbare Regelung, die die juristischen Personen ausdrücklich in den Schutzbereich der Grundrechte mit einbezieht, existiert im amerikanischen Recht nicht. Die Verfassung bezieht sich ausweislich des Wortlauts der Präambel auf die Menschen der Vereinigten Staaten („We the People of the United States"). Der Versuch, im Rahmen des Bill of Rights eine Regelung für juristische Personen zu treffen, wurde abgelehnt.[28] Allerdings spielten zum Zeitpunkt der Entstehung der amerikanischen Verfassung juristische Personen auch noch keine große Rolle.[29]

Auch nach der Rechtsprechung des Supreme Court wurde und wird juristischen Personen nicht der gleiche Schutz durch die Grundrechte zuteil, wie er natürlichen Personen zukommt. Lange Zeit wurden juristische Personen als dem Menschen ungleiche, mächtige und künstliche Organisationseinheiten angesehen, denen zwar gerade im Zusammenhang mit wirtschaftlichen Fragestellungen Privilegien zukommen sollten, die im Hinblick auf grundrechtlichen Schutz aber nicht mit dem der natürlichen Person zukommenden Schutz korrelierten.[30]

Auch heute bleiben nach einhelliger Auffassung die „purely personal guarantees", das heißt solche Rechte, die an rein menschliche Eigenschaften anknüpfen, den natürlichen Personen als Rechte vorbehalten. Im Zusammenhang mit dem Recht, sich nicht selbst einer Straftat bezichtigen zu müssen („constitutional privilege against self-incrimination") hat der Supreme Court beispielsweise wiederholt betont, dass dieses Recht an ein Gewissen und die Menschenwürde anknüpfe und daher nicht auf juristische Personen anwendbar sei.[31]

Darüber welche Rechte noch „purely personal guarantees" sind, wurde jedoch gerade in der jüngeren Rechtsprechung gestritten. Es hat sich gezeigt, dass die Rechtsprechung des Supreme Court in der Frage, welche Grundrechte auch juristischen Personen zukommen, immer großzügiger wird. Angefangen mit dem Recht der juristischen Personen, klagen zu können und verklagt zu werden, über das Recht, Verträge einzugehen und den Schutz des Eigentums geltend zu machen, können sich juristische Personen nach neuerer Rechtsprechung in gleichem Umfang wie natürliche Personen auf das durch den 1. Zusatzartikel garantierte Grundrecht der

---

28 *Gans*, in: Religious Liberties for Corporations? S. 8.

29 *Oliver*, Companies and their Fundamental Rights: A Comparative Perspective, ICLQ 2015, 661 (665).

30 *Gans*, in: Religious Liberties for Corporations? S. 8.

31 So etwa *Hale v. Henkel* 201 U.S. 43 (1906); *United States v. White* 322 U.S. 694 (1944).

Meinungsfreiheit[32] sowie nun auch das durch den Religious Freedom Restoration Act (RFRA) garantierte Recht auf Religionsfreiheit berufen.[33]

Ob sich eine juristische Person auf ein Grundrecht berufen kann, ist aufgrund fehlender ausdrücklicher Regelungen im amerikanischen Recht immer eine Entscheidung des Einzelfalls, wobei die Ausgestaltung der juristischen Person sowie das in Frage stehende Grundrecht ausschlaggebend sind.

III. Der Schutz der Religionsfreiheit im amerikanischen Recht

Im Gegensatz zum deutschen finden sich im amerikanischen Recht Regelungen zum Schutz der Religionsfreiheit nicht nur im Verfassungsrecht, sondern mit dem Religious Freedom Restoration Act auch auf einfachgesetzlicher Ebene. Die Hahns und die Greens begründeten ihre Klagen sowohl mit einer Verletzung einfachen Rechts als auch mit einer Verletzung des verfassungsrechtlich garantierten Rechts auf freie Religionsausübung. Entschieden hat der Supreme Court den Fall jedoch nur im Hinblick auf den Religious Freedom Restoration Act. Verfassungsrechtlicher Ausführungen hat er sich enthalten.

Dem RFRA kommt in Amerika eine herausragende Stellung im Hinblick auf die Religionsfreiheit zu. Dies zeigt nicht nur dieser Fall, sondern bereits die Entstehungsgeschichte des RFRA. Zunächst lohnt es sich daher, einen Blick auf die existierenden rechtlichen Grundlagen der Religionsfreiheit im amerikanischen Recht zu werfen.

1. Das First Amendment

Die verfassungsrechtlich garantierte Religionsfreiheit findet sich im amerikanischen Recht im 1. Zusatzartikel zur amerikanischen Verfassung, dem First Amendment. Hier heißt es wörtlich:

> “Congress shall make no law respecting an establishment of religion, or prohibiting the free exercise thereof; or abridging the freedom of speech, or of the press; or the right of the people peaceably to assemble, and to petition the government for a redress of grievances.”

---

32 *Citizens United v. Federal Election Commission* 558 _ U.S. (2010).

33 *Burwell v. Hobby Lobby Stores, Inc., et al.* 573 _ U.S. (2014).

Damit gehört das Recht auf Religionsfreiheit zum Bill of Rights, dem Grundrechtskatalog der Verfassung der Vereinigten Staaten von Amerika, der aus den Zusatzartikeln 1 bis 10 besteht und 1791 in Kraft trat.[34]

Die im 1. Zusatzartikel getroffenen Regelungen zur Religionsfreiheit sind kurz und lassen sich grob in zwei Teile untergliedern: Der erste Teil regelt das Verhältnis von Staat und Religion. Dem Staat wird es verboten, Gesetze zu erlassen, welche die Einrichtung einer bestimmten Religion zur Folge hätten. Dieser Teil nennt sich „Establishment Clause". Für die hiesige Arbeit interessanter ist der auf den Establishment Clause folgende Nebensatz, der es dem Kongress verbietet, Gesetze zu erlassen, die die freie Religionsausübung verbieten würden. In diesem Passus findet sich das Recht auf freie Religionsausübung des Individuums. Man spricht in diesem Zusammenhang von der sog. „Free Exercise Clause". Im Gegensatz zu dem grundrechtlich garantierten Recht auf Religionsfreiheit in Art. 4 Abs. 1 und 2 GG, ist die Religionsfreiheit der amerikanischen Verfassung ihrem Wortlaut nach sehr knapp ausgestaltet, so dass es der Rechtsprechung oblag und immer noch obliegt, den Anwendungsbereich dieses Grundrechts näher zu bestimmen. Dies hat der Supreme Court über die Jahre hinweg auch getan. Heute existiert umfangreiches case law, anhand dessen die Entwicklung der verfassungsrechtlich garantierten Religionsfreiheit nachvollzogen werden kann.

a. Beschränkung auf Eingriffe durch Bundesrecht

Der weite Anwendungsbereich, der der Religionsfreiheit heute zukommt, bestand so nicht immer.[35] Bereits im Hinblick darauf, auf welche Eingriffe durch welche Regelungen die Religionsfreiheit des 1. Zusatzartikels anwendbar sein sollte, bestanden Einschränkungen. In seiner ursprünglichen Fassung fand die Religionsfreiheit nur Anwendung auf Regelungen, die vom Kongress erlassen wurden und damit nicht auf Maßnahmen der Einzelstaaten. Der Anwendungsbereich war mithin von vorneherein auf Bundesrecht beschränkt.[36] Zwar garantierten einige Staaten ihren Bürgern ebenso freie Religionsausübung sowie eine Verpflichtung der staatlichen

---

34 *Hay*, Law of the United States, Kap. 2, Rn. 67.

35 Ein Überblick zur Geschichte der Religionsfreiheit in den USA findet sich bei *Laycock*, A Survey of Religious Liberty in the United States, 47 Ohio St. L. J. 1986, 409.

36 *Laycock*, 47 Ohio St. L. J. 1986, 409 (414).

Einrichtungen zur Neutralität gegenüber den Religionen, andere taten dies jedoch nicht, so dass der Schutz der Religionsfreiheit im einzelstaatlichen Bereich lange Zeit uneinheitlich und rückständig ausgestaltet war, obwohl es de facto bereits einen Grundrechtskatalog gab.[37] Eine Änderung erfuhr diese Praxis erst im Jahr 1940 durch *Cantwell v. State of Connectitut* im Hinblick auf den Anwendungsbereich der Free Exercise Clause[38] und im Jahr 1947 mit *Everson v. Board of Education* für den Establishment Clause[39]. Im Rahmen dieser Entscheidungen wurde die Anwendung der Religionsfreiheit auch auf Maßnahmen der Einzelstaaten festgelegt unter Berufung auf den 14. Zusatzartikel der Verfassung.

b. Beschränkung auf das forum internum

Bis zu einer Entscheidung des US Supreme Court aus dem Jahr 1963 war es darüber hinaus ständige Rechtsprechung des Supreme Court, dass die Religionsfreiheit lediglich den Bereich des Glaubens, Denkens, mithin das *forum internum* erfasst. Verhaltensweisen standen nicht unter dem Schutz der durch den 1. Zusatzartikel garantierten Religionsfreiheit. Diese Ansicht verfolgte die Rechtsprechung im Hinblick auf die Religionsfreiheit bis zu einer Entscheidung aus dem Jahr 1963 weiter. Beispielhaft für diese vorherrschende restriktive Auffassung vom Anwendungsbereich der Religionsfreiheit ist der im Jahr 1879 vom Supreme Court entschiedene Fall *Reynolds v. United States*.[40] Klagegegenstand waren die vom Kongress in den 1860er Jahren erlassenen Gesetze, die Polygamie unter Strafe stellten und sich offensichtlich gegen die religiöse Minderheitengruppe der Mormonen richteten. Gegen eine aufgrund dieser Gesetze ergangene Verurteilung wandte sich Gregory Reynolds unter Berufung auf seine Religionsfreiheit aus dem 1. Zusatzartikel der Verfassung mit der Begründung, dass die Vielehe Teil der religiösen Praxis der Mormonen sei. Nach Ansicht des Supreme Court schütze die Religionsfreiheit zwar das Recht zu glauben, nicht aber das Verhalten, das aus der Wahrnehmung der bestehenden Glaubensgebote resultiere.[41]

---

37 *Laycock*, 47 Ohio St. L. J. 1986, 409 (414).
38 *Cantwell v. State of Connecticut* 310 US 296 (1940).
39 *Everson v. Board of Education* 330 US 1 (1947).
40 *Reynolds v. United States* 98 US 145 (1879).
41 *Reynolds v. United States* 98 US 145 (1879).

c. Religiös motiviertes Verhalten und neutrale Regelungen

Im Rahmen der Entscheidung *Sherbert v. Verner* entschied der Supreme Court dann erstmals ausdrücklich, dass von der Free Exercise Clause des 1. Zusatzartikels nicht nur der Glaube geschützt sei, sondern darüber hinaus auch religiös motiviertes Verhalten.[42] In dem Fall ging es um Adeil Sherbert, eine Sieben-Tage Adventistin, die entlassen wurde, weil sie sich geweigert hatte, samstags zu arbeiten. Der Samstag war ihren Glaubensregeln nach der Ruhetag. Die zuständige Behörde des Staates South Carolina verweigerte ihr die daraufhin geltend gemachte Zahlung von Arbeitslosenunterstützung. Der Supreme Court entschied in diesem Fall, dass die Weigerung der Zahlung von Arbeitslosenunterstützung eine Verletzung der Free Exercise Clause darstelle und stellte somit auch religiös motiviertes Verhalten unter den Schutz der Religionsfreiheit.

Bemerkenswert an diesem Urteil war auch, dass der Supreme Court damit eine Ausnahme von einer neutralen und allgemein Anwendung findenden gesetzlichen Regelung zuließ. Dies war zuvor noch in *Braunfeld v. Brown* abgelehnt worden.[43] Nach *Sherbert* waren nunmehr Ausnahmen von neutralen Regelungen („laws of general application") zulässig, sofern die Regierung nicht einen zwingenden Grund („compelling governmental interest") vorbringen konnte, der dafür sprach, die Ausnahme von der geltenden Regelung nicht zu erteilen.[44] Der hierdurch neu entstandene Prüfungsmaßstab des „compelling interest test" war vergleichbar mit der im deutschen Grundrechtsbereich erfolgenden Güterabwägung im Rahmen der Verhältnismäßigkeitsprüfung.[45]

d. Keine Anwendung auf neutrale Regelungen

Die sich durch *Sherbert* entwickelte Rechtsprechung erfuhr jedoch im Jahr 1990 durch die Rechtsprechung des Supreme Court in der Sache *Employment Division v. Smith*[46] erneut eine Wendung, die im weiteren Verlauf zum Erlass des Religious Freedom Restoration Act führen sollte.

---

42 *Sherbert v. Verner* 374 US 398 (1963).

43 Zu diesem Urteil siehe aber später noch unter Kap. 2 Teil 4 II. 2.

44 *Sherbert v. Verner* 374 US 398 (403f.) (1963).

45 Vgl. auch *Funke*, Religionsfreiheit im Verfassungsrecht der USA, S. 64.

46 *Employment Division, Department of Human Resources of Oregon v. Smith* 494 US 872 (1990).

Kläger waren zwei amerikanische Ureinwohner, die wegen der Einnahme von Peyote bei Zeremonien der Native American Church entlassen worden waren. Die Kläger wandten sich an die staatlichen Gerichte, um prüfen zu lassen, ob die zeremonielle Einnahme illegaler Drogen gegen die staatlichen Drogengesetze verstößt. Der Supreme Court von Oregon entschied daraufhin, dass ein Verbot der Einnahme von Drogen im Rahmen von religiösen Zeremonien die Free Exercise Clause der Kläger verletze. Dem stellte sich der US Supreme Court entgegen. In Abwendung von seiner Rechtsprechung seit *Sherbert* entschied er, dass ein Einzelner unter Berufung auf seine Religionsfreiheit keine Befreiung von der Befolgung neutraler Gesetze erlangen könne, die in einem Bereich bestehen, in der es der Regierung frei stehe, Regelungen zu schaffen. Dem in der *Sherbert* Rechtsprechung verfolgten Ansatz, dass auch Gesetze, die auf den ersten Blick neutral gegenüber der Religionsfreiheit sind, im Einzelfall eine Beeinträchtigung derselben darstellen können und dass solche Beeinträchtigungen nur durch einen zwingenden Grund zu rechtfertigen sind, wurde durch die *Smith* Rechtsprechung nunmehr eine Absage erteilt. Eine Verletzung der Religionsfreiheit durch neutrale und allgemein Anwendung findende Regelungen war nach der Rechtsprechung in *Smith* nicht mehr möglich.

e. Der Begriff der Religion

Im Hinblick auf den Begriff der Religion hat sich über die Jahre gezeigt, dass dieser sehr weit ausgelegt wird. Da das amerikanische Recht ausdrücklich weder eine Weltanschauungsfreiheit noch eine Gewissensfreiheit kennt, werden all diese Freiheiten ebenso unter den Begriff der Religion subsumiert. In *United States v. Seeger* beriefen sich eine Reihe von Personen auf eine nach dem „Universal Military Training and Service Act“ bestehende Ausnahme von der damals noch bestehenden Pflicht zur Wehrdienstleistung.[47] Die Ausnahme bestand nach dem Gesetz „for those persons who by reason of their religious training and belief are conscientiously opposed to participation in any form“. „Religious training and belief“ war des weiteren definiert als „individual's belief in a relation to a Supreme Being involving duties superior to those arising from any human relation but not including essential political, sociological or philosophical views or a merely moral personal code“.

47 *United States v. Seeger* 380 US 163 (1965); *Welsh v. United States* 398 US 333 (1970).

Die Kläger beriefen sich unter anderem auf das ihnen durch den 1. Zusatzartikel garantierte Recht der Religionsfreiheit und beklagten, dass das Gesetz keine Ausnahme für diejenigen vorsah, die aus anderen als aus religiösen Gründen den Wehrdienst verweigerten. In *United States v. Seeger* sowie in dem späteren vergleichbaren Fall *Welsh v. United States*[48] entschied der Supreme Court jeweils, dass derartige Ausnahmen nicht nur auf Widerstände zu beziehen sind, die von dem Glauben an ein transzendentes Wesen („Supreme Being") herrühren, sondern auch auf solche, die aus zutiefst verfestigten moralischen oder ethischen Vorstellungen resultieren. In diesem Zusammenhang meint Religion mithin nicht nur Religion im Sinne des Glaubens an ein übernatürliches Wesen, sondern darüber hinaus das, was in Deutschland gemeinhin als Weltanschauung anzusehen wäre oder in den Schutzbereich der Gewissenfreiheit fiele.

Die Free Exercise Clause des 1. Zusatzartikels der amerikanischen Verfassung umfasst somit neben dem Recht auf Religionsfreiheit im Sinne der Religion als Glaubenswahrheit mit transzendentem Bezug auch die Weltanschauungs- und die Gewissensfreiheit. Entgegen langläufiger Praxis ist nicht mehr nur das *forum internum*, sondern richtigerweise auch das *forum externum* und mithin religiös motiviertes Verhalten vom Schutzbereich der Religionsfreiheit erfasst.

f. Zwischenergebnis

Abgesehen davon, dass die Gewissens- und die Weltanschauungsfreiheit im deutschen Verfassungsrecht eigenständig erwähnt und garantiert sind, ist das Verständnis dessen, was dem Schutzbereich der verfassungsrechtlich garantierten Religionsfreiheit unterfällt, in Amerika vergleichbar mit dem in Deutschland vorherrschenden Verständnis, so dass die amerikanische Rechtsprechung oftmals eine gute Vergleichsgrundlage für die deutsche Sichtweise bilden kann. Zwar ist der Wortlaut der amerikanischen verfassungsrechtlich garantierten Religionsfreiheit noch weiter als der der deutschen und somit auf den ersten Blick einer noch weitergehenden Interpretation und Auslegung zugänglich. Dies ändert jedoch nichts daran, dass das der Religionsfreiheit zugrundeliegende Verständnis dem Grunde nach gleich ist. Dass dennoch unterschiedliche Ergebnisse im Einzelfall zustande kommen können, hängt wohl vielfach mit dem Stellenwert der Religion innerhalb der Gesellschaft zusammen. In der neueren Rechtsprechung

48 *Welsh v. United States* 398 US 333 (1970).

des Supreme Court, die auch Gegenstand dieser Arbeit ist, zeigt sich darüber hinaus deutlich die Sorge der Amerikaner vor einem Staat, der ausufernd regulierend tätig wird und in das Leben der Einzelnen eingreift.[49] Als Ausdruck dieser Haltung kann auch der Erlass des Religious Freedom Restoration Act gesehen werden.

2. Der Religious Freedom Restoration Act (RFRA) – 42 U.S. Code § 2000bb-1

a. Regelungsgehalt

Neben der grundrechtlich garantierten Religionsfreiheit des 1. Zusatzartikels besteht im amerikanischen Recht der sog. Religious Freedom Restoration Act. Dieser lautet wie folgt:

> "(a) In general
> Government shall not substantially burden a person's exercise of religion even if the burden results from a rule of general applicability, except as provided in subsection
> (b)Exception
> Government may substantially burden a person's exercise of religion only if it demonstrates that application of the burden to the person—
> (1) is in furtherance of a compelling governmental interest; and
> (2) is the least restrictive means of furthering that compelling governmental interest."

Der RFRA wurde als Antwort auf die Rechtsprechung des Supreme Court in *Smith* im November 1993 erlassen. Er spiegelt die Auffassung wider, dass neutrale Gesetze ebenso eine Beeinträchtigung der Religionsfreiheit darstellen können, wie Gesetze, die darauf angelegt sind, die Religionsfreiheit zu beeinträchtigen.[50] Der Erlass des RFRA war Ausdruck der Überzeugung, dass die Religionsfreiheit substantielles Freiheitsrecht ist und als solches der Glaube und das hieran ausgerichtete Verhalten einem möglichst weitreichenden Schutz unterstellt sein sollte.[51] Der in *Sherbert* festgelegte

---

49 So auch *Beaucamp*, „Obamacare" vor dem Supreme Court, JZ 2016, 987 (999).

50 Einsehbar unter: https://www.gpo.gov/fdsys/pkg/STATUTE-107/pdf/STATUTE-107-Pg1488.pdf (zuletzt besucht am 23.3.2020).

51 *Laycock*, Free Exercise and the Religious Freedom Restoration Act, Fordham Law Review Vol 62, 883 (895) (1994).

Schutzstandard sollte durch den RFRA wiederhergestellt werden („to restore the compelling interest test as set forth in *Sherbert v. Verner*").[52]

Der RFRA stellt keine Änderung des 1. Zusatzartikel dar, sondern kann als „Fortschreibung des bisherigen Grundrechtstandards in einfachgesetzlicher Form"[53] angesehen werden. Damit tritt er als zusätzlicher Schutz der Religionsfreiheit neben die Free Exercise Clause der Verfassung und findet dort einen eigenständigen Anwendungsbereich, wo Regelungen Gegenstand der Klage sind, die neutral im Hinblick auf die Religionsfreiheit formuliert sind sowie allgemein Anwendung finden und dadurch im Hinblick auf die Free Exercise Clause nach der *Smith* Rechtsprechung keine Verletzung der Religionsfreiheit mehr darstellen können.[54] Der RFRA stellt eine mutmaßliche gesetzliche Ausnahme von allgemein Anwendung findenen Regelungen dar („presumptive statutory exemption from generally applicable laws"[55]) dar.

b. Verfassungsmäßigkeit

Bereits im Jahr 1997 hatte der Supreme Court sich jedoch in der Entscheidung *City of Boerne v. Flores*[56] damit zu beschäftigen, ob der RFRA verfassungsgemäß ist. Der Kongress sah sich dem Vorwurf ausgesetzt, seine Kompetenzen nach dem 14. Zusatzartikel der Verfassung mit dem Erlass des RFRA überschritten zu haben. Durch den RFRA wurde das dort vom Kongress festgelegte Prüfungsprogramm auch zum Maßstab für Maßnahmen der einzelnen Staaten. Dies, so der Supreme Court, sei im Hinblick auf die Souveränität der Einzelstaaten in Bezug auf die Ausgestaltung ihrer Gesetze und Verordnungen verfassungswidrig, da es die dem Kongress im 14. Zusatzartikel eingeräumten Regelungskompetenzen überschreite.[57]

---

52 Section 2. (b) of the RFRA: The purposes of this Act are (1) to restore the compelling interest test as set forth in Sherbert v. Verner […] and to guarantee its application in all cases where free exercise of religions is substantially burdened […].

53 *Funke*, Religionsfreiheit im Verfassungsrecht der USA, S. 101.

54 S. hierzu bereits unter Kap. 1 III. 1. d.

55 *Shapiro*, in: Religious Liberties for Corporations?, S. 32.

56 *City of Boerne v. Flores* 521 US 507 (1997).

57 *City of Boerne v. Flores* 521 US 507 (519) (1997), „Congress power under § 5, however, extends only to „enforcing" the provisions of the Fourteenth Amendment. [...] Legislation which alters the meaning of the Fourteenth Amendment cannot be said to enforcing the Free Exercise Clause. Congress does not enforce a constitutional right by changing what the right is."

Der zusätzliche Schutz des Bürgers und religiöser Vereinigungen vor Eingriffen in die Religionsfreiheit greift mithin nur dort, wo Gegenstand des möglichen Eingriffs Bundesgesetze sind. Für einzelstaatliche Maßnahmen gilt der vom Kongress erlassene RFRA nicht. Um nicht hinter den Schutzstandard auf Bundesebene zurückzusinken, haben 21 Staaten der USA dem RFRA vergleichbare oder gar wortgleiche Gesetze erlassen.[58]

Da es sich im Fall Hobby Lobby bei den angegriffenen Regelungen des Patient Protection and Affordable Care Act of 2010 um vom Kongress erlassene, neutrale Gesetze handelt, die sich nicht explizit gegen die Religionsfreiheit richten, konnte eine mögliche Verletzung der Religionsfreiheit überhaupt nur im Hinblick auf eine Verletzung des RFRA geltend gemacht werden.

c. Verhältnismäßigkeit

Der RFRA normiert dem deutschen Recht vergleichbare Anforderungen an das Vorliegen eines ungerechtfertigten Eingriffs in die Religionsfreiheit. Um klagen zu können, muss der Bürger lediglich vortragen, dass die Regelung eine ernsthafte religiöse Überzeugung erheblich belastet/einschränkt („substantially burdens a sincere religious belief"). Sofern ein Eingriff bejaht werden kann, ist dieser nur gerechtfertigt, wenn ein zwingendes öffentliches Interesse vorliegt und das Gesetz oder die Maßnahme das mildeste der zur Verfügung stehenden Mittel darstellt („least restrictive means"), um dieses Interesse zu erreichen. Eine dem RFRA vergleichbare Regelung, die dem Bürger ausdrücklich ein Recht einräumt, neutrale Gesetze anzugreifen, besteht im deutschen Recht jedoch nicht. Überhaupt bestehen im deutschen Recht für den Bürger erhöhte Anforderungen, wenn er gegen ein Gesetz vor dem Verfassungsgericht vorgehen möchte.[59] Insoweit gibt das amerikanische Recht dem einzelnen Bürger eine einfachere

58 Dies sind folgende Staaten: Alabama, Arizona, Connecticut, Florida, Idaho, Illinois, Indiana, Kansas, Kentucky, Louisiana, Mississippi, Missouri, New Mexico, Oklahoma, Pennsylvania, Rhode Island, South Carolina, Tennessee, Texas, Utah und Virginia. Eine Übersicht hierzu mit Verweis auf die einzelnen Rechtsquellen ist abrufbar unter: https://civilrights.findlaw.com/discrimination/religious-freedom-acts-by-state.html (zuletzt besucht am 23.3.2020).

59 Insoweit muss der Beschwerdeführer zum einen selbst, gegenwärtig und unmittelbar durch das Gesetz in eigenen Rechten betroffen sein, so st. Rspr. BVerfG, BVerfGE 97, 157; 143, 246 (321). Zum anderen muss der Beschwerdeführer aufgrund der Subsidiarität der Verfassungsbeschwerde zunächst versuchen, Rechts-

Möglichkeit, seine Freiheiten zu verteidigen, die das deutsche Recht nicht kennt.

Der RFRA tritt eigenständig neben den Schutz des 1. Zusatzartikels und bildet insoweit eine „gleichrangige" Religionsfreiheit auf einfachgesetzlicher Ebene neben der Religionsfreiheit des 1. Zusatzartikels. Insoweit bietet die Free Exercise Clause des First Amendment lediglich einen gewissen Schutz der Religionsfreiheit, während der Kongress mit dem Erlass des RFRA entschieden hat, einen höheren Schutzstandard auf einfachgesetzlicher Ebene festzusetzen.

Da es vorliegend darum geht, herauszufinden, wie die beiden Rechtssysteme mit der Religionsfreiheit juristischer Personen umgehen, bietet gerade der RFRA eine gute Ausgangslage, da hier, im Gegensatz zum Grundrechtskatalog der amerikanischen Verfassung, mit dem Dictionary Act eine einfachgesetzliche Regelung besteht, die Aussagen darüber trifft, wer sich auf den RFRA berufen kann, und die einen Anknüpfungspunkt dafür bietet, zu bestimmen, ob juristische Personen sich auf die Religionsfreiheit berufen können.

3. Der Dictionary Act - 1 U.S. Code § 1

Weder in der amerikanischen Verfassung noch in den Zusatzartikeln findet sich eine Regelung dahingehend, ob die Grundrechte auch auf juristische Personen Anwendung finden sollen. Im Hinblick auf den RFRA besteht jedoch mit dem Dictionary Act eine einfachgesetzliche Regelung, die Anhaltspunkte für die Interpretation des Bundesrechts gibt, wenn Unklarheiten in Bezug auf die Auslegung einer Regelung bestehen. Im Rahmen dieses Gesetzes wird auch der Begriff der Person definiert, der einer Auslegung im Zweifelsfall zugrunde zu legen ist. Hierzu heißt es in § 1 des 1 U.S.C. :

> "In determining the meaning of any Act of Congress, unless the context indicates otherwise –
> [...] the words „person" and „whoever" include corporations, companies, associations, firms, partnerships, societies, and joint stock companies, as well as individuals; [...]."

---

schutz vor den Fachgerichten und in diesem Zusammenhang mit einer inzidenten Normenkontrolle zu erlangen, so BVerfGE 97, 157 (165).

Der Dictionary Act wurde im Jahr 1871 erlassen und dient den Gerichten als Anhaltspunkt für die Auslegung und Definition bestimmter Begriffe, die in Gesetzen des Kongresses auftauchen.[60] Er wurde im Hinblick auf die Auslegung des RFRA im Fall *Burwell v. Hobby Lobby* sowohl von den erstinstanzlichen Gerichten als auch letztlich vom Supreme Court bemüht, um die Anwendung des RFRA auf die Unternehmen Hobby Lobby, Mardel und Conestoga zu begründen beziehungsweise abzulehnen. Dem Wortlaut des Dictionary Acts nach sind Personen im Sinne eines Bundesgesetzes eindeutig nicht nur natürliche Personen, sondern unter anderem auch „corporations“ und „partnerships“, mithin auch juristische Personen und Personengesellschaften.

Dies gilt nur dann nicht, wenn der Kontext eines Gesetzes etwas anderes indiziert („unless the context indicates otherwise“). Kontext in diesem Sinne meint den übrigen Text, in den das Wort eingebettet ist und den anderer verwandter Gesetze des Kongress.[61] Die Annahme, dass der vorhandene Kontext etwas anderes als die Anwendung des Dictionary Acts indiziert, kann nur dann begründet werden, wenn die dort vorgegebenen Definitionen nicht in den Kontext des in Frage stehenden Gesetzes passen.[62]

Im Hinblick auf die Religionsfreiheit des RFRA besteht im amerikanischen Recht mithin eine vergleichsweise eindeutige Regelung zur Anwendung des RFRA auf juristische Personen. Diese geht insoweit über die aus dem Grundgesetz bekannte Regelung des Art. 19 Abs. 3 GG hinaus, als sie eindeutig bestimmt, dass bereits der Begriff der Person in einem Bundesgesetz grds. immer auch die juristische Person meint. Die Ausnahme eines anderweitigen Kontextes ist vergleichbar mit der im deutschen Recht existierenden Wesensformel des Art. 19 Abs. 3 GG.

IV. Der Verfahrensgang

Das Verfahren begann jeweils mit von den Klägern beantragten einstweiligen Verfügungen vor dem United States District Court of Oklahoma beziehungsweise dem United States District Court of Pennsylvania. Da beide Anträge erfolglos blieben, beschäftigten sich in nächster Instanz die Circuit Courts mit den Fällen. Da der Tenth Circuit anders entschied, als der

60 *Barnet*, Hobby Lobby and the Dictionary Act, The Yale Law Journal Forum, 11 (2014).

61 *Rowland v. Cal Men's Colony* 506 US 194 (1993).

62 *Rowland v. Cal Men's Colony* 506 US 194 (1993).

Third Circuit kam es zu einem sog. „circuit split“ und die Rechtssache kam zum Supreme Court.[63]

1. United States District Court, W.D. Oklahoma

Der United States District Court for the Western District of Oklahoma lehnte am 19. November 2012 eine von den Greens beantragte einstweilige Verfügung zum Schutz ihrer verfassungsrechtlich und einfachgesetzlich verankerten Religionsfreiheit ab. Die für die vorliegende Untersuchung entscheidenden Gründe dieser Ablehnung waren zum einen, dass Unternehmen keine Rechte aus der Free Exercise Clause des 1. Zusatzartikels der amerikanischen Verfassung herleiten könnten und zum anderen, dass Unternehmen keine „persons“ im Sinne des RFRA seien, so dass eine Berufung auf den Schutz dieses Gesetzes und demnach eine Verletzung der Religionsfreiheit nicht in Betracht komme.[64]

Zu Beginn stellt der District Court fest, dass Unternehmen durchaus teilweise Träger von Grundrechten sein könnten; der Grundrechtsschutz natürlicher und juristischer Personen jedoch keinesfalls immer gleichlaufend sei. Vielmehr gebe es einige Grundrechte, die „purely personal“ und „unavailable to corporations“ und demnach nicht auf juristische Personen - im vorliegenden Fall auf das Unternehmen der Greens - anwendbar seien.[65] Ob ein bestimmtes Grundrecht auch juristischen Personen zustehen könne, hinge von der Natur, dem geschichtlichen Hintergrund und dem Sinn und Zweck des jeweiligen Grundrechts ab.[66]

---

63 Die Federal Courts of Appeals (U.S. Courts of Appeals) bilden die Berufungsinstanz für Urteile der District Courts. Insgesamt gibt es 12 sog. Circuit Courts. Eine Übersicht über die einzelnen Berufungsgerichte findet sich unter http://www.uscourts.gov/sites/default/files/u.s._federal_courts_circuit_map_1.pdf (zuletzt besucht am 23.3.2020). Weitergehende Informationen zu amerikanischen Rechtssystem finden sich auf der Seite der amerikanischen Gerichte http://www.uscourts.gov/about-federal-courts/court-role-and-structure (zuletzt besucht am 23.3.2020).

64 *Hobby Lobby Stores Inc. v. Sebelius*, 870 F. Supp. 2d (W.D. Okla. 2012), S. 1278.

65 *Hobby Lobby Stores Inc. v. Sebelius*, 870 F. Supp. 2d (W.D. Okla., 2012), S. 1280.

66 *ebenda*, S. 1280.

a. Verletzung des 1. Zusatzartikels

Im Hinblick auf die Religionsfreiheit des 1. Zusatzartikels geht der District Court davon aus, dass es sich hierbei um ein Grundrecht handele, dass „purely personal" und demnach nicht auf das Unternehmen der Greens anwendbar sei.[67] Eine historische Auslegung ergebe, dass Sinn und Zweck der Religionsfreiheit seit jeher der Schutz von Individuen sei. Zwar könnten sich Kirchen, religiöse Organisationen oder auch Religionsgemeinschaften auf die Free Exercise Clause berufen, nicht hingegen profitorientierte Unternehmen.[68] Auch argumentiert der District Court im Hinblick auf eine Nichtanwendbarkeit der Free Exercise Clause auf Unternehmen, wie das der Greens, mit der bisherigen Rechtsprechung: Weder die Kläger noch das Gericht seien in der Lage gewesen, Fälle aufzuzeigen, die von einem Recht auf freie Religionsausübung von Unternehmen ausgehen.[69] In Bezug auf die Anwendbarkeit der Free Exercise Clause auf gewinnorientierte Kapitalgesellschaften kommt der District Court mithin zu dem Schluss, dass eine solche zu verneinen ist.[70]

b. Verletzung des RFRA

Schlussendlich verneint der District Court auch eine mögliche Verletzung des RFRA. Damit ein Unternehmen sich auf eine Verletzung des RFRA berufen könne, müsse es sich bei dem Unternehmen um eine Person im Sinne des RFRA handeln.[71]

Der RFRA spricht davon, dass „a person's exercise of religion" geschützt werden soll. Bei den Greens handelt es sich unstreitig um Personen in diesem Sinne. Ausschlaggebend für eine Klagebefugnis im vorliegenden Fall war aber, ob es sich auch bei den Unternehmen der Greens, also bei Hobby Lobby und Mardel um „persons" in diesem Sinne handelt.

Um diese Frage zu beantworten, zieht das Gericht den zuvor bereits erwähnten Dictionary Act 1 U.S. Code § 1 heran. Nach Auffassung des Gerichts sei eine Situation gegeben, die ein anderes Verständnis des Begriffs

67 *ebenda*, S. 1288.
68 *ebenda*, S. 1288.
69 *ebenda*, S. 1288.
70 *ebenda*, S. 1290.
71 *ebenda*, S. 1291.

der Person rechtfertige beziehungsweise notwendig mache.[72] Profitorientierte Wirtschaftsunternehmen seien nicht fähig, unabhängig von den glaubensgeleiteten Handlungen ihrer Gesellschafter, Religion auszuüben. Sie könnten nicht beten, keine Sakramente empfangen und auch keine anderen religiös motivierten Handlungen vornehmen.[73] Demzufolge sei eine Anwendung des Dictionary Act und dessen Verständnisses von dem Begriff der Person in einem solchen Fall nicht indiziert.[74]

Eine mögliche Verletzung des RFRA war aus der Sicht des Gerichts mithin nicht gegeben, so dass eine einstweilige Verfügung nicht gewährt wurde.

2. United States District Court, E. D. Pennsylvania

Einen vergleichbaren Fall hatte drei Monate später der United States District Court for the Eastern District of Pennsylvania durch die von den Hahns eingereichte einstweilige Verfügung zu entscheiden. Auch der District Court, E.D. Pennsylvania sah jedoch keine hinreichenden Anhaltspunkte dafür, der einstweiligen Verfügung stattzugeben. Vielmehr war auch dieser der Meinung, das Grundrecht der Religionsfreiheit sei auf ein säkulares und profitorientiertes Wirtschaftsunternehmen nicht anwendbar. Ebenso könnten solche Unternehmen keine Religion im Sinne des RFRA ausüben.[75] In seiner Argumentation folgt der District Court im Wesentlichen der des District Court, W.D. Oklahoma, indem er auf die fehlende Rechtsprechung zur Anerkennung der Religionsfreiheit juristischer Personen, den Sinn und Zweck des Grundrechts der Religionsfreiheit sowie darauf verweist, dass in einem Fall, wie dem vorliegenden, Unternehmen nicht als Personen im Sinne des Dictionary Acts anzusehen seien.[76]

Darüber hinaus weist der District Court daraufhin, dass es geradezu widersprüchlich sei, einem Unternehmen den Schutz der Religionsfreiheit zuzusprechen, um die Religionsfreiheit der hinter dem Unternehmen stehenden Personen zu schützen.[77] Einhergehend mit der Gründung einer Gesellschaft sei immer auch ein Zurücktreten der Personen hinter diese

72 *ebenda*, S. 1291.
73 *ebenda*, S. 1291.
74 *ebenda*, S. 1291.
75 *Conestoga Wood Specialties Corp. v. Sebelius*, 917 F. Supp. 2d. (E.D.Pennsylvania) S. 394.
76 *ebenda*, S. 407f.
77 *ebenda*, S. 408.

Gesellschaft.[78] Von diesem Zurücktreten würden die Personen auch profitieren, beispielsweise dadurch, dass ein Haftungsdurchgriff nahezu unmöglich werde. Es wäre entgegen gesellschaftsrechtlicher Strukturen, für die Frage, ob eine Gesellschaft sich auf die Religionsfreiheit berufen kann, auf die hinter der Gesellschaft stehenden Personen abzustellen.[79]

Auch der District Court, E.D. Pennsylvania lehnte somit die Gewährung einer einstweiligen Verfügung für die Hahns ab.

3. United States Court of Appeals Third Circuit

Der für den Fall Conestoga Wood Specialties zuständige United States Court of Appeals Third Circuit bestätigte im Fall *Conestega Wood Specialties Corp. v. Sebelius* das Urteil des District Court, E.D. Pennsylvania.

Auch er setzte bei der Erkenntnis an, dass nur bestimmte Grundrechte ihrer Natur nach auf Unternehmen Anwendung finden können.[80] Im Hinblick auf das Recht der Religionsfreiheit ist es dem Court of Appeals aber nicht möglich zu verstehen „how for-profit, secular corporations – apart from its owners – can exercise religion“. Weiter führte der Third Circuit aus:

> "General business corporations do not, separate and apart from the actions or belief systems of their individual owners or employees exercise religion. They do not pray, worship, observe sacraments or take other religiously-motivated actions separate and apart from the intention and direction of their individual actors."[81]

Insoweit lehnt er eine Anwendbarkeit der Free Exercise Clause auf juristische Personen ab, da es ihnen an der Fähigkeit fehle, Religion auszuüben. Auch greift der Court of Appeals die sog. "passed-through method“[82] auf, lehnt diese jedoch mit dem Hinweis darauf ab, dass Gesellschaften von na-

---

78 *ebenda*, S. 408.

79 *ebenda*, S. 411.

80 *Conestoga Wood Specialities Corporation v. Secretary of the U.S. Department of HHS* (3rd Circuit, 2013) S. 16.

81 *ebenda*, S. 21.

82 Die Methode wurde erstmals vom Court of Appeals for Ninth Circuit in *EEOC v. Townley Engineering & Manufacturing Company* 859 F.2d 610 (9th Cir. 1988) aufgeworfen und angewandt sowie bestätigt in *Stormans, Inc. v. Selecky*, 586 F.3d 1109 (9th Cir. 2009). Nach Auffassung des Gerichts kommt es für die Religionsfreiheit der Gesellschaft auf die Religiosität der hinter der Gesellschaft stehenden

türlichen Personen gerade gegründet werden, um nicht als solche handeln zu müssen, sondern um in Form der Gesellschaft als eigenständiges Rechtssubjekt auftreten zu können.[83]

Mit dem Argument, dass juristische Personen schlechthin nicht die Fähigkeit besäßen, Religion auszuüben, erübrigen sich nach Auffassung des Court of Appeals weitere Ausführungen zur Anwendbarkeit des RFRA auf das Unternehmen der Hahns, da auch hierfür Voraussetzung die Fähigkeit zur Religionsausübung sei.[84]

4. United States Court of Appeals Tenth Circuit

Anders entschied hingegen der für den Fall Hobby Lobby und Mardel zuständige Court of Appeals. Er schloss sich nicht der Meinung des erstinstanzlichen Urteils an. Konträr zu den Argumenten des District Court, W.D. Oklahoma war er der Auffassung, dass die Klagen sowohl unter Berufung auf die Free Exercise Clause als auch den RFRA begründet seien.

Der Auffassung des Gerichts nach, war es vom Kongress nicht intendiert, for-profit corporations aus dem Anwendungsbereich des RFRA auszunehmen. Vielmehr könnten auch diese als „persons exercising religions" angesehen werden.[85] Auch eine Anwendbarkeit der Free Exercise Clause auf diese Unternehmen sei nicht pauschal abzulehnen.[86]

Interessant ist die Argumentation des Gerichtes im Hinblick auf das Argument des Court of Appeals Third Circuit, for-profit corporations könnten sich nicht auf das Grundrecht der Religionsfreiheit berufen, da sie nicht beten, keine Sakramente empfangen oder andere religiös motivierte Handlungen vornehmen könnten.[87] Hierzu merkt der Court of Appeals an:

> „But this is equally true of churches or other entities that exercise religion. The Church of Lukumi Babalu Aye, Inc., for example, did not it-

---

natürlichen Personen an. In beiden Fällen handelte es sich jeweils um „closelyheld" corporations.

83 *ebenda*, S. 26.

84 *ebenda*, S. 28f.

85 *Hobby Lobby Stores Inc.; Mardel Inc. v. Sebelius*, 723 F. 3d 1114, 1167 (10th Circuit, 2013), S. 25 ff.

86 *ebenda*, S. 35.

87 Vgl. unter Kap. 1 IV. 3.

self pray, worship, or observe sacraments—nor did the sect in O Centro, but both certainly have free exercise rights.“[88]

Insoweit kommt der Court of Appeals im Fall Hobby Lobby und Mardel zu einem anderen Ergebnis als die Gerichte der Vorinstanz sowie der Court of Appeals im Fall Conestoga Wood Specialties. Die beiden Entscheidungen der Berufungsgerichte resultierten in einen sog. „circuit split“, so dass es nunmehr Aufgabe des Supreme Court war, sich mit der Sache zu beschäftigen.

5. Entscheidungsgründe des Supreme Court

Bereits zu Beginn des Urteils macht der Supreme Court deutlich, dass er eine Entscheidung dahingehend treffen werde, ob es der RFRA dem HHS verbiete, von den Klägern zu verlangen, für ihre Mitarbeiter Krankenkassenbeiträge zu zahlen, die eine Versorgung mit Verhütungsmitteln und schwangerschaftsabbrechenden Medikamenten ermöglichen.[89] Auf die Religionsfreiheit des 1. Zusatzartikels der Verfassung geht der Supreme Court nicht ein. Lediglich am Ende seiner Urteilsverkündung erklärt der Supreme Court es für nicht mehr notwendig („unnecessary“) eine Entscheidung zu treffen, ob der Free Exercise Clause verletzt wurde.[90]

Der Supreme Court stellt zugleich heraus, dass er von einer Verletzung des RFRA ausgeht. Insoweit schließt er sich dem Grunde nach der Entscheidung des bis dahin mit seiner Meinung alleine dastehenden Court of Appeals Tenth Circuit an.

Die erste Frage, die sich der Supreme Court stellte, war folgende: Findet der RFRA auf Vorschriften Anwendung, „that govern the activities of for-profit corporations like Hobby Lobby, Conestoga and Mardel?“.[91] Eben dies ist für die vorliegende Betrachtung auch die relevante Frage im Hinblick auf eine grundsätzlich mögliche Religionsfreiheit von juristischen Personen. Weitergehende Fragen, wie etwa, ob die Regelungen über die Finanzierung von Verhütungsmitteln eine substantielle Belastung für die Hahns und die Greens darstellen und, wenn dies so ist, ob diese Belastung durch zwingende Gründe des Allgemeinwohls gerechtfertigt ist, sind inso-

88 *Hobby Lobby Stores Inc.; Mardel Inc. v. Sebelius*, 723 F. 3d 1114, 1167 (10th Circuit, 2013), S. 43f.

89 *Burwell v. Hobby Lobby*, 573 U.S. (2014) S. 1 der Opinion of the court.

90 *ebenda*, S. 49,*Opinion of the court*.

91 *Burwell v. Hobby Lobby*, 573 U.S. (2014) S. 16 der Opinion of the court.

weit nur von nachgeordneter Bedeutung, da eine Erörterung dieser Fragen bereits impliziert, dass der Schutzbereich der Religionsfreiheit auch für juristische Personen eröffnet ist.

a. Hobby Lobby, Mardel und Conestoga als „persons" i. S. d. Dictionary Acts

Der Supreme Court ist der Auffassung, dass der Kongress, indem er den RFRA beschlossen hat, gerade auch Fälle, wie die vorliegenden habe erfassen wollen. Unter anderem deshalb müsse davon ausgegangen werden, dass es sich bei den Unternehmen Hobby Lobby, Mardel und Conestoga um „persons" im Sinne des Dictionary Acts handele.[92]

Sinn und Zweck der Einbeziehung von Unternehmen in den Personenbegriff des Dictionary Acts sei es, die hinter dem Unternehmen stehenden Personen zu schützen, da die Gründung "simply a form of organization used by human beings to achieve desired ends" sei.[93] Unternehmen den Schutz der Religionsfreiheit zuzusprechen, schütze mithin die Religionsfreiheit der hinter der juristischen Person stehenden Personen, vorliegend die der Hahns und der Greens.[94]

Darüber hinaus weise nichts in der Formulierung des RFRA darauf hin, dass der Kongress es habe bezwecken wollen, von der Definition im Dictionary Act abzuweichen. Mehrfach schon musste das Gericht sich zudem mit Klagen befassen, die von gemeinnützigen Organisationen/Unternehmen („non-profit organisations/corporations") unter Berufung auf den RFRA und die Free Exercise Clause eingereicht worden waren. Das Gericht und HHS sind sich einig, dass sich non-profit corporations auf eine Verletzung ihrer Religionsfreiheit berufen können. Demnach sei es für den Supreme Court nicht nachvollziehbar, wie der Begriff der Person im Sinne des Dictionary Acts einige Unternehmen umfassen, andere aber nicht umfassen solle.[95]

---

92 *ebenda*, S. 18.
93 *ebenda*, S. 18.
94 *ebenda*, S. 18.
95 *ebenda*, S. 20.

b. For-profit v. Non-profit

Der Supreme Court geht weiter und stellt die seit langem in der amerikanischen Rechtsprechung anerkannte und aufrechterhaltene Trennung zwischen non-profit und for-profit corporations im Hinblick auf eine Berufung auf die Religionsfreiheit nicht nur in Frage, sondern hält schlussendlich mit dem vorliegenden Urteil nicht mehr an ihr fest. Das Argument, dass gemeinnützige Organisationen insofern eine andere Behandlung verdienen als profitorientierte Organisationen, da die Förderung der religiösen Autonomie der Organisation oftmals gleichbedeutend mit der Förderung der individuellen Religionsfreiheit der Mitglieder der Organisation sei, sei ebenso auf profitorientierte Unternehmen zu übertragen: Im vorliegenden Fall führe der Schutz der Religionsfreiheit der Unternehmen zu einem Schutz der Religionsfreiheit der Greens und der Hahns.[96]

Nach Auffassung des Gerichts wird diese Sichtweise dadurch noch bestärkt, dass es zwar der einzige Gesellschaftszweck vieler profitorientierter Unternehmen sei, Gewinne zu erwirtschaften, dies jedoch nach heutigem Gesellschaftsrecht keinesfalls zwingend sei. Vielmehr gebe es Unternehmen, die neben der Gewinnerzielungsabsicht weitere Gesellschaftszwecke verfolgten, so dass eine strikte Unterscheidung zwischen erwerbswirtschaftlich tätigen und nicht erwerbswirtschaftlich tätigen Unternehmen nicht haltbar sei.[97]

c. Hobby Lobby, Mardel und Conestoga „exercising religion“

Auch mit dem oben bereits genannten Argument des Third Circuit, dass Gesellschaften unabhängig von den Gesellschaftern nicht fähig seien, Religion auszuüben, setzt sich der Supreme Court auseinander.

Zu dem Gegenargument, dass juristische Personen nicht unabhängig von ihren Gesellschaftern oder allgemeiner, der jeweils für sie handlungsfähigen Organe, Religion ausüben können, führt der Supreme Court aus, dass dies zwar zutreffend sei, aber an der Sache vorbeiginge. Unternehmen seien nämlich ohne die hinter dem Unternehmen stehenden Personen ohnehin nicht in der Lage, irgendetwas zu tun.[98]

---

96 *ebenda*, S. 21.
97 ebenda, S. 23.
98 *ebenda*, S. 19.

Diese Argumentation hängt eng mit der Auffassung zusammen, die Anerkennung des Schutzes der Religionsfreiheit des Unternehmens sei letztendlich eine Erweiterung des Schutzes der Religionsfreiheit der das Unternehmen konstituierenden Individuen.[99] Mit diesem Ansatzpunkt steht auch in Einklang, dass der Supreme Court herausstellt, dass es sich bei den vorliegenden Fällen um sog. „closely held corporations“, also familiengeführte Unternehmen handele, deren Ernsthaftigkeit ihres Glaubens niemand bezweifle.[100]

Die Religionsausübung des Unternehmens korreliert in diesem Fall mit der Religionsausübung der das Unternehmen führenden Gesellschafter, der Familie der Greens und der Hahns. Justice Kennedy führt hierzu in seiner „concurring opinion“ vertiefend aus, dass Religionsfreiheit mehr beinhalte als nur die Glaubensfreiheit. Erfasst sei vielmehr auch, seinem Glauben in allen Lebensbereichen Ausdruck zu verleihen und danach zu handeln. Im vorliegenden Fall bedeute dies, den Klägern zuzugestehen, ihre Religion auch im Rahmen ihrer Tätigkeit in dem ihnen eigenen, familiengeführten Unternehmen auszuüben.[101]

d. Zwischenergebnis

Den Entscheidungen der erstinstanzlichen Gerichte sowie der Entscheidung des Supreme Court lassen sich im Großen und Ganzen folgende Argumente entnehmen:

Auf der Seite der Gegner einer Religionsfreiheit für juristische Personen wird vor allem das Wesen der Religionsfreiheit als „purely personel“ ins Feld geführt. Sinn und Zweck der Religionsfreiheit sei hiernach seit jeher der Schutz des Individuums und nicht der Schutz profitorientierter Gesellschaften. Untermauert wird diese Ansicht mit der bis zur Entscheidung Hobby Lobby ständigen Rechtsprechung im Hinblick auf juristische Personen und die Religionsfreiheit. Da der RFRA als Fortführung beziehungsweise Wiederherstellung des Schutzstandards des 1. Zusatzartikels anzusehen sei, könne „person“ im Sinne des RFRA auch nicht eine forprofit corporation sein, da die Religionsfreiheit des First Amendment auf juristische Personen seit jeher keine Anwendung finde. Darüber hinaus

99 Vgl. hierzu später Kap. 2 Teil 3 I. 1.

100 *ebenda*, S. 29.

101 *Burwell v. Hobby Lobby*, 573 U.S. (2014) S. 2 der Concurring Opinion.

stehe die gesellschaftsrechtliche Struktur der juristischen Person einer Berufung auf die Religionsfreiheit entgegen.

Dem wird entgegengehalten, dass es Sinn und Zweck der Religionsfreiheit sowohl des 1. Zusatzartikels als auch des RFRA sei, einen möglichst weitreichenden Schutz des Individuums zu erreichen und der Schutz der Gesellschaft insoweit nur einen weitergeleiteten Schutz des Individuums darstelle. Wenn sich eine non-profit corporation auf die Religionsfreiheit berufen könne, sei nicht ersichtlich, warum dies nicht auch eine for-profit corporation können solle. Zumal der Zweck einer gewinnorientierten Gesellschaft keineswegs auf die Gewinnmaximierung beschränkt sein müsse. Der Einwand, dass Gesellschaften nicht beten oder Gottesdienst feiern können, gehe nach Ansicht der Befürworter bereits deshalb fehl, weil Gesellschaften ohne die für sie handelnden Personen überhaupt nichts könnten und dieses Argument auch auf Kirchen und non-profit corporations zutreffe, welche sich aber anerkanntermaßen auf die Religionsfreiheit berufen könnten. Der Schutz der Religionsfreiheit der juristischen Person diene letztlich dem Schutz der dahinterstehenden natürlichen Personen.

V. Überblick über den Meinungsstand in der Literatur

> *As its opening words reflect, the Constitution was written for the benefit of „We the People of the United States".*[102]

> *Corporations as we know them didn't exist in the Founding Era. So the real inquiry here is whether individual rights are being unduly violated when the government makes certain demands of corporations that are closely tied to those individuals.*[103]

Das Urteil des Supreme Court führte zu gemischten Reaktionen in der Gesellschaft und der Literatur. Insoweit spiegelt die knappe Entscheidung des Gerichts auch das daraufhin folgende gespaltene Echo in der Literatur wider.[104] Aufgrund der Entscheidung des Supreme Court findet in der amerikanischen Literatur bereits jetzt eine rege Diskussion über die Religions-

---

102 *Gans*, in: Religious Liberties for Corporations?, S. 7.

103 *Shapiro*, in: Religious Liberties for Corporations?, S. 16.

104 Ablehnend: *Pelucchini*, Hobby Lobby Case: What Religious Liberty can do to Personal Freedom, 3 Sapienza Legal Papers 19, 2014-2015; *Walker*, More than Human: Modern Expansion of Corporate Personhood Rights in Hobby Lobby, 24 S. Cal. Rev. L. & Soc. Jus. 301, 2014-2015; *Garrett*, The Constitutional Stand-

freiheit juristischer Personen sowohl nach dem RFRA als auch nach dem 1. Zusatzartikel der Verfassung statt, die in Deutschland so noch nicht geführt wird. In der deutschen Rechtsprechung und Literatur beschränkt man sich momentan weitestgehend auf eine pauschale, aber nicht immer konsistente Absage an die Religionsfreiheit solcher juristischen Personen, die nicht Religionsgemeinschaft oder ähnliches sind.[105]

In der amerikanischen Literatur wird die Diskussion um die Religionsfreiheit juristischer Personen zumeist im Hinblick auf „corporations", mithin juristische Personen im engeren Sinne geführt. Eine genaue Differenzierung zwischen Personengesellschaften und juristischen Personen findet nicht immer statt.[106] Sofern eine Religionsfreiheit juristischer Personen bejaht wird, so bezieht sich die Befürwortung der Anwendbarkeit der Religionsfreiheit zumeist nicht nur auf die des Religious Freedom Restoration Act, sondern auch auf die des First Amendment.[107]

---

ing of Corporations, 163 U. Pa. L. Rev. 95 (2014); *Levine*, A Critique of Hobby Lobby and the Supreme Court's Hands-Off Approach to Religion, 91 Notre Dame L. Rev. 26 (2015); *Gedicks/van Tassell*, RFRA Exemptions from the Contraceptive Mandate: An Unconstitutional Accommodation of Religion, Harv. Civ. R. Lib. L. Rev., Vol. 49, 344 (2014); *Gans/Kendall*, A Capitalist Joker: The Strange Origins, Disturbing Past, and Uncertain Future of Corporate Personhood in American Law, 44 J. Marshall L. Rev. 643 (2011); *Greenfield*, In Defense of Corporate Persons, Research Paper Boston College Law 366 (2015); *McFarlin*, The Associational Hoax: Corporate Personhood and Shareholder Rights after Hobby Lobby and Citizens United, 3 Bus. & Bankr. L. J. 251 (2016); *Corbin*, Corporate Religious Liberty, 30 Const. Comment. 277 (2015); *Gans*, Religious Liberties for Corporations? Hobby Lobby, the Affordable Care Act, and the Constitution.

105 Hierzu aber sogleich in Kapitel 2.

106 Angedeutet wird dies bspw. von *Shapiro*, in: Religious Liberties, S. 30 ff.

107 Befürwortend: *Colombo*, The Naked Private Square, 51 Hous. L. Rev. 1 (2013); *ders*. Religious Liberty and the Business Corporation, 17 J. Int'l Bus. & L. 25 (2017); *Ball*, The Hobby Lobby Surprise: Making Money Can Be a Religious Experience, Business L. Today, 1, 2014; *Checketts*, Taking Free Exercise the Second Mile: Why Hobby Lobby Fails to Go Far Enough, 41 J. Corp. L. 971, (2015-2016); *Gaylord*, For-Profit Corporations, Free Exercise and the HHS Mandate, 91 Wash. U. L. Rev. 589 (2014); *Wilson*, Demystifying Hobby Lobby, Int'l Surv. Fam. L. 343 (2015); *Nadel*, Closely Held Conscience: Corporate Personhood in the Post-Hobby Lobby World, 50 Colum. J. L. & Soc. Probs. 417 (2017); *Meese/Oman*, Hobby Lobby, Corporate Law, and the Theory of the Firm: Why For-Profit Corporations are RFRA Persons, 127 Harv. L. Rev. F. 273 (213-2014); *Sepinwall*, Corporate Piety and Impropriety: Hobby Lobby's Extension of RFRA Rights to the For-Profit Corporation, 5 Harv. Bus. L. Rev. 173 (2015); *Martorana*, Closely Held Corporations are Persons: The Supreme Court's Correct and Intuitive Holding in Burwell v. Hobby Lobby Stores Inc., 7

1. Argumente gegen die Religionsfreiheit juristischer Personen

Die Argumente, die gegen die Religionsfreiheit juristischer Personen angeführt werden, lassen sich für einen besseren Überblick in mehrere Kategorien einteilen. Häufig sind Anspielungen auf das Wesen der Religionsfreiheit, den Zweck gewinnorientierter juristischer Personen sowie die zivilrechtlichen Anforderungen, die an die juristische Person gestellt werden, zu finden. Darüber hinaus werden zur Begründung gegen die Religionsfreiheit juristischer Personen geschichtliche Argumente ins Feld geführt sowie entgegenstehende Rechte Dritter und Vergleiche mit nicht profitorientiert arbeitenden Gesellschaften, die sich nach allgemeiner Auffassung in Rechtsprechung und Literatur auf die Religionsfreiheit beziehungsweise Ausnahmen von religionsbezogenen Regelungen berufen können.

a. Religionsfreiheit als „purely personal guarantee"

Anknüpfend an das Wesen der Religionsfreiheit, sehen Kritiker der Entscheidung des Supreme Court die Religionsfreiheit als „purely personal guarantee", die von vorneherein keine Anwendung auf andere, als natürliche Personen finden kann.[108] Im Kern diene die Religionsfreiheit dazu, das religiöse Gewissen der natürlichen Person und damit zutiefst menschliche Gegebenheiten wie Gewissen, Würde und Integrität zu schützen.[109] Ein solches religiöses Gewissen könne eine juristische Person aber gerade nicht haben und demnach auch keine Beziehung zu einem transzendenten Wesen.[110]

Ob ein bestimmtes Recht einen solchen durch und durch persönlichen und an die natürliche Person anknüpfenden Kern habe, ergebe sich aus

Faulkner L. Rev. 319 (2015-2016); *Iuliano*, Do Corporations Have Religious Beliefs?, 90 Ind. L.J. 47 (2015); *Shapiro*, in: Religious Liberties for Corporations? Hobby Lobby, the Affordable Care Act, and the Constitution.

108 *Gans*, Can Corporations Pray? The Affordable Care Act, the Contraceptive Mandate, and the Free Exercise Rights of For-Profit Corporations, S. 5f., abrufbar unter: https://www.theusconstitution.org/wp-content/uploads/2013/10/20131021-Issue-Brief-David-Gans-Can-Corporations-Pray-The-Affordable-Care-Act-the-Contraception-Mandate-and-the-Free-Exercise-Rights-of-For-Profit-Corporations.pdf (zuletzt besucht am 23.3.2020); *Corbin*, 30 Const. Comment. 277, 281 (2015).

109 *Corbin*, 30 Const. Comment. 277, 281f. (2015).

110 *Corbin*, 30 Const. Comment, 277, 280 (2015): „They [the for-profit corporations] cannot be said to possess a relationship with God or inherent dignity."

der Natur, der Geschichte und dem Zweck des in Rede stehenden Grundrechts.[111] Natur, Geschichte und Zweck der Religionsfreiheit sprächen gerade nicht dafür, diese auf juristische Personen zu erstrecken: Die Verfassung erwähne nicht mit einem Wort, dass auch juristische Personen Träger eines der dort aufgeführten Grundrechte sein sollen. Vielmehr gelte sie seit jeher für „We the People oft he United States".

Die Entscheidung gegen eine Regelung im Zusammenhang mit der Grundrechtsträgerschaft juristischer Personen sei bewusst getroffen worden; die Religionsfreiheit sei ein „inalienable human right" und damit einzig und allein auf die natürliche Person anwendbar.[112] Eine Erstreckung auf juristische Personen, insbesondere des Rechts der Religionsfreiheit, sei auch vom Supreme Court in ständiger Rechtsprechung abgelehnt worden.[113]

b. Die juristische Person selbst als Hindernis

Ebenso immer wieder relevant in diesem Zusammenhang wird die Trennung zwischen den natürlichen Personen und der juristischen Person, im amerikanischen Recht die sog. „incorporation", die aus der rechtlichen Selbstständigkeit der juristischen Person folgt.

Gesellschafter, die sich dazu entschieden hätten, ihre Geschäfte mit Hilfe einer juristischen Person zu führen, könnten die hierdurch entstandene Trennung nicht im Bereich der Grundrechte wieder ablegen. Gesellschafter handelten nicht als natürliche Personen, wenn sie im Rahmen der Gesellschaft tätig werden, sondern lediglich als deren Organe. Das Handeln werde der Gesellschaft zugerechnet.[114] Ein Hin-und Herwechseln zwischen dem Status als Gesellschafter einer juristischen Person und dem als natürliche Person, um so die Vorteile eines jeden Status zu erhalten, sei

111 So bereits *First National Bank of Boston v. Bellotti*, 435 U.S. 765 (1978): „Certain purely personal guarantees do not extend to corporations. Whether or not a particular guarantee is purely personal depends on the nature, history and purpose of the particular constitutional provision".; *Gans*, Can Corporations Pray?, S. 7.; *Corbin*, 30 Const. Comment. 277, 283 (2015).

112 *Gans*, in: Religious Liberties for Corporations?, S. 14.

113 *Gans*, in: Religious Liberties for Corporations?, S. 14.

114 *Gans*, Can Corporations Pray, S . 9 ff.; *Walker*, , 24 S. Cal. Rev. L. & Soc. Jus. 301, 2014-2015; *McFarlin*, 3 Bus. & Bankr. L. J. 251, 255 (2016).

nicht möglich. Jegliche Rechte, die ein Gesellschafter habe, seien solche der Gesellschaft.[115]

c. Beeinträchtigung von Rechten Dritter

Gerade im Hinblick auf eine mögliche Religionsfreiheit großer kapitalorientierter Gesellschaften mit einer Vielzahl von Arbeitnehmerinnen und Arbeitnehmern sehen Kritiker der Religionsfreiheit juristischer Personen die Gefahr der systematischen Beeinträchtigung entgegenstehender Rechte Dritter. Bei diesen entgegenstehenden Rechten handelt es sich zumeist um Rechte von vom Arbeitgeber abhängigen, natürlichen Personen. Der juristischen Person eine Berufung auf die Religionsfreiheit zu ermöglichen, berge die Gefahr, dass der Arbeitgeber einseitig seinen Mitarbeitern einen Glauben aufzwinge (sog. "dissenting employee argument“)[116]. Darüber hinaus könne es hierdurch zu Diskriminierungen von Arbeitnehmerinnen oder Arbeitnehmern aus religiösen Gründen kommen.[117]

d. Fehlende Vergleichbarkeit von For-Profit und Non-Profit Unternehmen

Immer wieder herangezogen wird darüber hinaus der Vergleich von gewinnorientierten Gesellschaften mit nicht gewinnorientierten Gesellschaften, denen eine Berufung auf die Religionsfreiheit erlaubt ist und denen religiöse Ausnahmen von bestimmten gesetzlichen Geboten zugestanden werden.

Religionsgemeinschaften und religiöse Vereine seien bereits deshalb nicht mit Kapitalgesellschaften vergleichbar - mögen sie auch irgendwie geartet religiös sein - da der Sinn und Zweck von Religionsgemeinschaften und religiösen Vereinen einzig und allein darin bestehe, Religion zu praktizieren und Glauben zu verkünden. Der Zweck gewinnorientierter Gesell-

---

115 *Gans*, in: Religious Liberties for Corporations?, S. 21.

116 *Burwell v. Hobby Lobby* 573 US_ (2014), S. 32f. der Concurring Opinion von *Justice Ginsburg*.

117 *Gans*, in: Religious Liberties for Corporations?, S. 14f.; *Pelucchini*, 3 Sapienza Legal Papers 19, 24 (2014-2015); *Gedicks/van Tassell*, Harv. Civ. R. Lib. L. Rev., Vol. 49, 344, 379 (2014).

schaften bestehe hingegen lediglich darin, Profit zu machen und eine Entität zu gründen, die unabhängig von den natürlichen Personen existiere.[118]

Darüber hinaus handele es sich bei den Kirchen und Religionsgemeinschaften um freiwillige Zusammenschlüsse von Menschen, die durch denselben Glauben verbunden seien. Bei einer Gesellschaft handele es sich hingegen keineswegs um einen freiwilligen Zusammenschluss Gleichgesinnter.[119] Kirchen, Religionsgemeinschaften und religiöse Vereine seien gerade deshalb schutzwürdig, weil ein Schutz eben dieser Institutionen dem Schutz der einzelnen Gläubigen diene. Die Interessen derartigen Institutionen seien mit denjenigen ihrer Mitglieder identisch, sodass ihnen der Schutz der Religionsfreiheit zukommen müsse, um die Religionsfreiheit der Mitglieder in diesem Rahmen zu schützen.[120]

2. Argumente für die Religionsfreiheit juristischer Personen

a. Religionsfreiheit ist keine „purely personal guarantee“

Dagegen, dass es sich bei der Religionsfreiheit um eine „purely personal guarantee“ handelt, führen die Befürworter der Religionsfreiheit juristischer Personen an, dass dies bereits deshalb nicht der Fall sein könne, da sich nicht profitorientierte Gesellschaften und solche, die einen religiösen Zweck verfolgen, nach ständiger Rechtsprechung unstreitig auf die Religionsfreiheit berufen können.[121] Die wirtschaftliche Tätigkeit allein könne aber nicht ausschlaggebend sein, diese beiden Gesellschaftsformen unterschiedlich zu behandeln.[122]

Dafür, dass sich sämtliche juristischen Personen dem Grunde nach auf die Religionsfreiheit berufen können sollen, spreche auch der Wortlaut des 1. Zusatzartikels der amerikanischen Verfassung. Hierin werde die „free exercise of religion“ unter Schutz gestellt, unabhängig davon, wer sich auf diesen Schutz berufe. Der Wortlaut der Verfassung knüpfe an die Tätigkeit an und nicht an eine bestimmte Person oder Personengruppe.[123]

---

118 *Corbin*, 30 Const. Comment. 277, 292f., 298 (2015).

119 *Corbin*, 30 Const. Comment. 277, 293 (2015).

120 *Corbin*, 30 Const. Comment. 277, 293 (2015); *McFarlin*, 3 Bus. & Bankr. L. J. 251, 257 (2016): „Put simply, nonprofits serve their believers, and Hobby Lobby is not a Church.“

121 *Gaylord*, 91 Wash. U. L. Rev. 589, 625 ff. (2014).

122 *Martorana*, 7 Faulkner L. Rev. 319, 333f. (2015-2016).

123 *Gaylord*, 91 Wash. U. L. Rev. 589, 622f. (2014).

Insoweit gebe es keine verfassungsrechtliche Grundlage dafür, juristische Personen bereits a limine aus dem Schutzbereich der Religionsfreiheit auszuklammern.[124]

b. Die Inkorporierung stellt kein Hindernis dar

Auch der Umstand, dass durch die Gründung einer juristischen Person im engeren Sinne eine von den natürlichen Personen verselbstständigte Person entsteht, ist für die Befürworter der Religionsfreiheit juristischer Personen kein Hindernis.

Die juristische Person sei vielmehr Mittel zur Freiheitsverwirklichung der natürlichen Personen.[125] Der Grundrechtsschutz juristischer Personen sei ein abgeleiteter. Er diene dem Grundrechtsschutz der dahinterstehenden natürlichen Personen.[126] Der juristischen Person den Grundrechtsschutz zu verweigern, würde dazu führen, die dahinter stehenden natürlichen Personen zu einer Entscheidung zwischen ihrem Glauben und einer profitorientierten Arbeit zu zwingen.[127] Dies wiederum stünde aber dem allumfassenden Konzept der Religionsfreiheit entgegen, indem es die Religion zur Privatsache erkläre.[128]

c. Vergleichbarkeit von For-Profit Corporations und Non-Profit Corporations

Die Unterscheidung von profitorientierten Gesellschaften und nicht profitorientierten Gesellschaften im Hinblick auf die Religionsfreiheit ist nach Ansicht der Befürworter der Entscheidung des Supreme Court ebenfalls nicht haltbar.

Sie übersehe, dass die Gewinnerwirtschaftung kein ausschlaggebendes Kriterium sein könne, um eine Berufung auf die Religionsfreiheit zu versa-

124 *Gaylord*, 91 Wash. U. L. Rev. 589, 604 (2014).

125 *Shapiro*, in: Religious Liberties for Corporations?, S. 24.

126 *Shapiro*, in: Religious Liberties for Corporations?, S. 10 u. 15; *Sepinwall*, 5 Harv. Bus. L. Rev. 173, 202 (2015).

127 *Colombo*, 17 J. Int'l Bus. & L. 25, 26, 29 ff. (2017); *Sepinwall*, 5 Harv. Bus. L. Rev. 173, 203 (2015); *Checketts*, 41 J. Corp. L. 971, 989, (2015-2016); *Gaylord*, 91 Wash. U. L. Rev. 589, 621 (2014).

128 *Colombo*, 17 J. Int'l Bus. & L. 25, 31 (2017).

gen.[129] Sofern Kritiker ausführten, dass juristische Personen im engeren Sinne nicht beten, Sakramente empfangen oder sich anderweitig religiös verhalten, so treffe dies ebenfalls und ohne weiteres auch auf nicht gewinnorientierte Gesellschaften zu.[130]

Das Gleiche gelte für das von der Regierung vorgebrachte Argument, juristische Personen im engeren Sinne könnten ohne die dahinterstehenden Personen keine Religion ausüben. Ohne diese Personen könnte eine juristische Person gar nichts. Dies wiederum treffe aber unabhängig davon zu, ob die juristische Person erwerbswirtschaftlich tätig werde oder nicht.[131]

Ergebnis Kapitel 1

Die Entscheidung des Supreme Court in der Sache *Burwell. v. Hobby Lobby Stores* ist Ausdruck der in Amerika stark am Individuum ausgerichteten Grundrechtsdogmatik und einer konsequenten Wahrnehmung der Religionsfreiheit als umfassendes Freiheitsrecht des Einzelnen, das nicht etwa dort aufhört, wo die natürliche Person unter Zuhilfenahme von Gesellschaftsformen, die das einfache Recht ihm zur Verfügung stellt, in das Marktgeschehen eintritt.

Die Entscheidung wirft viele relevante Fragen im Zusammenhang mit der Grundrechtsfähigkeit juristischer Personen im Allgemeinen auf, die insbesondere in der Literatur auch im Hinblick auf die Religionsfreiheit des 1. Zusatzartikels der Verfassung der Vereinigten Staaten diskutiert werden. Sie zwingt zum einen zu einer Beschäftigung mit dem Schutzzweck und Garantiegehalt der Religionsfreiheit d. h., mit der Frage, was beziehungsweise wen die Religionsfreiheit zu schützen bestimmt ist und zum anderen zu einer Auseinandersetzung mit dem Sinn und Zweck, den juristische Personen in unserer Gesellschaft wahrnehmen. Darüberhinaus wirft sie die Frage auf, was sich hieraus für die Grundrechte der hinter der juristischen Person stehenden natürlichen Personen ergibt.

Augenscheinlich wird zudem, dass gerade im Bereich der Religionsfreiheit und in derartigen Konstellationen wie in den Fällen *Hobby Lobby* und *Conestoga Wood Specialties*, in denen Grundrechte mehrerer Individuen aufeinanderstoßen, die Debatte oftmals emotional und nicht sauber ge-

---

129 *Sepinwall*, 5 Harv. Bus. L. Rev. 173, 180f. (2015).

130 *Gaylord*, 91 Wash. U. L. Rev. 589, 645. (2014); *Martorana*, 7 Faulkner L. Rev. 319, 334f. (2015-2016).

131 *Martorana*, 7 Faulkner L. Rev. 319, 334f. (2015-2016).

trennt geführt wird. Bei der Frage, ob sich die juristische Person auf die Religionsfreiheit berufen können soll, kann zunächst nur ausschlaggebend sein, ob dies im Hinblick auf die Ausgestaltung des grundrechtlichen Schutzes gewollt ist. Entgegenstehende Rechte Dritter können nicht dazu führen, dass bereits die Eröffnung des Schutzbereichs verneint wird, sondern machen gegebenenfalls eine Abwägung konkurrierender Grundrechtspositionen notwendig.

Wie diese in der Rechtsprechung und auch in der Literatur angeführten Argumente durchgreifen und zu bewerten sind, wird unter Zugrundelegung der deutschen Religionsfreiheit in einem späteren Teil dieser Arbeit überprüft und einer Bewertung zugeführt.

Kapitel 2: Die Religionsfreiheit juristischer Personen im deutschen Recht – Bestandsaufnahme und Ausblick

„Zwischen der individuellen und der staatlichen Sphäre liegt kein verfassungsrechtliches Niemandsland […]“.[132]

„Mit der Grundrechtsfähigkeit der juristischen Person erlangen die Grundrechte eine zweite Zone ihrer Geltung. Sie schützen nicht nur die Freiheit der Individuen, sondern auch die Freiheit der gesellschaftlichen Kräfte […].“[133]

Nachdem das 1. Kapitel dieser Arbeit als Einführung in die Problematik im Lichte des US-amerikanischen Rechts und in mögliche Argumentationsansätze im Zusammenhang mit der Frage nach der Religionsfreiheit juristischer Personen dienen sollte, beschäftigt sich das 2. Kapitel mit der Lage in Deutschland.

In einem ersten Teil wird die Stellung der juristischen Person im deutschen Verfassungsrecht erläutert. Als Ausgangspunkt dieser Betrachtung dient Art. 19 Abs. 3 GG. Anhand der Norm werden relevante Kriterien herausgearbeitet, die bei der Bestimmung der Grundrechtsträgerschaft einer juristischen Person im Einzelfall eine Rolle spielen können.

In einem zweiten Teil wird die Religionsfreiheit des Grundgesetzes näher beleuchtet.

Der dritte Teil verknüpft die ersten beiden Teile. Ausgehend von den dogmatischen Grundlagen, werden die Durchgriffstheorie und die grundrechtstypische Gefährdungslage als Begründungsstränge zur Grundrechtsträgerschaft juristischer Personen erläutert sowie die bisher geltende Rechtsprechung des Bundesverfassungsgerichts zur Religionsfreiheit juristischer Personen dargestellt und beleuchtet.

In einem vierten Teil wird es sodann darum gehen, die bisher geltende Rechtslage zu hinterfragen und Argumente für oder gegen eine Erweiterung der Rechtsprechung zu finden.

---

132 *Isensee*, in: HStR Bd. IX, § 199, Rn. 7.
133 *Isensee*, in: HStR Bd. IX, § 199, Rn. 7.

Teil 1: Die juristische Person[134] im Grundgesetz

I. Einleitung

Zu der konkreten Rechtsfrage, die der Supreme Court für Amerika bereits entschieden hat - jedenfalls im Hinblick auf den RFRA - existiert in Deutschland noch keine konkrete Rechtsprechung und es bedarf einer Analyse der Literatur und insbesondere der Rechtsprechung des Bundesverfassungsgerichts, um die Frage zu beantworten, wie weit die Religionsfreiheit juristischer Personen in Deutschland reicht.

Dogmatische Anknüpfungspunkte hierfür sind Art. 4 Abs. 1 und 2 sowie Art. 19 Abs. 3 des Grundgesetzes, die Aussagen zur Religionsfreiheit und zur Grundrechtsfähigkeit juristischer Personen an sich treffen. Eine solche Betrachtung muss zudem stets vor dem Hintergrund des Verständnisses der Grundrechte vorgenommen werden, womit es unerlässlich ist, auch einen Blick auf die Funktion(en) und das Zusammenspiel der einzelnen Grundrechte zu werfen.

Kernthema dieser Arbeit ist die Frage, ob oder inwieweit das Grundrecht der Religionsfreiheit aus Art. 4 Abs. 1 und 2 GG auch auf juristische Personen im Sinne des Art. 19 Abs. 3 GG anwendbar ist. Dieser Aspekt ist anzusiedeln bei der Frage nach dem Wesen der Religionsfreiheit. In diesem Zusammenhang bildet der Begriff des „Wesens“ zunächst nur eine mehr oder weniger bedeutungsleere Hülle, die es zu füllen gilt. Für die wesensmäßige Anwendbarkeit des einzelnen Grundrechts ist die individuelle Eigenart des jeweiligen Grundrechts, sein Gewährleistungsgehalt, maßgeblich. Entscheidend sind die durch das Grundrecht spezifisch geschützten Interessen sowie die dem Tatbestand angehörigen Merkmale.[135] Insoweit ist das Wesen des einzelnen Grundrechts nichts anderes als die Umschreibung des sachlichen Schutzbereichs des jeweiligen Grundrechts sowie die spezifischen Schutzzwecke, derentwegen die Religionsfreiheit durch das Grundrecht geschützt ist.

---

134 Der Begriff der „juristischen Person“ wird im Rahmen dieser Arbeit unter Zugrundelegung des verfassungsrechtlichen Begriffsverständnisses des Art. 19 Abs. 3 GG verwendet. Sofern mithin von „juristischen Personen“ die Rede ist, meint dies sämtliche, in den Anwendungsbereich des Art. 19 Abs. 3 GG fallende Organisationseinheiten. Juristische Personen im Sinne des Privatrechts werden im Rahmen dieser Arbeit als „juristische Personen im engeren Sinne“ bezeichnet.

135 *Sachs*, in: Sachs GG Kommentar, Art. 19, Rn. 67; *Lenz/Hansel*, in: Lenz/Hansel BVerfGG Kommentar, § 90 Rn. 147.

Im Rahmen der Einzelbetrachtung ist es jedoch nicht nur notwendig, sich die einzelnen Elemente des sachlichen Schutzbereichs sowie die Hintergründe dieser Schutzwürdigkeit zu vergegenwärtigen, sondern auch, diese Elemente darüber hinaus in Bezug zu der jeweils konkret gegebenen juristischen Person des Privatrechts zu setzen.[136] Es ist möglich, dass sich im Hinblick auf die Anwendbarkeit eines Grundrechts verschiedene Ergebnisse für verschiedene juristische Personen ergeben.

Einigkeit besteht sowohl in der Rechtsprechung als auch in der Literatur darüber, dass all jene Grundrechte nicht für juristische Personen gelten, die an genuin menschliche Eigenschaften oder Handlungsformen anknüpfen. Dies sind Art. 1 Abs. 1 und 2, Art. 2 Abs. 2 i.V.m. Art. 104, Art. 3 Abs. 2 und 3, Art. 4 Abs. 3, Art. 6 und Art. 16 GG.[137] Im Rahmen dieser Grundrechte sind die Rechtsform der Gesellschaft sowie der gegebene Grad an Rückbindung an dahinterstehende Individuen unerheblich, da die Grundrechte schlechterdings auf sie nicht anwendbar sind.[138] Die Religionsfreiheit des Art. 4 Abs. 1 und 2 GG ist dagegen grundsätzlich einer Anwendung auf juristische Personen zugänglich.

II. Rechtsgrundlagen

1. Ausgangspunkt Art. 19 Abs. 3 GG

Wenn man sich im deutschen Verfassungsrecht die Frage nach der Grundrechtsberechtigung einer juristischen Person im Hinblick auf ein bestimmtes Grundrecht stellt, so führt bei den Überlegungen hierzu zunächst kein Weg an der Norm des Grundgesetzes vorbei, die sich ausdrücklich mit der Grundrechtsberechtigung juristischer Personen beschäftigt: Art. 19 Abs. 3 GG. Dieser lautet wie folgt:

„Die Grundrechte gelten auch für inländische juristische Personen, soweit sie ihremWesen nach auf diese anwendbar sind."

---

136 Vgl. *Stern*, Staatsrecht der BRD Bd. III/1, § 71, S. 1125.

137 Vgl. u.a. BVerfGE 95, 220 (242); 106 28 (42); *Lenz/Hansel*, in: Lenz/Hansel BVerfGG Kommentar, § 90, Rn. 148; *Huber*, in: von Mangoldt/Klein/Starck, Art. 19, Rn. 314; *Enders*, in: Epping/Hillgruber BeckOK GG, Art. 19, Rn. 39 ff.; *Remmert*, in: Maunz/Dürig, Art. 19 Abs. 3, Rn. 101.

138 *Goldhammer/Sieber*, Juristische Personen und Grundrechtsschutz in Europa, JuS 2018, 22 (24). Goldhammer und Sieber sprechen insoweit von den sog. „Schlechthin"- Fällen, da diese Grundrechte schlechthin nicht auf irgendeine Art von juristischer Person angewendet werden können.

Art. 19 Abs. 3 GG trägt damit dem Umstand Rechnung, dass es neben der natürlichen Person im Rechtsverkehr Organisationseinheiten gibt, die dem Staat in einer ähnlichen Art und Weise gegenüberstehen wie natürliche Personen und damit auch ebenso schutzwürdig sein können. Dadurch, dass den juristischen Personen, sei es teilweise oder vollständig, durch das einfache Recht Rechtsfähigkeit zuteil wird, treten sie im Wirtschafts- und Rechtsverkehr wie natürliche Personen auf, sind diesen in vielerlei Hinsicht gleichgestellt und demnach gegebenenfalls auch entsprechend schutzwürdig. Durch die Schaffung einer von den natürlichen Personen verselbstständigten handlungsfähigen Organisationseinheit wird eine weitere Ebene zwischen den natürlichen Personen und dem Staat geschaffen, auf der es zu Konflikten kommen kann, die grundrechtlich zu lösen sind.[139] Auch die juristische Person bedarf zur Verwirklichung ihrer Freiheiten, die ihr durch die Anerkennung als Rechtspersönlichkeit und damit Normadressat und Normverpflichteter zukommen, des Schutzes durch die Grundrechte.

2. Anwendbarkeit auf Art. 4 Abs. 1 und 2 GG

Ob sich die Grundrechtsberechtigung juristischer Personen in Bezug auf die Religionsfreiheit unter Heranziehung des Art. 19 Abs. 3 GG[140] oder vielmehr bereits unmittelbar aus dem Grundrecht des Art. 4 Abs. 1 und 2 GG selbst („Theorie des Doppelgrundrechts"[141]) ergibt[142], ist umstritten. Auch der Rechtsprechung des Bundesverfassungsgerichts lässt sich kein einheitliches Bild entnehmen.[143] Folgt man der Theorie des Doppelgrundrechts, ist davon auszugehen, dass Art. 4 Abs. 1 und 2 GG unmittelbar

139 *Kingreen*, Das Verfassungsrecht der Zwischenschicht - Die juristische Person zwischen grundrechtsgeschützter Freiheit und grundrechtsgebundener Macht, JöR N.F. Bd. 65, 1 (4f.).

140 So etwa *Herzog*, in: Maunz/Dürig, Art. 4, Rn. 34; *Mückl*, in: BK zum GG, Art. 4, Rn. 65; *Isensee*, in: HStR Bd. IX, § 199, Rn. 104 ff.; *Mager*, in: Münch/Kunig GG Kommentar, Art. 4, Rn. 34; *German*, in: Epping/Hillgruber BeckOK GG, Art. 4, Rn. 29; *Jarass*, in: Jarass/Pieroth, Art. 4, Rn. 19; *von Campenhausen/de Wall*, Staatskirchenrecht, § 12, S. 52 f.

141 Ausführlich hierzu: *Rademacher*, Kollektive Aspekte der Individualgrundrechte, in: Demokratie und Freiheit, S. 1 ff.

142 So etwa *Morlok*, in: Dreier Kommentar zum GG, Art. 4, Rn. 112; *Groh*, Selbstschutz der Verfassung, S. 133 ff.

143 Unter Bezugnahme auf Art. 19 Abs. 3 GG etwa BVerfGE 46, 73; 53, 366; 70, 138; 105, 297. Ohne ausdrückliche Benennung von Art. 19 Abs. 3 GG und unter un-

nicht nur das Individualgrundrecht, sondern auch das Grundrecht der juristischen Person enthält.[144] Eines Rückgriffs auf Art. 19 Abs. 3 GG bedarf es dann nicht mehr. Hierfür werden insbesondere die Entstehungsgeschichte des Art. 4 Abs. 2 GG sowie die Gewährleistungen der WRV ins Feld geführt. Art. 140 GG i.V.m. Art. 137 Abs. 3 WRV stelle klar, dass die Religionsgemeinschaften [...] besonderen Schutz genießen würden.[145]

Die Vorschrift des Art. 19 Abs. 3 GG würde durch die Theorie des Doppelgrundrechts für die Bereiche, in denen eine kollektive, korporative Grundrechtsausübung dem Grundrecht innewohnt, sinnentleert.[146] Dem Grundgesetzgeber wird bereits bei Festschreibung der Religionsausübungsfreiheit und des Art. 19 Abs. 3 GG bewusst gewesen sein, dass gerade die Religionsausübung tendenziell in Gemeinschaft verwirklicht wird. Dennoch entschied er sich dafür, die Regelung des Art. 19 Abs. 3 GG ins Grundgesetz aufzunehmen und zwar ohne eine Einschränkung der Regelung in Bezug auf bestimmte Grundrechte. Eine Berufung unmittelbar auf Art. 4 Abs. 1 und 2 GG für Religionsgemeinschaften zu kreieren, liefe auf eine Umgehung des Art. 19 Abs. 3 GG und seiner Wesensklausel hinaus.[147]

Diese Umgehung wird umso relevanter, als sie für Religionsgemeinschaften zur Folge hätte, dass die Inländerklausel des Art. 19 Abs. 3 GG im Zuge einer unmittelbaren Anwendung des Art. 4 Abs. 1 und 2 GG nicht mehr zur Anwendung kommen würde[148], so dass sich, entgegen des eindeutigen Wortlauts der Verfassung, auch ausländische Religionsgemeinschaften unmittelbar auf Art. 4 Abs. 1 und 2 GG berufen könnten.

Aus einer Bezugnahme auf Art. 137 Abs. 3 WRV würde zudem eine Beschränkung der unmittelbaren Anwendung des Art. 4 Abs. 1 und 2 GG auf die dort genannten Religionsgemeinschaften folgen. Religiöse Vereine wiederum, die sich auch der religiösen Pflege des Glaubens, wenn auch nur partiell, widmen, können die Religionsfreiheit nur unter Berufung auf

---

mittelbarem Rückgriff auf Art. 4 Abs. 1 und 2 etwa BVerfGE 19, 129; 24, 236; 42, 312; 83, 341.

144 Erläuternd *Isensee*, in: HStR Bd. IX, § 199, Rn. 105, der selbst jedoch die Theorie des Doppelgrundrechts ablehnt.

145 *Morlok*, in: Dreier Kommentar zum GG, Art. 4, Rn. 112, der bei der Frage, ob es eines Rückgriffs auf Art. 19 Abs. 3 GG bedarf, eine Unterscheidung zwischen Religionsgemeinschaften und religiösen Vereinen vornimmt. Letztere bedürften zur Geltendmachung von Art. 4 GG des Rückgriffs auf Art. 19 Abs. 3 GG.

146 Vgl. *Isensee*, in: HStR Bd. IX, § 199, Rn. 106.

147 Vgl. *von Campenhausen/de Wall*, Staatskirchenrecht, § 12, S. 52f.

148 Vgl. *von Campenhausen/de Wall*, Staatskirchenrecht, § 12, S. 52f.

Art. 19 Abs. 3 GG geltend machen.[149] Hieraus folgt eine künstliche Aufsplittung eines an sich vergleichbaren Sachverhaltes, deren Gewinn sich zudem in einem „symbolischen Aussagegehalt ohne jede (verfassungs-) rechtliche Konsequenz“[150] erschöpft.

Darüber hinaus und insbesondere ist die Lehre vom Doppelgrundrecht aber unter Bezugnahme auf die Funktion der Grundrechte als originär dem Individuum zukommende Rechte abzulehnen. Durch die unmittelbare Anwendbarkeit würde Art. 19 Abs. 3 GG die Filterfunktion für die Anwendbarkeit der Grundrechte verlieren, die den „Primat der Individualgrundrechte“ gewährleistet und insoweit auch einer Verdrängung sämtlicher anderer Grundrechte und damit auch deren „sachlicher Diversifikation“ entgegenwirkt.[151]

Da es mithin zur Begründung der Religionsfreiheit juristischer Personen einer Heranziehung des Art. 19 Abs. 3 GG bedarf, bleibt ein Seitenblick auf die Grundstruktur und die Hintergründe des Art. 19 Abs. 3 GG für ein Verständnis der Grundrechtsfähigkeit juristischer Personen im Allgemeinen und spezifisch für die Religionsfreiheit juristischer Personen unerlässlich.

III. Entstehungsgeschichte des Art. 19 Abs. 3 GG

Die Grundrechte assoziiert man zunächst mit originär dem Menschen zustehenden Rechten, die vor allem dazu dienen, sich als Individuum vor Eingriffen von Seiten des Staates zu schützen. Bereits im Parlamentarischen Rat, genauer gesagt in der 27. Sitzung des Grundsatzausschusses am 1.12.1948[152], kam jedoch der Gedanke der Erweiterung des Grundrechtsschutzes von den natürlichen Personen ausgehend auf juristische Personen zur Sprache. Der Abgeordnete *von Mangoldt* schlug zunächst eine Formulierung vor, in deren Rahmen einzelne Grundrechte, unter anderem das

149 So auch *Morlok*, in: Dreier Kommentar zum GG, Art. 4, Rn. 112.

150 *Rademacher*, Kollektive Aspekte der Individualgrundrechte, in Demokratie und Freiheit, S. 1 (10).

151 *Isensee*, in: HStR Bd. IX, § 199, Rn. 108 f., der diese „Mittlerfunktion“ zunächst auf die Vereinsfreiheit projiziert, dann jedoch auch auf andere „sachspezifische Grundrechte“ wie die Religionsfreiheit überträgt.

152 Der Parlamentarische Rat 1948-1949, Akten und Protokolle, Bd. 5/II, Protokoll der 27. Sitzung des Ausschusses für Grundsatzfragen vom 1.12.1948, S. 771 f.; s. zur Entstehungsgeschichte der Artikel des Grundgesetzes, JöR N.F. 1 (1951) S. 180.

Grundrecht auf ungestörte Religionsausübung, auf Körperschaften und Anstalten mit eigener Rechtspersönlichkeit für entsprechend anwendbar erklärt werden sollten.[153] Hiermit wollte man der Tatsache Rechnung tragen, dass bereits im Rahmen der Weimarer Reichsverfassung Rechte wie das Eigentum und der Gleichheitssatz auf juristische Personen angewendet wurden, mit der Begründung, dass es sich bei der juristischen Person um eine Zusammensetzung mehrerer Einzelpersonen handelt, denen diese Rechte zustehen.[154]

Nach mehreren Beratungen schlug der allgemeine Redaktionsausschuss schlussendlich am 25.1.1949 den Wortlaut des heutigen Art. 19 Abs. 3 GG, damals Art. 20a GG, vor. Der Schutz durch die Grundrechte war damit nicht nur für die natürlichen Personen als Individuen, sondern auch für juristische Personen als Personenmehrheiten möglich. Die Beratungen lassen darauf schließen, dass das personale Element des Grundrechtsschutzes des Einzelnen ausschlaggebend für eine Grundrechtserstreckung auf juristische Personen war. Das Grundgesetz steht damit der Möglichkeit offen gegenüber, dass sich durch die Ausübung der Grundrechte durch den Einzelnen Organisationsformen bilden, denen ihrerseits als „Medium der Grundrechtsverwirklichung" selbst Schutz durch die Grundrechte zukommen muss.[155]

IV. Regelungsgehalt

1. Konzeption des Art. 19 Abs. 3 GG

Art. 19 Abs. 3 GG erweitert seinem Wortlaut nach den Kreis der Grundrechtsberechtigten über die natürlichen Personen hinaus auf inländische juristische Personen. Es handelt sich um eine „Grundrechtserstreckungsnorm"[156], die eine „Anpassung des Grundrechtsschutzes an die soziale

153 Der Gleichheitssatz (Art. 4), sowie die Grundrechte der ungestörten Religionsausübung (Art. 5), der Freizügigkeit (Art. 11), der Unverletzlichkeit der Wohnung (Art. 13) und des Privateigentums (Art. 14 und 15) sind auf Körperschaften und Anstalten mit eigener Rechtspersönlichkeit entsprechend anzuwenden.; Der Parlamentarische Rat 1948-1949, Akten und Protokolle, Bd. 5/II, Protokoll der 28. Sitzung des Ausschusses für Grundsatzfragen vom 3.12.1948, S. 789.

154 Der Parlamentarische Rat 1948-1949, Akten und Protokolle, Bd. 5/II, Protokoll der 27. Sitzung des Ausschusses für Grundsatzfragen vom 1.12.1948, S. 771.

155 *Isensee*, in: HStR Bd. IX, § 199, Rn. 3.

156 *Stern*, Staatsrecht der BRD Bd. III/1, § 71, S. 1079.

Wirklichkeit"[157] ermöglicht, indem sie zum einen den Menschen als gemeinschaftsbezogen wahrnimmt und in Gemeinschaft ausgeübte Grundrechtsverwirklichung unter Schutz stellt und zum anderen die Rechtswirklichkeit anerkennt, dass es gegenüber der natürlichen Person verselbstständigte Organisationseinheiten gibt, die den Schutz der Grundrechte benötigen.

Art. 19 Abs. 3 GG ist so zu verstehen, dass zunächst von der Grundrechtsfähigkeit der inländischen juristischen Person auszugehen und sodann in Bezug auf das jeweilige Grundrecht zu prüfen ist, ob dieses seinem Wesen nach anwendbar ist.[158] Die Regelung nimmt nicht bereits eine Entscheidung im Hinblick auf die Grundrechtsträgerschaft juristischer Personen vor, sondern dient als Auslegungsregel.[159]

In dieser Feststellung erschöpft sich aber bereits die Klarheit des Art. 19 Abs. 3 GG. Schon im Hinblick auf den Begriff der juristischen Person muss man sich die Frage stellen, was hierunter zu verstehen ist, d.h., welches Begriffsverständnis zugrunde zu legen ist. Weit schwieriger fällt es darüber hinaus, den Passus der „wesensmäßigen Anwendbarkeit", der den Kerninhalt der Norm darstellt, zu erfassen. Bezieht sich diese Rückbesinnung auf das Wesen lediglich auf das Wesen der Grundrechte oder darüber hinaus auch auf das Wesen der juristischen Person? Und gilt es, das Wesen eines einzelnen, im konkreten Fall einschlägigen Grundrechts über das Wesen der Grundrechte im Allgemeinen hinaus zu bestimmen? All dies sind Fragen, die man sich auf dem Weg hin zu einer Grundrechtsberechtigung von juristischen Personen und mithin auch im Hinblick auf die Religionsfreiheit juristischer Personen stellen muss und die im Folgenden einer Beantwortung zugeführt werden.

2. Grundrechte im Sinne des Art. 19 Abs. 3 GG

Wenn Art. 19 Abs. 3 GG von Grundrechten spricht, so meint er zunächst die in Abschnitt I des Grundgesetzes zusammengefassten Grundrechte. Darüber hinaus bezieht sich Art. 19 Abs. 3 GG nach Stimmen in der Literatur jedoch auch auf die außerhalb des ersten Abschnitts des Grundgesetzes

---

157 *Huber*, in: von Mangoldt/Klein/Starck, Art. 19, Rn. 225.

158 BVerfGE 21, 362 (368 f.); 68, 193 (205).

159 *Badura*, Die Unternehmensfreiheit der Handelsgesellschaften, DÖV 1990, 353 (356); zust. *Storr*, Der Staat als Unternehmer, S. 204.

normierten grundrechtsgleichen Rechte, wie Art. 19 Abs. 4 GG, 33 Abs. 1-3, 101 Abs. 1 S. 2, 103, 104 GG.[160]

Das BVerfG nimmt jedoch eben diese grundrechtsgleichen Rechte unter Berufung auf den Schutzzweck der Prozessgrundrechte aus dem Anwendungsbereich des Art. 19 Abs. 3 GG heraus, sodass auch ausländischen juristische Personen sowie juristischen Personen des öffentlichen Rechts eine Berufung auf diese grundrechtsgleichen Rechte der Art. 101 Abs. 1 S. 2, 103 und 19 Abs. 4 GG zusteht.[161] Dies leuchtet unmittelbar ein, da Prozessgrundrechte und Verfahrensgrundsätze einer jeden (juristischen) Person zugute kommen müssen, die unmittelbar von einem gerichtlichen Verfahren betroffen ist. Die prozessrechtliche Gleichbehandlung aller Parteien ist für ein rechtsstaatliches Verfahren unerlässlich.

3. Die juristischen Personen im Sinne des Art. 19 Abs. 3 GG

Die juristische Person ist selbstständige Rechtsperson, eigenständiger Willensträger, autonome Willens- und Wirkungseinheit.[162]

a. Vorab: Keine Betrachtung juristischer Personen des öffentlichen Rechts

Von Bedeutung für die Erörterung der Frage nach der Religionsfreiheit juristischer Personen ist darüber hinaus, was Art. 19 Abs. 3 GG mit „juristischen Personen“ meint. Die juristischen Personen lassen sich zunächst in solche des öffentlichen Rechts und in solche des Privatrechts einteilen. Die juristischen Personen des öffentlichen Rechts sind jedoch für die vorliegende Betrachtung nicht relevant. Überhaupt ist es bereits mehr als fraglich, ob juristische Personen des öffentlichen Rechts, die der staatlichen Sphäre zuzuordnen sind, Träger von Grundrechten sein können.[163] Aufgrund dessen beziehen sich die nachfolgende Ausführungen lediglich auf juristische Personen des Privatrechts im Sinne des Art. 19 Abs. 3 GG. Ausgenommen hiervon sind natürlich Kirchen und Religionsgemeinschaften,

160 *Von Mutius*, in: BK zum GG, Art. 19 Abs. 3, Rn. 21f; *Sachs*, in: Sachs GG Kommentar, Art. 19, Rn. 85 ff.; a.A. *Enders*, in: Epping/Hillgruber BeckOK GG, Art. 19, Rn. 49 f.

161 BVerfGE 12, 6 (8); 61, 82 (104); 129, 78 (92).

162 *Stern*, Staatsrecht der BRD Bd. III/1, § 71, S. 1081.

163 Grundlegend hierzu BVerfGE 21, 362; neuere Rechtsprechung *BVerfG*, NVwZ 2018, 51.

die als Körperschaften des öffentlichen Rechts organisiert sind. Diese sind jedoch ohnehin nicht mit den klassischen Körperschaften des öffentlichen Rechts vergleichbar und können sich unproblematisch und nach ständiger Rechtsprechung auf das Grundrecht der Religionsfreiheit berufen.[164]

b. Der Begriff der juristischen Person im Verfassungsrecht

Im Gegensatz zu dem privatrechtlichen Verständnis von einer juristischen Person ist der Begriff im Verfassungsrecht und damit im Sinne des Art. 19 Abs. 3 GG weit zu verstehen und erfasst neben juristischen Personen im engeren Sinne („echte juristische Personen"), auch (teil-) rechtsfähige Organisationseinheiten.[165] Eine klare Trennung zwischen juristischen Personen und Personengesellschaften, wie sie im Privatrecht vorgenommen wird, existiert im verfassungsrechtlichen Verständnis des Begriffs der juristischen Person nicht. Auch teilrechtsfähige Personenvereinigungen wie beispielsweise die Kommanditgesellschaft, der nichtrechtsfähige Verein und die unter Abschnitt IV. 3. b. aa. aufgeführten Personengesellschaften sind demnach als juristische Person im Sinne des Art. 19 Abs. 3 GG anzusehen[166] und können grundrechtsfähig sein, soweit ihre Teilrechtsfähigkeit reicht. Darüber hinaus sind Gewerkschaften und politische Parteien, jeweils im Rahmen der ihnen zukommenden Teilrechtsfähigkeit, anerkannte juristische Personen im Sinne des Art. 19 Abs. 3 GG[167].

Auch in der Rechtsprechung des BVerfG ist anerkannt, dass unter den Begriff der juristischen Person im Sinne des Art. 19 Abs. 3 GG auch teilrechtsfähige Organisationsgebilde fallen.[168] Voraussetzung im Rahmen des

---

164 S. hierzu aber sogleich unter Kapitel 2 Teil 3.

165 Vgl. etwa *Dreier*, in: Dreier Kommentar zum GG, Art. 19 III, Rn. 44; *Mager*, in: von Münch/Kunig GG Kommentar, Art. 19, Rn. 33; *Brünig*, in: Stern/Becker GG Kommentar, Art. 19, Rn. 53; *Windthorst*, in: Gröpl/Windthorst/von Coelln Studienkommentar GG, Art. 19, Rn. 46.

166 Für die GbR *BVerfG* NJW 2002, 3533; für die Kommanditgesellschaft BVerfGE 4, 7 (12); 102, 197 (202); für den nichtrechtsfähigen Verein (wobei dieser eine Körperschaft ist, jedoch nach § 54 S. 1 BGB das Recht der GbR Anwendung findet) BVerfGE 3, 383 (391 f.); 6, 273 (277), 24, 236 (243); 102, 370 (383); für die offene Handelsgesellschaft 4, 7 (12); 20, 283 (290); 53, 1 (13).

167 Für die Gewerkschaft BVerfGE 92, 26 (37); 92, 265 (393); 94, 268 (282); für die politischen Parteien BVerfGE 3, 383 (391f.); 6, 273 (277); 27, 152 (158); 84, 290 (299).

168 Vgl. etwa BVerfGE 3, 383; 4, 7 (12); 19, 52; 24, 236.

Art. 19 Abs. 3 GG ist immer ein gewisses Maß an Organisationsfähigkeit.[169] Lediglich solche Organisationen, denen nach einfachem Recht gar keine Rechtsfähigkeit zukommt, sind grundsätzlich vom Begriffsverständnis der juristischen Person im Verfassungsrecht ausgenommen. In diesem Fall können sich jeweils nur die einzelnen Personen, aus denen sich die nichtrechtsfähige Organisationseinheit zusammensetzt, auf die Grundrechte berufen.[170]

Ein derart weites Verständnis der juristischen Person erschließt sich einem bereits unter Rückgriff auf den Sinn und Zweck der Normierung von Art. 19 Abs. 3 GG. Geht man von einem Verständnis des Art. 19 Abs. 3 GG aus, das den Personenkreis der Grundrechtsberechtigten erweitern und dadurch zumindest auch die natürlichen Personen oder durch diese Personen entstandene Handlungsformen schützen soll, so wäre es verfehlt, gerade die Gesellschaften, bei denen der personale Bezug ein wesentliches Merkmal ist, wie bspw. die BGB-Gesellschaft oder die OHG, aus dem Begriffsverständnis der „juristischen Person“ auszuklammern.[171]

aa. Juristische Personen im engeren Sinn

Im Privatrecht gibt es verschiedene Theorien, was konkret unter einer juristischen Person im engeren Sinn zu verstehen ist. Die heute hM folgt jedoch einem rechtstechnischen Ansatz. Der rechtsethische[172] sowie rechtssoziologische Ansatz[173] werden kaum noch vertreten.

---

169 *Remmert*, in: Maunz Dürig, Art. 19 Abs 3, Rn. 41; *Wiedemann*, in: Gesellschaftsrecht Band I Grundlagen, S. 690, der als einer der wenigen Gesellschaftsrechtler ausführlicher auf die mögliche Grundrechtsträgerschaft von juristischen Personen eingeht.

170 *Windthorst*, in: Gröpl/Windthorst/von Coelln Studienkommentar GG, Art. 19, Rn. 48.

171 So auch *Remmert*, in: Maunz/Dürig, Art. 19 Abs. 3, Rn. 37; *Bethge*, Grundrechtsträgerschaft juristischer Personen, AöR 1979, 104. Band, 54 (78).

172 Hierzu *Reuter*, in: MüKo BGB, Vor § 21, Rn. 3: „Die juristische Person ist nicht etwa eine rechtlich verselbstständigte zweckgebundene Organisation, sondern in Anlehnung an die natürliche Person eine Rechtsperson, die durch Freiheit und Verantwortung gekennzeichnet ist, und das Recht durch Rechtshandlungen in der Realität konkretisiert und effektuiert.“.

173 Hierzu *Reuter*, in: MüKo BGB, Vor § 21, Rn. 4: „Der rechtssoziologische Ansatz stellt insbesondere einen historischen Zusammenhang zwischen juristischer Persönlichkeit und körperschaftlicher Verbandsstruktur her. Ausgangspunkt sei

Unter dem Begriff der juristische Person im engeren Sinn wird „die rechtstechnische Zusammenfassung von Personen oder Gegenständen zu einer rechtlich geordneten, rechtsfähigen Organisation“ verstanden.[174] Die in ihrem Zweck gebundene Organisation erlangt Rechtsfähigkeit durch die Verleihung des Status einer juristischen Person.[175] Durch die Zuerkennung der Rechtsfähigkeit entsteht mit der Organisation ein eigenständiger Rechtsträger.[176] Diese Eigenständigkeit besteht insbesondere gegenüber den Mitgliedern der Organisation[177], sodass sie gegenüber der Personengesellschaft abzugrenzen ist. Die Zielverwirklichung einer juristischen Person im engeren Sinn erfolgt, gegensätzlich zur Personengesellschaft, gänzlich unabhängig von ihren Mitgliedern.[178] Es werden überindividuelle Zwecke verfolgt.[179]

Was die juristische Person im engeren Sinn insbesondere auszeichnet, ist die ihr zustehende Möglichkeit, die Haftung gegenüber den Gläubigern auf die eigene Rechtspersönlichkeit zu beschränken[180], vgl. etwa § 1 Abs. 1 S. 2 AktG; § 13 Abs. 2 GmbHG. Sämtliche Rechte und Pflichten werden im Rechtsverkehr allein der juristischen Person zugeordnet („Trennungsprinzip“); etwaige natürliche Personen sind außen vor zu lassen.[181] Um im Sinne des Schutzes des Rechtsverkehrs und späteren Gläubigerschutzes feststellen zu können, dass genügend Haftungsmasse vorhanden ist, bedarf es für die endgültige Entstehung der juristischen Person einer Eintragung durch das Registergericht, vgl. § 21 BGB; § 41 Abs. 1 S. 1 AktG; § 1 Abs. 1 S. 1 GmbHG.

Der Begriff der juristischen Person im engeren Sinn setzt voraus, dass die Personenvereinigung oder Vermögensmasse mit eigener Rechtpersönlichkeit ausgestattet und selbst in einer derartigen Weise Trägerin von

---

die Feststellung, dass der Gesetzgeber jedenfalls Personenvereinigungen nur im Fall einer körperschaftlichen Struktur als juristische Person anerkenne.“.

174 *Mansel*, in: Jauernig BGB Kommentar, Vor §§ 21, Rn. 1.

175 So u.a. *Reuter*, in: MüKo BGB, Vor § 21, Rn. 2; *Schöpflin*, in: Bamberger/Roth BeckOK BGB, § 21 Rn. 1; *Koch*, in: Hüffer/Koch AktG Kommentar, § 1, Rn. 4; *Heider*, in: MüKo AktG, § 1, Rn. 26.

176 *Mansel*, in: Jauernig BGB Kommentar, Vor §§ 21, Rn. 1.

177 *Mansel*, in: Jauernig BGB Kommentar, Vor §§ 21, Rn. 1.

178 *Schmidt*, Gesellschaftsrecht, S. 46; *Koch*, Gesellschaftsrecht, § 2, Rn. 2, 9.

179 *Raiser/Veil*, Recht der Kapitalgesellschaften, § 3, Rn. 2.

180 *Koch*, in: Hüffer/Koch AktG Kommentar, § 1, Rn. 4.

181 *Koch*, in: Hüffer/Koch AktG Kommentar, § 1, Rn. 4, wonach nur die Aktiengesellschaft selbst Zuordnungsobjekt ist und nicht auch die Aktionäre. Dieser Gedanke gilt für sämtliche juristische Personen. Ausnahmen hiervon sollen nur in seltenen Fällen über die Durchgriffslehre begründbar sein.

Rechten und Pflichten ist, dass die Personenvereinigung oder Vermögensmasse im Rechtsverkehr (begrenzt) als einer natürlichen Person gleichgestellt angesehen werden kann.[182] Die juristische Person muss demnach Handlungen im Rechtsverkehr vornehmen und für diese Handlungen nach außen hin sichtbar sowie verantwortlich sein können.[183] Diese Handlungen erfolgen durch die Organe der juristischen Person im engeren Sinn, wobei hier, anders als bei Personengesellschaften, das Prinzip der Fremdorganschaft gilt. Geschäftsführung und Vertretung der juristischen Person im engeren Sinn können mithin auch von externen Organen übernommen werden; den eigenen Gesellschaftern obliegen diese Positionen nicht automatisch.[184]

Konsequent erfolgt auch die Willensbildung in Orientierung an der in der juristischen Person im engeren Sinn vorherrschenden Unabhängigkeit vom Mitgliederbestand und an der Selbstständigkeit der juristischen Person im engeren Sinn. Entscheidungen werden in den eigenständigen Organen nach dem Mehrheitsprinzip gefällt, vgl. § 32 Abs. 1 S. 3 BGB, § 133 Abs. 1 AktG; § 47 Abs. 1 GmbHG. Bei der Aktiengesellschaft (AktG) sowie der Gesellschaft mit beschränkter Haftung (GmbH) bestimmt sich die Mehrheit jedoch nicht nach Köpfen, sondern nach der Höhe des in die Gesellschaft eingebrachten Kapitals.[185]

Juristische Personen im engeren Sinn sind der rechtsfähige Verein (§§ 21-53, 55-79 BGB), die Aktiengesellschaft (§§ 1 ff. AktG), die Kommanditgesellschaft auf Aktien (§§ 278-290 AktG), die Gesellschaft mit beschränkter Haftung (§ 1 ff. GmbHG), eingetragene Genossenschaften (§ 1 ff. GenG), der Versicherungsverein auf Gegenseitigkeit (§§ 15 VAG) sowie rechtsfähige Stiftungen des Privatrechts (§§ 80-88 BGB). Die Aktiengesellschaft, die Kommanditgesellschaft auf Aktien sowie die Gesellschaft mit beschränkter Haftung sind zudem Kapitalgesellschaften. Diese Bezeichnung resultiert daraus, dass die Gesellschafter aufgrund der fehlenden persönlichen Haftung verpflichtet sind, ein bestimmtes Mindestkapital aufzubringen.[186] All diese Gesellschaften sind nach der Rechtsprechung des Bundesverfassungsgerichts auch grundsätzlich grundrechtsfähig und

---

182 *Leßmann*, Persönlichkeitsschutz juristischer Personen, AcP 1970, 266 (267); *Koch*, in: Hüffer/Koch AktG Kommentar, § 1, Rn. 4.

183 *Reuter*, in: MüKo BGB, Vor § 21, Rn. 2.

184 *Koch*, Gesellschaftsrecht, § 2, Rn. 11; *Schmidt*, Gesellschaftsrecht, S. 409f.; *Windbichler*, Gesellschaftsrecht, § 2, Rn. 12.

185 *Koch*, Gesellschaftsrecht, § 2, Rn. 12.

186 *Koch*, Gesellschaftsrecht, § 2 Rn. 4.

können sich auf die Grundrechte (in Verbindung mit Art. 19 Abs. 3 GG) berufen.[187]

bb. Personengesellschaften

Von der juristischen Person im engeren Sinn abzugrenzen, ist die Personengesellschaft.[188] Sie lebt von ihren Mitgliedern und ist demnach auch in ihrem Bestand von diesen abhängig.[189]

Als Personengesellschaften sind zu nennen: die Gesellschaft bürgerlichen Rechts (GbR, §§ 705 ff. BGB), die offene Handelsgesellschaft (OHG, §§ 105 ff. HGB), die Kommanditgesellschaft (KG, §§ 161 ff. HGB) und die stille Gesellschaft. Die GbR, die OHG und die KG sind rechtsfähig. Für die OHG folgt dies aus § 124 Abs. 1 HGB[190] und für die KG aus §§ 161 Abs. 2[191] i.V.m. 124 Abs. 1 HGB. Die GbR ist seit der Grundsatzentscheidung des BGH aus dem Jahr 2001[192] (teil-) rechtsfähig. Der BGH wendet § 124 HGB analog an.

187 Für den rechtsfähigen Verein BVerfGE 3, 383 (390); 105, 279 (292 f.); für die Aktiengesellschaft BVerfGE 50, 290 (319); 66, 116 (139); für die Kommanditgesellschaft auf Aktien BVerfGE 23, 153 (163); für die Gesellschaft mit beschränkter Haftung BVerfGE 3, 359 (363); 53, 366 (386).

188 Zum Teil wird nicht die juristische Person der Personengesellschaft gegenübergestellt, sondern die Körperschaft: so etwa *Koch*, Gesellschaftsrecht, § 2, Rn. 3 und insbesondere § 26, Rn. 11 ff., der dem Begriff der Personengesellschaft den der Körperschaft gegenüber stellt, „da nur dieser Begriff die Struktur der Gesellschaft umschreibt, der Begriff der juristischen Person hingegen lediglich ihre rechtliche Verselbstständigung im Wege der Eintragung. Der Status der juristischen Person wird der Körperschaft verliehen. Dies ist Mittel, um die Gesellschaftsangelegenheiten so weit wie möglich von den Gesellschaftern abzugrenzen."; so auch *Schmidt*, Gesellschaftsrecht, S. 46. Im Rahmen dieser Arbeit wird, wie es in Art. 19 Abs. 3 GG der Fall ist, mit dem Begriff der juristischen Person gearbeitet.

189 *Schmidt*, Gesellschaftsrecht, S. 46; *Koch*, Gesellschaftsrecht, § 2, Rn. 2, 9; *Windbichler*, Gesellschaftsrecht, § 2, Rn. 17, 23.

190 § 124 Abs. 1 HGB: Die offene Handelsgesellschaft kann unter ihrer Firma Rechte erwerben und Verpflichtungen eingehen, Eigentum und andere dingliche Rechte an Grundstücken erwerben, vor Gericht klagen und verklagt werden.

191 § 162 Abs. 2 HGB: Soweit nicht in diesem Abschnitt ein anderes vorgeschrieben ist, finden auf die Kommanditgesellschaft die für die offene Handelsgesellschaft geltenden Vorschriften Anwendung.

192 BGHZ 146, 341 (1.Ls.): Die (Außen-) GbR besitzt Rechtsfähigkeit, soweit sie durch Teilnahme am Rechtsverkehr eigene Rechte und Pflichten begründet.

Der Begriff der (Teil-)Rechtsfähigkeit ist in diesem Zusammenhang irreführend, da er suggeriert, dass die Personengesellschaften im Hinblick auf den Umfang ihrer Rechtsfähigkeit hinter den juristischen Personen im engeren Sinn zurückbleiben. Dies ist jedoch gerade nicht der Fall. Vielmehr ist der Begriff der Teilrechtsfähigkeit historisch begründet und dient weiterhin als terminus technicus. Da die OHG als rechtsfähiges Gebilde auf die Verfolgung gewerblicher Zwecke beschränkt war, war sie auch nur in diesem Rahmen rechtsfähig. Die GbR, deren Rechtsfähigkeit mittlerweile anerkannt ist, ist aber im Hinblick auf die Zweckverfolgung nicht beschränkt.[193]

Die Personengesellschaften sind keine juristischen Personen im engeren Sinn, weshalb eine Trennung von Gesellschaft und Gesellschaftern nicht in einem derart strikten Maß erfolgt. Vielmehr besteht zwischen den Gesellschaftern und der Gesellschaft in vielerlei Hinsicht eine stark Beziehung. Dies zeigt sich zum einen darin, dass, wie bereits angedeutet, das Bestehen der Gesellschaft vom Bestand der die Gesellschaft konstituierenden Gesellschafter abhängt. Im Grundsatz bedeutet dies: Scheidet ein Gesellschafter aus, führt dies zur Auflösung der Gesellschaft, vgl. § 723 BGB.

Zum anderen wird der personelle Bezug im Rahmen einer Personengesellschaft in Haftungsfragen deutlich: Da die Personengesellschaft durch ihre Mitglieder lebt, stehen diese auch persönlich für die Verbindlichkeiten der Gesellschaft ein. Aufgrund der persönlichen Haftung der Gesellschafter entsteht die Gesellschaft bereits unmittelbar im Zeitpunkt des vertraglichen Zusammenschlusses; eine etwaige Registereintragung hat lediglich deklaratorischen Charakter.[194]

Weitere Unterschiede der Personengesellschaft zur juristischen Person zeigen sich im Zusammenhang mit der korporativen Verfassung, der Organstruktur und der Willensbildung. Der Personengesellschaft zugrunde liegt ausschließlich eine vertragliche Einigung der Mitglieder.[195] Etwaige Änderungen im Mitgliederbestand bedürfen als wesentliche Änderung des Vertrages der Zustimmung aller Mitglieder.[196] Die Personengesellschaft entspricht somit dem „Grundtypus einer auf Vertrauen basierenden Arbeits- und Haftungsgemeinschaft“[197].

---

193 § 705 BGB spricht nur von der „Erreichung eines gemeinsamen Zwecks“, ohne hieran qualifizierende Anforderungen zu knüpfen.

194 *Koch*, Gesellschaftsrecht, § 2 Rn. 6.

195 *Koch*, Gesellschaftsrecht, § 2 Rn. 8; *Windbichler*, Gesellschaftsrecht, § 2 Rn. 17.

196 *Koch*, Gesellschaftsrecht, § 2 Rn. 8.

197 *Koch*, Gesellschaftsrecht, § 2 Rn. 8.

Ein weiteres Merkmal der Personengesellschaft ist das Prinzip der Selbstorganschaft. Dieses Prinzip besagt, dass die Personen, die zur Leitung der Geschäfte der Gesellschaft sowie der Vertretung berufen sind, die Gesellschafter sein müssen, vgl. §§ 709, 714 BGB; §§ 114, 125, 161 HGB. Jegliche Geschäfte werden von den Gesellschaftern selbst geführt. Das Prinzip der Selbstorganschaft korreliert insoweit auch mit der persönlichen Haftung der Gesellschafter, als dass Fehlverhalten, das zu einer Haftung führen kann, von ihnen selbst ausgeht.[198]

Zuletzt folgt die Willensbildung in einer Personengesellschaft grundsätzlich nach dem Prinzip der Einstimmigkeit, vgl. § 709 Abs. 2 BGB; §§ 119 Abs. 2, 116 Abs. 2 HGB. Auch die Willensbildung trägt mithin der Tatsache Rechnung, dass die Personengesellschaft vom engen Bezug der Gesellschafter zur Gesellschaft lebt und auf dem gegenseitigem Vertrauen der Gesellschafter untereinander beruht.

4. „Inländisch" im Sinne des Art. 19 Abs. 3 GG

Der Wortlaut des Art. 19 Abs. 3 GG macht eine Einschränkung im Hinblick auf den Sitz der juristischen Person. Dem eindeutigen Wortlaut nach sind zunächst nur „inländische" juristische Personen von der Grundrechtserstreckung erfasst.[199] Dies schließt sowohl juristische Personen mit Sitz in Europa aus dem Anwendungsbereich aus als auch juristische Personen, die ihren Sitz in Drittstaaten haben.[200] Hiervon nicht erfasst ist, wie bereits zuvor erwähnt, eine Berufung auf die grundrechtsähnlichen Rechte des Art. 101 Abs. 1 S. 2 und Art. 103 Abs. 1 GG.[201] Die objektiven Verfahrensgrundsätze stehen allen juristischen Personen zu, die von einem Verfahren betroffen sind.

---

198 *Koch*, Gesellschaftsrecht, § 2 Rn. 11.

199 So auch nach wie vor die ganz aktuelle Entscheidung des BVerfG zu Verfassungsbeschwerden der amerikanischen Anwaltskanzlei Jones Day gegen die Durchsuchungsbeschlüsse der Münchner Staatsanwaltschaft, Beschluss v. 27.6.2018 – 2 BvR 1287/17, 2 BvR 1583/17.

200 Für die Bestimmung der „Inländereigenschaft" kommt es nach der ständigen Rechtsprechung des BVerfG darauf an, wo die juristische Person ihren „effektiven Sitz" hat („Sitztheorie") d.h., von wo aus die Geschäfte geführt und zentrale Entscheidungen getroffen werden. Ausschlaggebend ist der „Ort der tatsächlichen Hauptverwaltung". Auf die Staatsangehörigkeit der hinter der juristischen Person stehenden Personen kommt es nicht an, so BVerfG Beschluss v. 27.6.2018 – 2 BvR 1287/17, 2 BvR 1583/17, Ls. 3.

201 Vgl. hierzu bereits Kap. 2 Teil 1 IV. 2.

Entgegen des eindeutigen Wortlauts des Art. 19 Abs. 3 GG lässt das BVerfG mittlerweile aber Ausnahmen zugunsten juristischer Personen zu, die ihren Sitz in einem Mitgliedstaat der Europäischen Union haben und im Geltungsbereich des Grundgesetzes tätig sind.[202] Zwar folgt dies nach Ansicht des BVerfG nicht daraus, dass „inländisch“ im Sinne des Art. 19 Abs. 3 GG im Wege einer unionsrechtskonformen Auslegung als „deutsche einschließlich europäische“ juristische Person“ zu verstehen sei. Dies sprenge die Wortlautgrenze des Art. 19 Abs. 3 GG.[203] Allerdings folge dies aus dem unionsrechtlichen Diskriminierungsverbot in seiner Auslegung durch den EuGH. Juristischen Personen mit Sitz in der Europäischen Union im Einzelfall den Schutz durch die materiellen Grundrechte des Grundgesetzes zuzusprechen, stellt hiernach eine „auf Grund des Anwendungsvorrangs der Grundfreiheiten im Binnenmarkt (Art. 26 Abs. AEUV) und des allgemeinen Diskriminierungsverbots [...] (Art. 18 AEUV) vertraglich veranlasste Anwendungserweiterung des Grundgesetzes dar.“[204] Die in Art. 19 Abs. 3 GG vorgesehene Beschränkung auf inländische juristische Personen werde im Anwendungsbereich des Unionsrechts und im Falle einer Ungleichbehandlung über die Grundfreiheiten sowie das allgemeine Diskriminierungsverbot zurückgedrängt.[205]Dieser Anwendungsvorrang sei mit der Zustimmung Deutschlands zu den Vorläuferregelungen des Art. 18 AEUV sowie den Grundfreiheiten von der nach Art. 23 Abs. 1 S. 2, 3 GG erforderlichen Mehrheit gebilligt worden.[206]

Diese Rechtsprechung ist in der Literatur auf Kritik gestoßen.[207] Namentlich *Hillgruber* ist der Ansicht, dass das Tatbestandsmerkmal „im Anwendungsbereich des Unionsrechts“ in der Entscheidung zu weit ausgelegt worden sei.[208] Insbesondere sei die Vorstellung verfehlt, nationale Grundrechte bereits dann dem Anwendungsbereich der europäischen Verträge zuzuordnen, wenn sie sich inhaltlich europäischen Grundfreiheiten zuord-

---

202 BVerfGE 129, 78, zust. etwa *Dreier*, in: Dreier Kommentar zum GG, Art. 19 III, Rn. 83; *Enders*, in: Epping/Hillgruber BeckOK GG, Art. 19, Rn. 37; *Remmert*, in: Maunz/Dürig, Art. 19 Abs. 3, Rn. 92.

203 BVerfGE 129, 78 (96).

204 BVerfGE 129, 78 (Ls. 1).

205 BVerfGE 129, 78 (97).

206 BVerfGE 129, 78 (100).

207 *Hillgruber*, JZ 2011, 1118; *Huber*, in: von Mangoldt/Klein/Starck, Art. 19 Abs. 3, Rn. 307 ff., der zwar der Entscheidung des BVerfG im Ergebnis zustimmt, jedoch die Begründung anzweifelt.

208 *Hillgruber*, JZ 2011, 1118 (1118).

nen ließen.[209] Ebenso sei die Grundrechtserstreckung auf juristische Personen aus der Europäischen Union „nicht von dem dafür allein zuständigen verfassungsändernden Gesetzgeber ins Werk gesetzt worden".[210] Zwar könne die im Grundgesetz in der Präambel sowie in den Art. 24 Abs. 1 und Art. 23 Abs. 1 Ausdruck gefundene Bereitschaft zur europäischen Integration die Pflicht begründen, eine Verfassungsänderung anzustreben. Diese könne aber nur in den Grenzen erfolgen, die das Grundgesetz hierfür aufstelle.[211]

Festhalten lässt sich in diesem Zusammenhang, dass eine Auslegung, die dazu führt, dass unter das Tatbestandsmerkmal „inländisch" auch das europäische Ausland fällt, die Grenzen der Auslegung sprengt. Dies sieht auch das BVerfG so. Nicht verständlich ist daher, wie es dennoch im Wege der Auslegung des Art. 19 Abs. 3 GG zu einer personellen Grundrechtserstreckung kommt.[212] Ersichtlich scheint der Grund für die Erweiterung des Anwendungsbereichs des Art. 19 Abs. 3 GG eine Europarechtsfreundlichkeit zu sein. Um eine solche zu erreichen hätte es jedoch, da es um eine Änderung des materiellen Verfassungsrechts geht, einer Entscheidung des verfassungsändernden Gesetzgeber bedurft.[213]

5. Das Wesen im Sinne des Art. 19 Abs. 3 GG

a. Wortlaut und Sinn des Tatbestandes

Die Grundrechte müssen *ihrem Wesen nach* auf die inländische juristische Person anwendbar sein. Die Bestimmung dieses Wesens stellt den Schlüssel zum Verständnis des Art. 19 Abs. 3 GG sowie zur Beantwortung der Grundrechtsberechtigung einer juristischen Person im Einzelfall dar. Daher ist zunächst die Bedeutung des Wesens im Sinne dieser Regelung zu ergründen.

Legt man Art. 19 Abs. 3 GG seinem Wortlaut und seinem grammatikalischen Verständnis nach aus, so ergibt sich, dass sich das Wesen zunächst nur auf die Grundrechte bezieht.[214] Das Wesen der Grundrechte ist Krite-

---

209 *Hillgruber*, JZ 2011, 1118 (1119).
210 *Hillgruber*, JZ 2011, 1118 (1120).
211 *Hillgruber*, JZ 2011, 1118 (1120).
212 Vgl. Huber, in: *Huber*, in: von Mangoldt/Klein/Starck, Art. 19 Abs. 3, Rn. 307.
213 Vgl. *Hillgruber*, JZ 2011, 1118 (1120).
214 So auch *Goldhammer/Sieber*, JuS 2018, 22 (24); *Tettinger*, in: HBG Bd. II, § 51, Rn. 52f.

rium für die Ausweitung des personellen Anwendungsbereichs der Grundrechte auf juristische Personen.[215] In jedem Fall und in einem ersten Schritt gilt es also das Wesen der Grundrechte an sich zu ergründen.

Überwiegend wird dieser Wesensbezug jedoch nicht nur zu den Grundrechten in ihrer Gesamtheit hergestellt, sondern darüber hinaus auch zu dem jeweils einschlägigen Grundrecht[216] sowie teilweise auch zu der juristischen Person[217]. Eine solche Interpretation des Art. 19 Abs. 3 GG lässt sich nicht mehr nur dessen Wortlaut entnehmen, sodass dieses Auslegungsergebnis gesondert begründungsbedürftig ist.

Dass über die Prüfung des Wesens der Grundrechte in ihrer Gesamtheit hinaus, eine Überprüfung des einzelnen konkreten Grundrechts auf sein Wesen hin erforderlich ist, ergibt sich zunächst bereits aus der Formulierung „soweit". Diese impliziert, dass einzelne Grundrechte keine Anwendung finden[218], beziehungsweise zumindest die Möglichkeit einer Teilunanwendbarkeit einzelner geschützter Verhaltensweisen eines Grundrechts besteht. Hiervon ausgehend ist demnach immer auch eine Prüfung im Hinblick auf das oder die jeweils einschlägigen Grundrechte vorzunehmen.

Eine solche Auslegung ergibt sich auch dann, wenn man die Entstehungsgeschichte des Art. 19 Abs. 3 GG betrachtet. Wie bereits erwähnt, war es zunächst vorgesehen, in Art. 19 Abs. 3 GG eine enumerative Aufzählung der Grundrechte vorzunehmen, die auf juristische Personen anwendbar sein sollten.[219] Um aber eine allzu starre Regelung zu vermeiden, entschied man sich schlussendlich, keine Grundrechte zu nennen und ihre Anwendbarkeit von einer Prüfung im Einzelfall abhängig zu machen.[220] Im Rahmen des Art. 19 Abs. 3 GG gilt es mithin neben der Erörterung des Wesens der Grundrechte in ihrer Gesamtheit immer auch das Wesen des einzelnen Grundrechts zu ergründen, um die Frage nach dessen Anwendbarkeit im Einzelfall beantworten zu können.

---

215 *Bethge*, AöR 104, 54 (59).

216 *Von Mutius*, in: BK zum GG, Art. 19 Abs. 3, Rn. 24, m.w.N.; *Huber*, in: von Mangoldt/Klein/Starck, Art. 19, Rn. 313; *Remmert*, in: Maunz/Dürig, Art. 19 Abs. 3, Rn. 27; Sachs, in: Sachs GG Kommentar Art. 19, Rn. 67 m.w.N.

217 *Dreier*, in: Dreier Kommentar zum GG, Art. 19 III, Rn. 30 m.w.N.; *Kingreen*, JöR N.F. Bd. 65, 1 (13).

218 *Remmert*, in: Maunz/Dürig, Art. 19 Abs. 3, Rn. 27.

219 Siehe hierzu Kapitel 2 Teil 1 III.

220 Der Parlamentarische Rat 1948-1949, Akten und Protokolle, Bd. 5/II, S. 885; vgl. auch *Storr*, Der Staat als Unternehmer, S. 204.

Bleibt noch der dritte Aspekt im Zusammenhang mit dem Wesenskriterium: das Wesen der juristischen Person. Die Folgerung eines Wesensbezugs zur juristischen Person lässt sich dem Wortlaut nicht entnehmen. Dennoch wird vertreten, dass eine vollumfängliche Beantwortung der Frage nach der Anwendbarkeit eines Grundrechts auf eine juristische Person erst dann vorgenommen werden kann, wenn man sich auch mit dem Wesen der juristischen Person auseinandergesetzt hat.[221] Es sei das Wesen der juristischen Person, das mit dem Wesen der Grundrechte in einem Korrespondenzverhältnis stehe.[222] Konkrete Reichweite und tatsächlicher Gewährleistungsgehalt des Art. 19 Abs. 3 GG ergäben sich erst aus einer Zusammenschau des Wesens der Grundrechte und des Wesens der juristischen Person.[223] *Isensee* spricht insoweit von einem „gattungsmäßigen Vorbehalt, dass die Grundrechte mit dem Organisationstypus vereinbar sind“.[224]

Zutreffend ist, dass es unerlässlich ist, das Wesen der juristischen Person an sich zu begreifen, um feststellen zu können, warum Grundrechte überhaupt anwendbar sein sollen und, ob ein einzelnes Grundrecht anwendbar ist. Die Prüfung des Art 19 Abs. 3 GG ist mithin nur dann vollständig, wenn sie es einschließt, sich mit dem Wesen der vom Recht geschaffenen Einheit der juristischen Person sowie im konkreten Fall mit der einzelnen Organisationseinheit auseinanderzusetzen.

Die Anwendbarkeit eines einzelnen Grundrechts hängt immer auch von der „Eigenart seines Trägers“ ab.[225] Nur wenn demzufolge die Eigenart des potentiellen Trägers ergründet ist, kann eine Aussage darüber getroffen werden, ob er auch im konkreten Fall Träger des Grundrechts ist.

Für die Prüfung der wesensmäßigen Anwendbarkeit ergeben sich demnach folgende zu klärende Punkte:

- Was ist das Wesen der juristischen Person?
- Was ist das Wesen der Grundrechte?
- Was ist das Wesen des einzelnen Grundrechts, hier der Religionsfreiheit?

In diesem Sinne ist auch wohl *Isensee* zu verstehen, der die Anwendbarkeit eines Grundrechts unter einen dreifachen Vorbehalt stellt: „(1) den gene-

---

221 *Dreier*, in: Dreier Kommentar zum GG, Art. 19 III, Rn. 30; *Isensee*, in: HStR Bd. IX, § 199, Rn. 23; *Storr*, Der Staat als Unternehmer, S. 203.

222 *Dreier*, in: Dreier Kommentar zum GG, Art. 19 III, Rn. 30.

223 *Dreier*, in: Dreier Kommentar zum GG, Art. 19 III, Rn. 30.

224 *Isensee*, in: HStR Bd. IX, § 199, Rn. 23.

225 *Storr*, Der Staat als Unternehmer, S. 204.

rellen Vorbehalt, dass die Grundrechte ihrem Wesen nach der juristischen Person gemäß sind, (2) den gattungsmäßigen Vorbehalt, dass sie dem jeweiligen Typus einer juristischen Person als Idealverein, als GmbH etc. gemäß sind und (3) den individuellen Vorbehalt, dass sie sich in den satzungsmäßigen Wirkungskreis fügen".[226]

b. Das Wesen der juristischen Person

Für die Frage nach der Religionsfreiheit von juristischen Personen ist, wie soeben erläutert, nicht nur relevant, was unter juristischen Personen im Sinne des Art. 19 Abs. 3 GG konkret zu verstehen ist, sondern auch, was das Wesen (oder die Rechtsnatur) des Konstrukts „juristische Person" ist, da die Annäherung an das Wesen der juristischen Person zugleich eine Annäherung an die Beantwortung der Frage nach ihrer Grundrechtsberechtigung im Hinblick auf die Religionsfreiheit ist.

Das dem Grundgesetz zugrundeliegende Menschenbild zeichnet sich nach der Rechtsprechung des Bundesverfassungsgerichts durch ein „gemeinschaftsbezogenes und gemeinschaftsgebundenes Individuum" aus.[227] Handelt es sich mithin bei juristischen Personen des Privatrechts lediglich um einen Zusammenschluss mehrerer natürlicher Personen, die sich einer bestimmten Rechtsform bedienen, um ihre Interessen zu verfolgen? Ist die Erfindung der juristischen Person lediglich Mittel zum Zweck der Entfaltung gebündelter Individualinteressen? Oder besteht die juristische Person als „Person des Rechts" unabhängig von den natürlichen Personen?

Bereits im 19. Jahrhundert war die Rechtsnatur der juristischen Person im engeren Sinn Gegenstand kontroverser Diskussionen. Vor allem zwei Namen sind mit der damals vorherrschenden Debatte verbunden: *Otto von Gierke (1841-1921)* und *Friedrich Carl von Savigny (1779-1861)*. Otto von Gierke gilt hierbei als Vertreter der sogenannten „Lehre von der realen Verbandspersönlichkeit" und Friedrich Carl von Savigny als Vertreter der romanistisch geprägten „Fiktionstheorie". Diese beiden Theorien können auch heute noch Aufschluss über das Verständnis von juristischen Personen im engeren Sinn geben. Insoweit sind sie auch Ausgangpunkt für die Überlegung der Übertragung von Grundrechten auf eben diese juristischen Personen. Je nachdem, als was man eine juristische Person auffasst, das heißt, was vermeintliche Rechtsnatur der juristischen Person ist, macht

226 *Isensee*, in: HStR Bd. IX, § 199, Rn. 15.

227 Vgl. etwa BVerfGE 4, 7 (15); 27, 344 (351).

es mehr oder weniger Sinn, eine juristische Person im Hinblick auf die Grundrechtsfähigkeit wie eine natürliche Person zu behandeln und ihr insoweit auch den gleichen verfassungsrechtlichen Schutz zu gewähren.

aa. Savignys Fiktionstheorie

Savigny ging davon aus, dass nur den natürlichen Personen Rechte zukommen können und der Staat somit auch nur ihnen entsprechende Rechte verleihen kann.[228] Existierende Personenverbände stellten für *Savigny* nur „künstliche, durch bloße Fiktion angenommene Subjecte“[229] dar. Jeder einzelne Mensch und nur der einzelne Mensch sei rechtsfähig.[230] Alleiniges Zuordnungsobjekt der Rechte und Pflichten ist nach *Savigny* demnach zwar die juristische Person. Diese besitzt aber lediglich deshalb Rechtssubjektivität, weil sie aus natürlichen Personen zusammengesetzt ist, die Träger von Rechten und Pflichten sind.

Vor diesem Hintergrund fällt es schwer, sich eine umfassende und insbesondere eigenständige Grundrechtsfähigkeit einer juristischen Person vorzustellen. Die juristische Person erlangt ihre Grundrechtssubjektivität hiernach vielmehr abgeleitet aus der Grundrechtssubjektivität der einzelnen natürlichen Personen. Jeder Verband ist mithin schlussendlich nur die Summe der ihn formenden Individuen. Die juristische Person fungiert sozusagen als Vertreter übergeordneter, gemeinsamer Interessensverfolgung und ist um der Menschen willen da.

bb. Gierkes Theorie der realen Verbandspersönlichkeit

Ganz anderer Auffassung war *von Gierke*, der mit seiner Theorie der realen Verbandspersönlichkeit die juristischen Personen als einheitliche Wesenseinheiten bzw. als Subjekte von Rechten und Pflichten so gut wie den einzelnen Menschen ansieht.[231] Nach *von Gierke* ist das „menschliche Gemeinleben als ein Leben höherer Ordnung zu betrachten, dem sich das Einzelleben eingliedert“.[232] Die gesellschaftlichen Körper sind „selbststän-

228 *Savigny*, System des heutigen römischen Rechts, § 85, S. 236.
229 *Savigny*, System des heutigen römischen Rechts § 85, S. 236.
230 *Savigny*, System des heutigen römischen Rechts § 85, S. 236.
231 *von Gierke*, Das Wesen der menschlichen Verbände, S. 7.
232 *von Gierke*, Das Wesen der menschlichen Verbände, S. 13.

dige Ganze mit eigener Wirklichkeit".[233] Die juristische Person im engeren Sinne wird als vollwertiges Ganzes angesehen, das eigenständiger Anknüpfungspunkt für die Zuerkennung und Ausübung von Rechten und Pflichten ist.

cc. Vergleich mit der heutigen Sichtweise

Die Auffassung *von Gierkes* spiegelt in weiten Teilen die heutige Anerkennung der juristischen Person im engeren Sinn als eigenständige Rechtspersönlichkeit wider. So ist die juristische Person im engeren Sinn selbst Träger von Rechten und Pflichten und ist grundsätzlich unabhängig von den sie konstituierenden natürlichen Personen zu betrachten. Zuordnungsobjekt im Rechtsverkehr ist die juristische Person als solche. Das Wesen der juristischen Person im engeren Sinn an sich besteht damit, wenn man so will, in einer Beschreibung einer neben der natürlichen Person selbstständig existierenden Organisations- und Rechtseinheit, die um ihrer selbst willen existiert und agiert.

Ebenso bei der Auslegung des Art. 19 Abs. 3 GG sind bis heute Einflüsse der beschriebenen Grundströmungen zu finden. So orientiert sich das BVerfG bei der Auslegung des Art. 19 Abs. 3 GG an der von *Savigny* begründeten Fiktionstheorie, wenn es die Grundrechtsfähigkeit juristischer Personen auf die Erforderlichkeit des Grundrechtsschutzes der hinter der juristischen Person stehenden Individuen zurückführt. Die juristische Person besitzt Grundrechtsfähigkeit um der natürlichen Personen willen.[234]

Demgegenüber spiegelt sich in einer in der Literatur verbreiteten Meinung zur Grundrechtsfähigkeit juristischer Personen *von Gierkes* Auffassung wider, wenn diese eine eigene, unabgeleitete Grundrechtsfähigkeit juristischer Personen postuliert.[235] Anknüpfungspunkt ist hiernach die juristische Person selber, unabhängig von den jeweiligen hinter der Organisationsform stehenden natürlichen Personen. Einer Heranziehung der natürlichen Personen zur Begründung der Grundrechtsfähigkeit juristischer

233 *von Gierke*, Das Wesen der menschlichen Verbände, S. 13.

234 BVerfGE 21, 326.

235 *Dreier*, in: Dreier Kommentar zum GG, Art. 19 III, Rn. 34; *Isensee*, in: HStR Bd. IX, § 199, Rn. 49; *von Mutius*, in: BK zum GG, Art. 19 Abs. 3, Rn. 36; *Ludwig/Friedmann*, NVwZ 2018, 22 (27).

Personen bedarf es hiernach nicht. Sie ist – mit den Worten von *von Gierke* – „selbstständiges Ganzes mit eigener Wirklichkeit".[236]

dd. Zwischenergebnis

Trotz der teilweisen Unabhängigkeit vom Bestand der Mitglieder ist Ausganspunkt jeglicher Entstehung von juristischen Personen die Privatautonomie, die sich im privatrechtlichen Gründungsakt zeigt.[237] Die juristische Person ist, anders als die natürliche Person, in ihrer Ziel- und Zwecksetzung begrenzt. Eine solche Begrenzung erfolgt zum einen bereits durch die Organisationsform und zum anderen über die Satzung. Während der Mensch seine Zielsetzung und sein Handeln nach Belieben ändern kann, ist die Willensbildung und damit auch -änderung innerhalb der juristischen Person an rechtliche Vorgaben gebunden. Durch die Anerkennung der Rechtspersönlichkeit juristische Person als gleichwertiger Teilnehmer am Rechtsverkehr neben der natürlichen Person ist sie Inhaber sämtlicher Rechten und Pflichten, die sich aus ihrem Dasein und ihrer Teilnahme am Rechtsverkehr ergeben.

Mit der rechtlichen Organisationsform „juristische Person", wird „zwischen Individuum und Staat eine intermediäre Zugehörigkeitsschicht eingezogen, deren Akteure eine vom Wechsel der Mitglieder unabhängige Identität besitzen"[238], wobei die Unabhängigkeit vom Bestand der Mitglieder zumindest bei Personengesellschaften zu relativieren ist.[239] *Savigny* anerkennt neben den natürlichen Personen keinen eigenständigen Rechtsträger wohingegen die Rechtspersönlichkeit der juristischen Person bei *von Gierke* beinahe mystifiziert wird.

c. Das Wesen der Grundrechte

aa. Abwehrrecht des Einzelnen

Bei der Frage nach dem Wesen der Grundrechte im Allgemeinen geht es darum, nach der Funktion und dem Sinne der Grundrechte in ihrer Ge-

---

236 *von Gierke*, Das Wesen der menschlichen Verbände, S. 13.
237 *Stern*, Staatsrecht der BRD Bd. III/1, § 71, S. 1083.
238 *Kingreen*, JöR N.F. Bd. 65, 1 (3).
239 Vgl. §§ 705, 709 ff., 723 BGB.

samtheit zu fragen und damit auch nach dem Grund für die Erstreckung der Grundrechte auf juristische Personen.[240] Das Wesen der Grundrechte ist zentrales Kriterium für die Anwendbarkeit der Grundrechte auf juristische Personen[241] und dient im Hinblick auf juristische Personen einer „Ermittlung und Eingrenzung des Kreises der Zuordnungssubjekte der Grundrechtsnormierungen“[242]. Hiervon zu trennen ist die Frage, ob ein konkretes Grundrecht auf die juristische Person anwendbar ist.

In einer Grundsatzentscheidung des BVerfG vom 2. Mai 1967, in der es insbesondere darum ging, zu begründen, warum sich juristische Personen des öffentlichen Rechts im Gegensatz zu solchen des Privatrechts nicht auf Grundrechte berufen können sollen, beschreibt das Gericht das Wesen der Grundrechte wie folgt:

> „Das Wertesystem der Grundrechte geht von der Würde und Freiheit des einzelnen Menschen aus. Die Grundrechte sollen in erster Linie die Freiheitssphäre des Einzelnen gegen Eingriffe der staatlichen Gewalt schützen und ihm insoweit zugleich die Voraussetzungen für eine freie aktive Mitwirkung und Mitgestaltung im Gemeinwesen sichern.“[243]

In dieser Entscheidung klingt zunächst eindeutig die Abwehrfunktion der Grundrechte durch.[244] Die Grundrechte dienen dem Menschen zum Schutz seiner persönlichen Freiheiten gegenüber der staatlichen Gewalt. Eine Erstreckung der Grundrechte auf eine juristische Person muss mithin diesem Wesen dienen. D. h., sie soll ausgerichtet sein an der Freiheitssphäre und der Würde und dem Schutz des Einzelnen. In diesem Sinne heißt es in dem Beschluss des BVerfG vom 2. Mai 1967 weiter:

„Von dieser zentralen Vorstellung her ist auch Art. 19 Abs. 3 GG auszulegen und anzuwenden.“[245]

Diese Sichtweise findet sich auch in einem Beschluss des BVerfG vom 8.7.1982 wieder, in dem das Gericht noch einmal betont, dass

---

240 So auch *von Mutius*, in: BK zum GG, Art. 19 Abs. 3, Rn. 24 m.w.N.; *Bethge*, AöR 104, 54 (59 f.).

241 *Kulick*, Vom Kopf auf die Füße – Die juristische Person des Privatrechts und die wesensmäßige Anwendbarkeit der Grundrechte, JöR N.F. Bd. 65, S. 57 f.

242 *von Mutius*, in: BK zum GG, Art. 19 Abs. 3, Rn. 25.

243 BVerfGE 21, 362 (369).

244 So auch *Kulick*, JöR N.F. Bd. 65, S. 65.

245 BVerfGE 21, 362 (369).

„im geschichtlichen Verlauf der Anerkennung und Positivierung von Grundrechten seit jeher der einzelne Mensch als private, natürliche Person im Mittelpunkt stand. Die Ausformung der Grundrechte geschah im Blick auf die Erfahrung typischer Gefährdungen und Verletzungen der Würde, Freiheit und der rechtlichen Gleichheit der einzelnen Menschen und von Menschengruppen durch öffentliche Gewalten. Besonders die vom Grundgesetz verbürgten materiellen Grundrechte wurzeln in dieser geistesgeschichtlichen Tradition. Ihre Sinnmitte bildet der Schutz der privaten natürlichen Personen [...].“[246]

Die Grundrechte dienen dem Schutz individueller Freiheit und Gleichheit; der Schutz des Einzelnen ist Sinn und Zweck der Grundrechte.[247] Ziel des Art. 19 Abs. 3 ist es, „den am Individuum orientierten Grundrechtsschutz abzustützen, zu stärken oder abzurunden.“[248] Hieraus folgt, dass Gesellschaftsformen, die die individuelle Grundrechtsbetätigung der natürlichen Personen widerspiegeln und solche, die das nicht tun, einer unterschiedlichen Bewertung im Hinblick auf die Grundrechtsanwendung zugeführt werden können beziehungsweise müssen.[249]

Sowohl in der Rechtsprechung des BVerfG als auch in der Literatur klingt demzufolge durch, dass das Wesen der Grundrechte vor allem, wenn nicht sogar ausschließlich, im Schutz des Individuums und dessen persönlicher Freiheit und Gleichheit liegt. Demnach erscheint es auch folgerichtig, Art. 19 Abs. 3 GG vor diesem Hintergrund so auszulegen, dass auch bei der Grundrechtsberechtigung juristischer Personen ein personeller Bezug zu den Freiheitsrechten des Einzelnen hergestellt werden soll. Nur wenn durch den Schutz der juristischen Person ein Schutz der Grundrechte Einzelner hergestellt werden könnte, wäre ein Grundrecht demnach dem Wesen der Grundrechte nach anwendbar.

Diese Ansicht erscheint insbesondere mit einem Blick auf Art. 1 Abs. 1 und Abs. 2 des Grundgesetzes, die die Unantastbarkeit der Würde des Menschen sowie das Bekenntnis zur Unverletzlichkeit und Unveräußerlichkeit nachgenannter Menschenrechte an den Anfang des Grundgesetzes stellt, es somit zum Programm erklärt, logisch. Die Betätigung des Einzelnen oder Einzelner in Gemeinschaft im Rahmen einer juristischen Person ist vor diesem Hintergrund als die Summe einzelner Grundrechtsberechtigten aufzufassen. Dies erinnert stark an Savignys individualistisch gepräg-

246 BVerfGE 61, 82 (100f.).
247 *Remmert*, in: Maunz/Dürig, Art. 19 Abs. 3, Rn. 1 u. 32.
248 *Remmert*, in: Maunz/Dürig, Art. 19 Abs. 3, Rn. 34.
249 *Remmert*, in: Maunz/Dürig, Art. 19 Abs. 3, Rn. 34.

te Fiktionstheorie, nach der die (Grund)Rechtsfähigkeit der juristischen Person anhand der (Grund)Rechtsfähigkeit der natürlichen Personen fingiert wird.

Inwieweit eine solche Auffassung aber mit der Anerkennung der juristischen Person als eigene Rechtspersönlichkeit und insbesondere auch mit der im Gesellschaftsrecht geltenden Dogmatik, dass bei juristischen Personen im engeren Sinne kein Durchgriff auf hinter der juristischen Person stehende Personen erfolgt, vereinbar ist, ist fraglich. Hiervon ausgehend muss man demnach auch überlegen, ob nicht das so verstandene Wesen der Grundrechte, das den Schutz des Einzelnen ins Zentrum der Grundrechte stellt, nicht eher dahingehend zu verstehen ist, dass auch die einzelne juristische Person als „Einzelner" ins Zentrum des Schutzes der Grundrechte rücken muss.[250]

bb. Objektive Werteordnung

Dass neben der subjektiv-rechtlichen Dimension eine objektiv-rechtliche Dimension besteht, ist heute unbestritten.[251] Die Anerkennung der Grundrechte als objektive Werteordnung trägt dem Umstand Rechnung, dass sie neben der individuellen Komponente als Basis der freiheitlich demokratischen Grundordnung des Staates gelten.[252] Die objektiv-rechtliche Dimension der Grundrechte [...] bedeutet „die Anerkennung der zentralen gesellschaftlich-politischen Steuerungsfunktion der Grundrechte."[253] Der Schutz der Grundrechte richte sich nicht nur auf den Einzelnen, sondern diene auch dazu, gesellschaftliche und politische Ziele zu erreichen.[254] Das Wesen der Grundrechte alleine in einer abwehrrechtlichen Dimension zu sehen, umschreibt das Wesen der Grundrechte hiernach mithin nicht vollständig. Das BVerfG spricht von der objektiven Dimension der Grund-

---

250 Hierzu aber konkreter Kapitel 2 Teil 4.

251 So auch st. Rspr. BVerfG, s. m. w. N. BVerfGE 21, 362 (371 f.): „Freilich hat das BVerfG in ständiger Rechtsprechung klargestellt, dass die Grundrechte nicht nur Abwehrrechte des Bürgers gegen den Staat sind, sondern auch als Normen ein Wertesystem statuieren, das als verfassungsrechtliche Grundentscheidung für alle Bereiche des Rechts Geltung beansprucht."; *Huber*, in: von Mangoldt/Klein/Starck, Art. 1, Rn. 170; *Jarass*, in: Jarass/Pieroth, Vorb. vor Art. 1, Rn. 6; *Sachs*, in: Sachs, Vor Art. 1, Rn. 27 ff.

252 *Stern*, in: HStR Bd. IX, § 185, Rn. 52.

253 *Kulick*, JöR N.F. Bd. 65, S. 65.

254 *Kulick*, JöR N.F. Bd. 65, S. 67.

rechte als einer „verfassungsrechtlichen Grundentscheidung für alle Bereiche des Rechts“[255].

Grundsätzlich besitzt ein Grundrecht entweder einen stärker ausgeprägten subjektiv- oder objektiv-rechtlichen Teil, so dass entweder der Individualschutz und damit der Abwehrcharakter im Vordergrund steht oder die objektiv-rechtliche Dimension.[256]

In der neueren Literatur beschäftigt sich insbesondere *Kulick* mit der Bedeutung der Grundrechte als objektive Werteordnung für die Grundrechtsfähigkeit juristischer Personen. Nach seiner Ansicht erlangt diese „objektiv-rechtliche Grundrechtsdimension als soziale Steuerungsfunktion“ Bedeutung, da sie als Ausdruck eines bestimmten bindenden Wertesystems das gesellschaftliche Leben mitgestalte.[257] Unter Zugrundelegung dieser bestehenden Funktion der Grundrechte kommt er zu dem Schluss, dass ein individualistisches Verständnis allein nicht ausreichen könne, die Grundrechtsfähigkeit juristischer Personen, die ausweislich des Art. 19 Abs. 3 GG an das Wesen der Grundrechte anknüpfe, zu begründen, da bereits das Wesen der Grundrechte nicht lediglich aus einer individuell-abwehrrechtlichen Perspektive zu ergründen sei.[258]

Juristische und natürliche Personen seien nur in dem Maße rechtsfähig, in dem ihnen die Rechtsordnung Rechtsfähigkeit zuspreche. Lediglich der Grund ihrer Rechtsfähigkeit unterscheide sie.[259] Da juristische Personen zumeist einen wirtschaftlichen Zweck verfolgen und aus wirtschaftlichen Gründen ins Leben gerufen würden, handele es sich bei dem Grund ihrer Rechtsfähigkeit um einen „rational-ökonomischen“.[260] Aus diesem Grund für die Zuerkennung der allgemeinen Rechtsfähigkeit folgert *Kulick* sodann, dass juristische Personen nur in dem Bereich Grundrechtsschutz genießen, in dem sie eben diesem „rational-ökonomischen Existenzgrund“ genuin dienen.[261] Als Beispiel hierfür führt er eine Aktiengesellschaft und deren Grundrechte aus Art. 12 und 14 GG an. Die Aktiengesellschaft verfolge losgelöst von Einzelinteressen eigene wirtschaftliche Interessen am Markt. Daneben habe sie jedoch - im Sinne der objektiv-rechtlichen Dimension - die Funktion, den gesellschaftlichen Wohlstand zu fördern. *Kulick* nennt dieses Verständnis des Art. 19 Abs. 3 ein „funktionsbezoge-

255 Siehe Nachweise in Fn. 251.
256 *Isensee*, in: HStR Bd. IX, § 185, Rn. 54; *Kulick*, JöR N.F. Bd. 65, S. 73.
257 *Kulick*, JöR N.F. Bd. 65, S. 73.
258 *Kulick*, JöR N.F. Bd. 65, S. 67.
259 *Kulick*, JöR N.F. Bd. 65, S. 72.
260 *Kulick*, JöR N.F. Bd. 65, S. 72.
261 *Kulick*, JöR N.F. Bd. 65, S. 73.

nes".[262] Dieses funktionsbezogene Verständnis müsse die Grundrechtsberechtigung juristischer Personen dort ablehnen, wo die Grundrechte der physischen Existenz des Menschen dienen oder an ethische und moralische Einstellungen anknüpfen würden.[263]

Nicht ganz ersichtlich ist der Mehrwehrt, den das aus der objektiv-rechtlichen Grundrechtsfunktion abgeleitete Verständnis *Kulicks* für die Grundrechtsberechtigung juristischer Personen hervorbringen soll. Auf das Unternehmen als selbstständige und von den dahinterstehenden natürlichen Personen losgelöste Rechtseinheit in ihrer ökonomischen Existenz abzustellen, wird auch von den Vertretern der grundrechtstypischen Gefährdungslage vertreten. Auch wird im Rahmen des Art .19 Abs. 3 GG bereits jetzt schon nicht nur das Wesen des einzelnen Grundrechts sondern auch das der einzelnen juristischen Personen in den Blick genommen.[264]

Darüber hinaus macht bereits die Entstehungsgeschichte des Grundgesetzes und explizit diejenige des Art. 19 Abs. 3 GG deutlich, dass Ausgangspunkt für eine Grundrechtsberechtigung juristischer Personen die Grundrechtsberechtigung der natürlichen Person war. Die Anwendung der Grundrechte allein vom Unternehmenszweck beziehungsweise der ökonomischen Zielsetzung abhängig zu machen, engt den Anwendungsbereich der Grundrechte auf juristische Personen aber von vorneherein unnötig stark ein, da beispielsweise auch bei Aktiengesellschaften atypische Konstellationen - wie etwa in Form der Einpersonen-AG oder einer familiengeführten AG - denkbar sind, in denen der Schutz des Individuums nicht von demjenigen der juristischen Person zu trennen ist.

cc. Zwischenergebnis

Das Wesen der Grundrechte wird mithin grundsätzlich primär durch die subjektiv-rechtliche Grundrechtsdimension beschrieben, die es beinhaltet, den einzelnen Menschen in seiner individuellen Freiheit vor Eingriffen gegenüber dem Staat zu schützen. Auf sekundärer Ebene besteht die objektiv-rechtliche Grundrechtsdimension, wonach die Grundrechte objektive Werteordnung sind. Sie ist aber nicht Grund für die Grundrechtsberechtigung juristischer Personen, sondern vielmehr steht auch im Mittelpunkt dieser Werteordnung die „innerhalb der sozialen Gemeinschaft sich frei

262 *Kulick*, JöR N.F. Bd. 65, S. 77.
263 *Kulick*, JöR N.F. Bd. 65, S. 77.
264 Siehe Nachweise in Fn. 217.

entfaltende menschliche Persönlichkeit und Würde“[265], auf die alle Bereiche des Rechts zu beziehen sind[266]. Insoweit kann zwar auch die Verfassung in ihrer Gesamtheit als objektive Werteordnung Aussagen über die Grundrechtsfähigkeit juristischer Personen in dem Sinne treffen, dass eine Berufung auf die Grundrechte in einem bestimmten Fall nicht mit dem objektiven Wertesystem der Grundrechte übereinstimmt. Letztendlich wird jedoch auch hier die Begründung immer darauf zurückzuführen sein, dass die Berufung der juristischen Person auf das Grundrecht nicht vereinbar ist, mit dem individualistisch geprägten Wesen der Grundrechte.

V. Ergebnis Teil 1

Der Begriff der juristischen Person im Sinne des Art. 19 Abs. 3 GG ist nicht gleichlaufend mit dem im Privatrecht vorherrschenden Verständnis der juristischen Person. Vielmehr ist er weiter zu verstehen und schließt insbesondere auch Personengesellschaften mit ein. All diesen juristischen Personen wird im Rahmen des Art. 19 Abs. 3 GG ausdrücklich Grundrechtsfähigkeit verliehen. Diese Grundrechtsfähigkeit ist jedoch gleichzeitig durch einen dreifachen Wesensvorbehalt beschränkt: das Wesen der Grundrechte, das Wesen der einzelnen juristischen Person und das Wesen des einzelnen Grundrechts. All diese Dinge müssen mit einbezogen werden, wenn man sich die Frage der Grundrechtsfähigkeit einer juristischen Person im Hinblick auf ein bestimmtes Grundrecht stellt.

Was das Wesen der juristischen Person ist, kann nur im Einzelfall für die jeweilige juristische Person bestimmt werden. Einen Anhaltspunkt dafür, welche Grundüberlegungen hierbei einbezogen werden sollten, bieten *Savigny* und *von Gierke*, die im 19. Jahrhundert für die juristischen Personen gegensätzliche Auffassungen vertraten. Hiernach muss im Hinblick auf die juristische Person insbesondere entschieden werden, ob es sich bei dieser um einen Zusammenschluss einzelner natürlicher Personen handelt, denen die Organisationsform lediglich als Hülle zur Verwirklichung eigener Freiheiten dient oder ob durch die juristische Person vollständig losgelöst von eben jenen Personen ein eigenständiger neuer Rechtsträger begründet wird, der lediglich überindividuelle Interessen verfolgt.

---

265 BVerfGE 7, 198 (205).

266 BVerfGE 7, 198 (205), Gesetzgebung, Verwaltung und Rechtsprechung empfangen von ihm [dem Wertesystem] Richtlinien und Impulse.

Zu beachten ist darüber hinaus, dass die Grundrechte ihrem Wesen nach in erster Linie Abwehrrechte des Einzelnen gegen Eingriffe seitens des Staates darstellen. Hieraus abzuleiten, dass die Grundrechtsfähigkeit der juristischen Person letztlich als Mittel gedacht ist, die Wahrnehmung dieser Funktion der Grundrechte durch den Einzelnen auch im Rahmen einer juristischen Person zu ermöglichen, ist daher naheliegend.

Abgesehen davon darf jedoch auch das Wesen des einzelnen in Rede stehenden Grundrechts, hier der Religionsfreiheit, seiner Erstreckung auf juristische Personen nicht entgegenstehen. Was dieses Wesen ausmacht, wird im Folgenden beleuchtet.

Teil 2: Die Religion im Grundgesetz

> *Dem Staat ist Religion nicht unmittelbar um seiner selbst willen, sondern um seiner Bürger willen zur Aufgabe.*[267]

I. Geschichtliches zur Religionsfreiheit

Seit jeher, heute und voraussichtlich auch in Zukunft stand und steht die Religion im Mittelpunkt vieler, oftmals auch gewalttätiger Konflikte. Verfolgung und Unterdrückung von Menschen aufgrund ihrer Religion sind keine Seltenheit.[268] Auch die Grundrechte und mit ihnen das Grundrecht auf Religionsfreiheit sind vor dem Eindruck solcher Missachtung grundlegender Menschenrechte entstanden.

Historisch betrachtet gingen weltliche Herrschaft und Religion lange Zeit Hand in Hand. Allgemeinhin wird die Epoche der Reformation und

---

267 *Droege*, Religionsbegriff im deutschen Verfassungsrecht, in: Hildebrandt/Brocker, Der Begriff der Religion, S. 162.

268 Vgl. etwa Ökumenischer Bericht zur Religionsfreiheit von Christen weltweit (2013) S. 11 ff., abrufbar unter https://www.ekd.de/ekd_de/ds_doc/religionsfreiheit_christen_weltweit_2013_07_01.pdf; International Religious Freedom Report der US-Regierung 2015, abrufbar unter https://www.state.gov/j/drl/rls/irf/religiousfreedom/index.htm#wrapper; Länderbericht des Europäischen Parlamentes (2015), abrufbar unter http://www.religiousfreedom.eu/wp-content/uploads/2015/06/2014-Intergroup-Report-FINAL.pdf; Bericht der Bundesregierung zur weltweiten Lage der Religions- und Weltanschauungsfreiheit (2016) BT Drucksache 18/8740, S. 17 ff., abrufbar unter http://dip21.bundestag.de/dip21/btd/18/087/1808740.pdf; (sämtliche Verweise zuletzt besucht am 23.3.2020).

insbesondere der Augsburger Religionsfrieden aus dem Jahr 1555 als Anstoß für die Entwicklung hin zu einer individuellen Religionsfreiheit angesehen[269], durch die ihr folgende Auflösung einer vorherrschenden Glaubenseinheit[270] und der bis dahin bestehenden Verknüpfung von weltlicher Macht und katholischer Kirche[271]. Eine umfassende individuelle Religionsfreiheit wurde mit der Reformation und dem sich anschließenden Augsburger Religionsfrieden jedoch nicht erreicht, da hier zunächst nur das Augustinische Bekenntnis neben den altkatholischen Glauben trat.

Ein weiterer Schritt auf dem Weg zur Pluralisierung der Religionen war der Westfälische Friede von 1648, der den 30 jährigen Krieg beendete und die Konfessionsverhältnisse, zumindest formal, der Macht der Landesherren entzog.[272] Erst mit der Epoche der Aufklärung rückte, ausgehend von der politischen Philosophie des 17. und 18. Jahrhunderts, der Mensch als Individuum in den Vordergrund.[273] Der Einfluss des Gedankenguts der Aufklärung zeigt sich insbesondere in der politischen Neutralität gegenüber Konfessionen, wie sie im Allgemeinen Preußischen Landrecht von 1794 zum Ausdruck kam.[274]

Frühe verfassungsrechtliche Gewährleistungen der Religionsfreiheit finden sich in den Verfassungen des süddeutschen Frühkonstitutionalismus. Im Gegensatz zu später folgenden verfassungsrechtlichen Garantien sahen die Verfassungen des Frühkonstitutionalismus Religion aber eher als inneres Phänomen an. So billigten die bayrische Verfassung vom Mai 1818, die badische Verfassung vom August 1818 sowie die Verfassung des Königreichs Württemberg vom September 1819 allen Landeseinwohnern „ungestörte“ bzw. „vollkommene Gewissensfreiheit“.[275] Die bayrische Verfas-

269 *Czermak*, Religions- und Weltanschauungsrecht, § 1, Rn. 4; *Heckel*, in: Schriften zum Staatskirchenrecht Band 33, S. 13 f.; *Kaupisch*, Das Grundrecht der Religionsfreiheit in seiner historischen Entwicklung, S. 24; *Unruh*, Religionsverfassungsrecht, § 2, Rn. 20 ff.

270 *Kaupisch*, Das Grundrecht der Religionsfreiheit in seiner historischen Entwicklung, S. 25.

271 *Heckel*, in: Schriften zum Staatskirchenrecht Band 33, S. 14.

272 *Kaupisch*, Das Grundrecht der Religionsfreiheit in seiner historischen Entwicklung, S. 24.

273 *Willoweit*, Deutsche Verfassungsgeschichte, § 25, S. 188 f.

274 *Hufen*, Staatsrecht II, § 22, Rn. 1; *Kaupisch*, Das Grundrecht der Religionsfreiheit, S. 54 f.; *Willoweit*, Deutsche Verfassungsgeschichte, § 26, S. 198 f.

275 § 18 der badischen Verfassung vom 22.8.1818 lautete etwa wie folgt: Jeder Landeseinwohner genießt der ungestörten Gewissensfreyheit und in Ansehung der Art seiner Gottesverehrung des gleichen Schutzes. Abrufbar unter: http://www.documentarchiv.de/nzjh/verfbaden.html (zuletzt besucht am 23.3.2020).

sung beschränkt das Recht der Religionsausübung ausdrücklich auf die „Haus-Andacht".[276]

Eine weitergehende verfassungsrechtliche Gewährleistung der Religionsfreiheit findet sich in der Paulskirchenverfassung aus dem Jahr 1848. Dort heißt es in § 144: „Jeder Deutsche hat volle Glaubens- und Gewissensfreiheit. Niemand ist verpflichtet, seine religiösen Überzeugungen zu offenbaren." In § 145 wird darüber hinaus die freie Religionsausübung gewährleistet. Dort heißt es: „Jeder Deutsche ist unbeschränkt in der gemeinsamen häuslichen und öffentlichen Übung seiner Religion". Im Rahmen der Weimarer Reichsverfassung wurde die Religionsfreiheit mit Art. 135 S. 1 u. 2 WRV unter staatlichen Schutz gestellt.

Eben jene Entwicklung wurde jedoch durch den Nationalsozialismus wieder zunichte gemacht. Die systematische Verfolgung von Menschen jüdischen Glaubens sowie eine betriebene Entchristlichung, deren Ziel es war, die Religion aus dem öffentlichen Leben zu verbannen[277], führten schlussendlich dazu, dass die Religionspolitik des Nationalsozialismus sich gänzlich auf die Reduktion des Grundrechts ausrichtete.[278]

Dieser geschichtliche Hintergrund vermag den vollumfänglichen und nicht nur in bestimmten Teilbereichen gewährleisteten Schutz der Religionsfreiheit zu erklären.

II. Die Religionsfreiheit des Grundgesetzes

> *„Das Recht auf Glaubensfreiheit einschließlich der ungestörten Religionsausübung ist ein Individualgrundrecht. Es steht in enger Beziehung zur Menschenwürde als dem zentralen Wert und Schutzgut der Verfassung."*[279]

In Deutschland spielt die Religion gerade in der heutigen Zeit wieder verstärkt eine Rolle. Fragestellungen, die sich mit der Bedeutung der Religion in unserer Gesellschaft beschäftigen und damit, wie weit der religiöse Schutz des Einzelnen und das Toleranzgebot des Staates reichen, nehmen zu. Grundsätzlich unterliegt die Beantwortung derartiger Fragestellungen dem Anspruch, der Religionsfreiheit so weit wie nur möglich Geltung zu verleihen, um ihrem Schutzanspruch gerecht zu werden. Insoweit ist es

---

276 Text abgedruckt bei *Krüper*, ZJS 1/2012, 9 (22).

277 *Unruh*, Religionsverfassungsrecht, § 2, Rn. 42; *von Campenhausen*, in: HStR Bd. VII, § 157, Rn. 43.

278 *von Campenhausen*, in: HStR Bd. VII, § 157, Rn. 43.

279 *BVerwG*, NJW 2001, 1225 (1226).

nur konsequent, den Gedanken eines allumfassenden Schutzes der Religionsfreiheit des Einzelnen weiter zu entwickeln und sich zu fragen, inwieweit es erforderlich ist, gerade auch im Hinblick auf die der Religionsfreiheit unweigerlich innewohnenden kollektiven Komponente, auch juristischen Personen eine Berufung auf Art. 4 Abs. 1 und 2 GG zuzusprechen, beziehungsweise, inwieweit nicht auch das Verständnis der Religionsfreiheit und das der Grundrechtsberechtigung juristischer Personen, wie es nach der Rechtsprechung des BVerfG vorherrschend ist, eine solche Erstreckung erfordert.

1. Rechtsgrundlagen

Der Schutz der Religionsfreiheit ist in Art. 4 Abs. 1 und 2 GG geregelt. Darüber hinaus wird der Schutz nach Art. 4 Abs. 1 und 2 GG durch Art. 140 GG erweitert, der durch die Inkorporierung der Artikel 136-139 und 141 der Weimarer Reichsverfassung (WRV) in das Grundgesetz über die Gewährleistung der Ausübung der Religionsfreiheit hinaus, „institutionelle Rahmenbedingungen“[280] hierfür gewährleistet.

Nach Art. 4 Abs. 1 GG sind die Freiheit des Glaubens, des Gewissens und die Freiheit des religiösen und weltanschaulichen Bekenntnisses unverletzlich. Art. 4 Abs. 2 GG stellt darüber hinaus klar, dass die ungestörte Religionsausübung gewährleistet wird. Eine dem Religious Freedom Restoration Act vergleichbare, einfachgesetzliche Regelung auf Bundesebene zum Schutz der Religionsfreiheit gibt es in Deutschland nicht. Art. 4 Abs. 1 und 2 GG bieten insoweit bereits einen umfassenden Schutz der Religionsfreiheit im deutschen Recht.

Es gibt aber weitere einfachgesetzliche Regelungen, die einmal mehr die Bedeutung und Reichweite der Religionsfreiheit in der Bundesrepublik aufzeigen. Zu nennen ist beispielsweise das Gesetz über religiöse Kindererziehung[281], der strafrechtliche Schutz gegen Religionsbeschimpfungen sowie der Religionsausübung über die §§ 166 ff. StGB[282] , die Sonderstellung von Gottesdiensten und sonstigen kirchlichen Veranstaltungen im Rah-

280 *Germann*, in: Epping/Hillgruber BeckOK GG, Art. 140, Rn. 4.

281 Gesetz über religiöse Kindererziehung (KErzG) vom 15.7.1921, zuletzt geändert durch Art. 63 des Gesetzes v. 17.12.2008, BGBl. I 2586.

282 §§ 166 ff. StGB, 11. Abschnitt - Straftaten, welche sich auf die Religion und Weltanschauung beziehen.

men des Versammlungsgesetzes (VersG)[283] und die Ausnahmen vom Betriebsverfassungsgesetz für sog. Tendenzbetriebe[284], um nur einige Beispiele zu nennen.

a. Religionsfreiheit als Menschenrecht

Das Grundrecht der Religionsfreiheit ist Menschenrecht.[285] Es gehört zu den „fundamentalen Grundrechten“[286] und ist unmittelbarer Ausdruck der Menschenwürde[287]. Mittel- und Ausgangspunkt der Religionsfreiheit ist der Glaube des Einzelnen an ein transzendentes übernatürliches Wesen, das Antwort auf den Sinn des Lebens gibt. Insoweit ist die Religionsfreiheit in besonders starker Art und Weise von der „Individualität und Subjektivität“ des Grundrechtsträgers geprägt.[288] Das Grundrecht der Religionsfreiheit trägt der Individualität des Menschen in seiner Glaubensentscheidung Rechnung, indem es nicht nur eine bestimmte oder vorherrschende Religion als solche anerkennt, sondern auch Glaubensüberzeugungen religiöser Minderheiten unter den Schutz der Verfassung stellt. Die Religionsfreiheit verwehrt sich jeglichem „absoluten Herrschaftsan-

---

283 § 17 VersG: Die §§ 14 bis 16 gelten nicht für Gottesdienste unter freiem Himmel, kirchliche Prozessionen, Bittgänge und Wallfahrten, gewöhnliche Leichenbegängnisse, Züge von Hochzeitsgesellschaften und hergebrachte Volksfeste.

284 § 118 Abs. 2 BetrVG: Dieses Gesetz findet keine Anwendung auf Religionsgemeinschaften und ihre karitativen und erzieherischen Einrichtungen unbeschadet deren Rechtsform.

285 Vgl. auch auf internationaler Ebene: (1) Art. 18 Allgemeine Erklärung der Menschenrechte (Deklaration, keine verbindliche Rechtsquelle); (2) Art. 18 des Internationalen Pakts über bürgerliche und politische Rechte; (3) Erklärung über die Beseitigung aller Formen von Intoleranz und Diskriminierung auf Grund der Religion oder der Überzeugung von 1981 (A/RES/36/55; Deklaration, keine verbindliche Rechtsquelle); auf regionaler Ebene: (1) Art. 9 Abs. 1 Europäische Menschenrechtskonvention; (2) Art. 8 African Charter on Human and Peoples' Rights (Banjul-Charta); Art. 12 American Convention on Human Rights (Pact of San José).

286 *Hofmann*, in: Schmidt-Bleibtreu/Hofmann/Henneke, Art. 4 Rn. 2.

287 BVerfGE 33, 28 (28f.); 35, 366 (367); *Herzog*, in: Maunz/Dürig, Art. 4 Rn. 11; *Hofmann*, in: Schmidt-Bleibtreu/Hofmann/Henneke, Art. 4 Rn. 2; *Kokott*, in: Sachs GG Kommentar, Art. 4, Rn. 2; *Mager*, in: von Münch/Kunig GG Kommentar, Art. 4, Rn. 87; BT-Drucks. 18/8740, S. 10.

288 *Hufen*, Staatsrecht II, § 22, Rn. 8.

spruch einer Religion“[289] und einer „autoritären Verbindung von weltlicher und religiöser Macht“[290].

b. Religionsfreiheit als Kollektivgrundrecht

Neben der bereits angesprochenen individuellen Komponente wohnt dem Grundrecht der Religionsfreiheit eine kollektive Komponente inne. Die individuelle Komponente meint die am Anfang eines jeden Glaubens stehende Gewissensentscheidung, mit welcher der Mensch sich entschließt, zu glauben. Daneben besteht die kollektive Komponente der Religionsfreiheit immer dann, wenn Einzelne sich entschließen, ihren Glauben in Gemeinschaft zu bekennen und zu praktizieren. Dies umfasst auch eine religiöse Vereinigungsfreiheit, in deren Rahmen den Gläubigen die Freiheit zusteht, sich zu einer Religionsgesellschaft zu organisieren und zusammenzuschließen.[291] Gewährleistet ist nicht nur der Zusammenschluss in einer bestimmten Rechtsform, sondern „die Möglichkeit einer irgendwie gearteten rechtlichen Existenz“.[292]

Neben der individuellen und kollektiven Komponente besteht darüber hinaus die korporative Religionsfreiheit. Diese steht den im Rahmen der kollektiven Religionsfreiheit gegründeten religiösen Vereinigungen selbst zu und berechtigt diese selbst zur Geltendmachung des Grundrechts der Religionsfreiheit. Die korporative Religionsfreiheit dient mithin dem Wirksamwerden der im Rahmen der kollektiven Religionsfreiheit entstandenen Handlungseinheit.[293] Die Inanspruchnahme setzt aber voraus, dass die Religionsfreiheit in *rechtlich* organisierter Form wahrgenommen wird. Sofern zwar ein Kollektiv, jedoch keine rechtlich organisierte Einheit vorhanden ist, bleibt immer der Einzelne beschwerdeberechtigt.[294]

---

289 *Hufen*, Staatsrecht II, § 22, Rn. 1.
290 *Hufen*, Staatsrecht II, § 22, Rn. 1.
291 *Listl*, in: HStKiR Bd. I, § 14, S. 463, 465.
292 BVerfGE 83, 341 (2. Ls.).
293 *Germann*, in: Epping/Hillgruber BeckOK GG, Art. 4, Rn. 22.
294 *Remmert*, in: Maunz/Dürig, Art. 19 Abs. 3, Rn. 41.

c. Positive und negative Religionsfreiheit

Die Religionsfreiheit ist darüber hinaus sowohl positive als auch negative Freiheit. Die positive Freiheit umschließt das Recht, einen Glauben zu haben und diesen auch zu praktizieren[295], während die negative Freiheit das Recht umfasst, gerade keinen Glauben zu bilden und zu betätigen.[296]

d. Religionsfreiheit als Abwehrrecht

Dem Grundrecht der Religionsfreiheit kommt ein abwehrrechtlicher Charakter zu. Dem korreliert eine Schutzpflicht des Staates im Hinblick auf die Religionsfreiheit. Aus der Schutzpflicht folgt, dass der Staat sich „schützend und fördernd vor die Religion zu stellen hat".[297] Die Funktion als Abwehrrecht ist die Basisfunktion der Grundrechte, die als Rechte gegen übergriffiges Verhalten seitens des Staates gedacht waren und sind.[298] Der Bürger kann sich mithin über die Geltendmachung seiner Grundrechte, in diesem Fall seiner Religionsfreiheit, gegen Eingriffe, die der Staat unmittelbar oder mittelbar verursacht, wehren. Aus dem abwehrrechtlichen Charakter folgt insbesondere auch das Gebot der weltanschaulichen und religiösen Neutralität des Staates.[299] Das BVerfG versteht hierunter „eine offene und übergreifende, die Glaubensfreiheit für alle Bekenntnisse gleichermaßen fördernde Haltung"[300], welche es dem Staat verbietet, bestimmte Glaubensrichtungen zu beeinflussen und/oder zu bewerten.[301]

---

295 *Germann*, in: Epping/Hillgruber BeckOK GG, Art. 4, Rn 20.

296 *Mückl*, in: BK zum GG, Art. 4, Rn. 120.

297 *Unruh*, Religionsverfassungsrecht, § 4, Rn. 104.

298 Siehe hierzu bereits Kapitel 2 Teil 1 IV. 5. c.

299 Dieses folgt laut BVerfG insbesondere aus Art. 4 Abs. 1, Art. 3 Abs. 3, Art. 33 Abs. 3 GG sowie Art. 136 Abs. 1 und 4 und Art. 137 Abs. 1 WRV in Verbindung mit Art. 140 GG, vgl. u. a. BVerfGE 19, 206 (216).

300 Vgl. aus der neueren Rechtsprechung *BVerfG*, NJW 2017, 2333; NJW 2015, 1359.

301 *Unruh*, Religionsverfassungsrecht, § 4, Rn. 90.

2. Der sachliche Schutzbereich der Religionsfreiheit

(1) Die Freiheit des Glaubens, des Gewissens und die Freiheit des religiösen und weltanschaulichen Bekenntnisses sind unverletzlich.
(2) Die ungestörte Religionsausübung wird gewährleistet.

a. Religion und Weltanschauung

Religion und Weltanschauung sind in Art. 4 Abs. 1 GG als Begriffe nebeneinander genannt. Dies bedeutet, dass es grundsätzlich auch dahinstehen kann, ob es sich bei dem in Frage stehenden Verhalten um Glaubensfragen in Bezug auf eine Religion oder eine Weltanschauung handelt. Beiden Begriffen kommt im Rahmen des Art. 4 Abs. 1 GG der gleiche Schutz zu.[302] Insoweit muss man sich auch von der bei dem Wort „Glaube" aufkommenden Assoziation verabschieden, dass der Begriff sich automatisch auf eine Religion beziehen muss. Vielmehr meint Glaube jegliche, für einen selbst als bindend anerkannte, Vorstellung von der Welt und dem Sinn des Lebens im Allgemeinen. Ob dieser Glaube in einer Vorstellung von einem göttlichen Wesen gründet oder nicht, ist für die Anerkennung der Schutzwürdigkeit demzufolge irrelevant.[303]

Sowohl die Religion als auch die Weltanschauung sollen Antworten auf Fragen nach dem Sinn des Lebens geben. Die Religion unter Bezugnahme auf ein transzendentes, göttliches Wesen, die Weltanschauung unter Bezugnahme auf das, was nach menschlichem Erkenntnisvermögen möglich ist. Der Glaube an eine Weltanschauung ist mithin diesseitsbezogen, wohingegen der Glaube an eine Religion sich dadurch auszeichnet, dass die aus der Religion folgende Erklärung für den Sinn des Lebens „über die dem Menschen wahrnehmbare Welt hinausweist".[304] Insoweit ist der Begriff der Religion immer auch in Abgrenzung zum Begriff der ebenso in Art. 4 Abs. 1 GG genannten Weltanschauung zu definieren. Die Weltanschauung bildet den Gegenbegriff zur Religion und zeichnet sich insbesondere durch ein a- oder antireligiöse Verständnis des Lebens aus.[305] *Morlok* beschreibt Religionen und Weltanschauungen zutreffend als „sozial ge-

302 *Mager*, in: von Münch/Kunig GG Kommentar, Art. 4, Rn. 12.
303 *Mager*, in: von Münch/Kunig GG Kommentar, Art. 4, Rn. 12.
304 *Mager*, in: von Münch/Kunig GG Kommentar, Art. 4, Rn. 14.
305 BVerfGE 24, 236 (245); *Morlok*, in: Dreier Kommentar zum GG, Art. 4, Rn. 73.

teilte Sinnsysteme“[306] und macht hiermit deutlich, dass dem Glauben oftmals auch ein gemeinschaftliches Element innewohnt. Ob dieses gemeinschaftliche Element zugleich Voraussetzung für das Vorliegen einer Religion ist, ist aber umstritten.[307]

aa. Fehlen einer Definition durch das BVerfG

Im Hinblick auf die Verwendung und das Verständnis der Begriffe im verfassungsrechtlichen Kontext steht dem Staat, kurz gesagt dem BVerfG, das Letztentscheidungsrecht zu.[308] Der Begriff wird von der Verfassung selbst nicht definiert, sondern vorausgesetzt.[309] Mit einer genauen Definition von „Religion“ hat sich das BVerfG bisher jedoch schwer getan. Mitunter wird von der Religion als „blinder Fleck des Verfassungsrechts“[310] gesprochen. Die Definition des Begriffs „Religion“ erweist sich auch gerade deshalb als so schwierig, da der weltliche Staat keine absolute Kenntnis davon hat, beziehungsweise haben darf, was Religion ist, und insoweit auch nicht alleine bestimmen kann, welches Verhalten als religiös oder areligiös anzusehen ist.[311] Aus der Anerkennung individueller Glaubensfreiheit folgt für den Staat, dass er sich jedem Wahrheitsanspruch und jeder Parteiergreifung gegenüber verschiedenen Glaubenswahrheiten zu enthalten hat.[312]

Nach der früheren Rechtsprechung des BVerfG konnte sich auf die Glaubensfreiheit nicht berufen, „wer die Schranken übertritt, die die allgemeine Werteordnung des Grundgesetzes errichtet hat“.[313] Das BVerfG sah daher nur solche Glaubensformen als schützenswert im Sinne des Art. 4

306 *Morlok*, in: Dreier Kommentar zum GG, Art. 4, Rn. 73.

307 So bspw. *Mückl*, in: BK zum GG, Art. 4, Rn. 92 und *Classen*, Religionsfreiheit und Staatskirchenrecht in der Grundrechtsordnung, S. 25, die diese Notwendigkeit insbesondere mit einer Abgrenzung zur Gewissensfreiheit begründen, da nur so ein hinreichender Anwendungsbereich für die Gewissensfreiheit verbleibe; a.A. *Germann*, in Epping/Hillgruber BeckOK GG, Art. 4, Rn. 17 f. unter Verweis auf BVerfGE 33, 23 und *BVerwG*, NJW 2014, 804, wonach die Überzeugungen einzelner Dissidenten nicht weniger geschützt seien, als die kollektiven, in einer Religionsgemeinschaft geteilten Überzeugungen.

308 *Classen*, Religionsfreiheit und Staatskirchenrecht in der Grundrechtsordnung, S. 21.

309 Vgl. *Groh*, Selbstschutz der Verfassung gegen Religionsgemeinschaften, S. 121.

310 *Droege*, in: Hildebrandt/Brocker, Der Begriff der Religion, S. 163.

311 *Droege*, in: Hildebrandt/Brocker, Der Begriff der Religion, S. 164.

312 *Mager*, in: von Münch/Kunig GG Kommentar, Art. 4, Rn. 2.

313 BVerfGE 12, 1 (4).

Abs. 1 und 2 GG an, „die sich bei den heutigen Kulturvölkern auf dem Boden gewisser übereinstimmender sittlicher Grundanschauungen im Laufe der geschichtlichen Entwicklung herausgebildet haben"[314], sog. „Kulturvölker-Formel"[315]. Von dieser Rechtsprechung hat sich das BVerfG allerdings in einer Entscheidung aus dem Jahr 1975[316] verabschiedet. Das Grundgesetz lege hiernach nicht etwa einen „ethischen Standard" im Sinne eines Bestandes von bestimmten weltanschaulichen Prinzipien fest. Der „ethische Standard" des Grundgesetzes sei vielmehr die Offenheit gegenüber dem Pluralismus weltanschaulich-religiöser Anschauungen angesichts eines Menschenbildes, das von der Würde des Menschen und der freien Entfaltung der Persönlichkeit in Selbstbestimmung und Eigenverantwortung bestimmt sei.[317]

Zwar ist dieser Rechtsprechung auch keine genaue Definition im Hinblick darauf, was Religion bedeutet, zu entnehmen. Zumindest aber macht sie deutlich, dass es dem Staat und der Rechtsprechung nicht erlaubt ist, sich an bestimmten allgemein vorherrschenden Kulturgruppen- und auffassungen bei der Bestimmung dessen, was Religion sein kann, zu orientieren. Eine Privilegierung bestimmter Religionen und Bekenntnisse ist dem neutralen Staat versagt.[318]

Ob eine Religion und ein an dieser Religion orientierter Glaube oder eine Ausübung der Religion vorliegt, ist unter Rückgriff auf das Selbstverständnis des Einzelnen beziehungsweise der Religionsgemeinschaft zu ermitteln.[319] Das entsprechende Verhalten muss aber über ein gewöhnliches Handeln hinausgehen und Ausdruck eines religiösen Gebots sein.[320] Eine darüber hinausgehende inhaltliche Festlegung der Religionsfreiheit darf

314 BVerfGE 12, 1 (4).

315 *Walter*, Religionsverfassungsrecht, S. 215.

316 BVerfGE 41, 29 ff.

317 BVerfGE 41, 29 (50).

318 Vgl. *Droege*, in: Hildebrandt/Brocker, Der Begriff der Religion, S. 161.

319 BVerfGE 24, 236 (247); *von Campenhausen*, in: HStR Bd. VII, § 157, Rn. 93; *Kästner*, in: Stern/Becker GG Kommentar, Art. 4, Rn. 52; *Morlok*, in: Dreier Kommentar zum GG, Art. 4, Rn. 60; *Heinig/Morlok*, Von Schafen und Kopftüchern – Das Grundrecht auf Religionsfreiheit in Deutschland vor den Herausforderungen religiöser Pluralisierung, JZ 2003, 777 (779); *Barczak*, Die Glaubens- und Gewissensfreiheit des Grundgesetzes – Mit ihren verfassungsgeschichtlichen Grundlagen und ihren konventionsrechtlichen Bezügen, JA 2015, 463 (467).

320 *Zähle*, Religionsfreiheit und fremdschädigende Praktiken – Zu den Grenzen des forum externum, AöR 134, 2009, 434 (435); *Kästner*, in: Stern/Becker GG Kommentar, Art. 4, Rn. 60, der eine „konkrete positive religiöse Qualifikation der betreffenden Verhaltensweisen" fordert.

von Seiten eines in Bezug auf die Religion und Weltanschauung neutralen Staates nicht vorgenommen werden[321], da Glaubens- und Gewissensinhalte individuell bestimmbar und „wahrheitsunfähig“[322] sind.

Dennoch muss die Entscheidung darüber, was im Rahmen eines ernsthaften Selbstverständnisses und damit darüber, was im konkreten Fall Religion ist, der Letztentscheidung durch den Staat obliegen, wenn nicht „die Allgemeingültigkeit des Gesetzes der Beliebigkeit des Subjektivismus“[323] geopfert werden soll. Diese Letztentscheidung durch die Gerichte besteht insbesondere darin, das Selbstverständnis auf Ernsthaftigkeit und Plausibilität hin zu überprüfen. Nach der Rechtsprechung des BVerfG muss es sich tatsächlich, nach dem geistigen Gehalt und dem äußeren Erscheinungsbild um eine Religion oder Religionsgemeinschaft handeln.[324] Heranzuziehen seien hierzu die aktuelle Lebenswirklichkeit, das allgemeine religionswissenschaftliche Verständnis sowie die Kulturtradition.[325]

bb. Definitionsversuch des BVerwG

Im Gegensatz zum BVerfG hat sich das BVerwG in einem Urteil vom 27. März 1992 an einer Definition von Religion und Weltanschauung versucht und kam zu dem Schluss, dass unter Religion und Weltanschauung

> eine mit der Person des Menschen verbundene Gewissheit über bestimmte Aussagen zum Weltganzen sowie zur Herkunft und zum Ziel des menschlichen Lebens zu verstehen sei, wobei der Religion eine den Menschen überschreitende und umgreifende („transzendente“) Wirklichkeit zugrunde liege, während sich die Weltanschauung auf innerweltliche („immanente“) Bezüge beschränke.[326]

b. Die Freiheit zu Glauben

Zwar ist das BVerfG bisher eine klare Definition von Religion schuldig geblieben, jedoch hat es in mehreren Entscheidungen die Bedeutung der Re-

---

321 *von Campenhausen*, in: HStR Bd. VII, § 157, Rn. 93.
322 *Morlok*, in: Dreier Kommentar zum GG, Art. 4, Rn. 46.
323 *Droege*, in: Hildebrandt/Brocker, Der Begriff der Religion, S. 164.
324 BVerfGE 83, 341, (341, 1. Ls.).
325 BVerfGE 83, 341 (353).
326 *BVerwG*, NJW 1992, 2496 (2497) .

ligionsfreiheit durch eine ausführliche Beschreibung des Schutzbereichs herausgestellt. Zu nennen ist vorliegend ein Beschluss aus dem Jahr 1972.[327] Beschwerdeführer war ein Angehöriger der religiösen Vereinigung des evangelischen Brüdervereins. Seine Frau war nach der Geburt des vierten Kindes in Folge von zu großem Blutverlust verstorben. Die Verbringung in ein Krankenhaus wurde von dem Ehepaar aus religiösen Gründen verweigert. Der Ehemann unterließ es auch, die Frau dahingehend zu beeinflussen, ein Krankenhaus aufzusuchen, was zu seiner Verurteilung wegen unterlassener Hilfeleistung führte. Eine daraufhin gegen das Urteil erhobene Verfassungsbeschwerde des Ehemanns sah das BVerfG als begründet an. Insbesondere bejahte es eine Verletzung der Glaubensfreiheit und führte zu deren Reichweite wie folgt aus:

> „In einem Staat, in dem die Menschenwürde oberster Wert ist, und in dem der freien Selbstbestimmung des Einzelnen zugleich ein gemeinschaftsbildender Wert zukommt, gewährt die Glaubensfreiheit dem Einzelnen einen von staatlichen Eingriffen freien Rechtsraum, in dem er sich die Lebensform zu geben vermag, die seiner Überzeugung entspricht. Insofern ist die Glaubensfreiheit mehr als religiöse Toleranz, d.h. bloße Duldung religiöser Bekenntnisse oder religiöser Überzeugungen. Sie umfasst daher nicht nur die innere Freiheit zu glauben oder nicht zu glauben, sondern auch die äußere Freiheit, den Glauben zu manifestieren, zu bekennen und zu verbreiten. Dazu gehört auch das Recht des Einzelnen, sein gesamtes Verhalten an den Lehren seines Glaubens auszurichten und seiner inneren Glaubensüberzeugung gemäß zu handeln.“[328]

Insbesondere mit der Formulierung, dass es dem Einzelnen erlaubt sei, sein gesamtes Verhalten an den Lehren des Glaubens auszurichten, derer sich das BVerfG auch in seiner neueren Rechtsprechung noch bedient[329], wird deutlich, dass die Religionsfreiheit, vom Schutzbereich her gedacht, über den Bereich des *forum internum* hinaus als „umfassendes Recht auf (religiöse) Handlungsfreiheit“[330] begriffen werden kann, das sämtliches ernsthaft glaubensgeleitetes Tun des Menschen unter den Schutz der Ver-

327 BVerfGE 32, 98.

328 BVerfGE 32, 98 (106); so auch u.a. BVerfGE 12, 1 (3 f.); BVerfGE 41, 29 (49), st. Rspr.

329 So bspw. *BVerfG*, NJW 2015, 1359 (1361).

330 So auch *Herzog*, in: Maunz/Dürig, Art. 4, Rn. 15.

fassung stellt[331]. Der Mensch darf sich die Lebensform geben, die seinen Überzeugungen entspricht.

Dies klingt auch in einem weiteren Beschluss des BVerfG aus dem Jahr 1976 an, wenn das Gericht feststellt, dass dem Staat der bestimmende Zugriff auf die religiöse oder weltanschauliche Dimension des Menschen verwehrt sei.[332]

Im Rahmen des Schutzbereichs ist es zudem nicht von Belang, ob das geschützte Handeln negative Auswirkungen auf die Rechte Dritter oder Gemeinschaftsgüter hat.[333] Entscheidend für die Eröffnung des Schutzbereichs ist zunächst nur die religiöse Motivation, die hinter dem Handeln steht.[334] Etwaige Bestrebungen, religiös motivierte Handlungen, die eine Gefährdung von Rechten Dritter nach sich ziehen, bereits aus dem Schutzbereich der Religionsfreiheit auszuklammern[335], sind abzulehnen.[336]

Die Freiheit zu Glauben kann als Kern der Religionsfreiheit angesehen werden.[337] Jeglichem Glauben zugrunde liegt eine Gewissensentscheidung des einzelnen Menschen.[338] Sie beinhaltet sowohl einen Glauben zu haben als auch einen solchen abzulehnen. Das erste Stadium der Glaubensfreiheit spielt sich in einem rein internen Bereich ab, erfasst als Teil der „metaphysischen Grundlage menschlicher Existenz"[339] sozusagen eine reine „Gedankenfreiheit", die keine unmittelbaren Auswirkungen auf Dritte hat[340].

Der Glaube muss sich nicht zwingend auf eine Religion beziehen, vielmehr ist er als „subjektive Überzeugung und Gewissheit in Bezug auf eine Religion *oder* eine Weltanschauung"[341] zu verstehen. Die Glaubensfreiheit soll in erster Linie jegliche staatliche Einflussnahme auf religiöse oder weltanschauliche Überzeugungen verhindern, indem sie die „die Modalität des Denkens in Bezug auf religiöse Probleme"[342] garantiert.

---

331 *Frenz*, Religionsfreiheit, JA 2009, 493 (494).
332 BVerfGE 42, 312 (332).
333 *Morlok*, in: Dreier Kommentar zum GG, Art. 4, Rn. 66; *Heinig/Morlok*, JZ 2003, 777 (779); *Zähle*, AöR 134, 2009, 434 (436) (440).
334 *Zähle*, AöR 134, 2009, 434 (437).
335 So etwa *Zähle*, AöR 134, 2009, 434 (437).
336 Vgl. *Classen*, Religionsfreiheit und Staatskirchenrecht in der Grundrechtsordnung, S. 29.
337 *von Campenhausen*, in: HStR Bd. VII, § 157, Rn. 57; *Kokott*, in: Sachs GG Kommentar, Art. 4, Rn. 28.
338 *Jarass*, in: Jarass/Pieroth, Art. 4, Rn. 8; Frenz, JA 2009, 493 (493).
339 *Zähle*, AöR 2009, 434 (438).
340 *Morlok*, in: Dreier Kommentar zum GG, Art. 4, Rn. 59.
341 *Mager*, in: von Münch/Kunig GG Kommentar, Art. 4, Rn. 12.
342 *Herzog*, in: Maunz/Dürig, Art. 4, Rn. 81.

c. Die Freiheit zu Bekennen

Die Bekenntnisfreiheit ist als über die Glaubensfreiheit hinausgehende Freiheit zu verstehen, dem Glauben oder Unglauben auch in Worten (und Taten) Ausdruck zu verleihen.[343] Insoweit könnte man die Bekenntnisfreiheit auch als religiöse und weltanschauliche Meinungsäußerungsfreiheit bezeichnen.[344] Da es sich beim Bekenntnis um ein „gemeinschaftliches Phänomen"[345] handelt, muss nach Ansicht von *Mückl* ein Bezug des Verhaltens zu der jeweils relevanten Religions- oder Weltanschauungsgemeinschaft nachweisbar sein.[346] Dies bedeute, dass das Verhalten nur geschützt sei, wenn es mit den Überzeugungen der Gemeinschaft übereinstimme.[347] Überzeugungen hingegen, die nicht auf die dahinterstehende Gemeinschaft zurückzuführen seien, unterfielen nicht dem Schutz der Bekenntnisfreiheit, sondern der Gewissensfreiheit.[348]

Geht man jedoch von einem Neutralitätsgebot des Staates gegenüber der Religionsfreiheit des Einzelnen aus und stellt insoweit für die Prüfung, ob eine Religion vorliegt, weitestgehend auf das Selbstverständnis des Einzelnen ab, so vermag die Ansicht von *Mückl* und *Classen* nicht zu überzeugen.[349] Individuelle religiöse Überzeugungen sind Ausdruck des Kerns individueller Selbstbestimmung und nicht minder schutzwürdig als kollektiv geteilte Überzeugungen.[350] Unter Bezugnahme auf das Selbstverständnis des einzelnen Gläubigen kann ausschlaggebend nur sein, was individuell als bindender Glaubenssatz anerkannt wird.[351] Insoweit verbietet es auch das Neutralitätsgebot des Staates, eine Bewertung des in Frage stehenden Verhaltens anhand der Anzahl der diesem Gebot Folgenden vorzunehmen.

343 *Mückl*, in: BK zum GG, Art. 4, Rn. 93.
344 *Herzog*, in: Maunz/Dürig, Art. 4, Rn. 85.
345 *Mückl*, in: BK zum GG, Art. 4, Rn. 92.
346 *Mückl*, in: BK zum GG, Art. 4, Rn. 92.
347 *Mückl*, in: BK zum GG, Art. 4, Rn. 92.
348 *Mückl*, in: BK zum GG, Art. 4, Rn. 92.
349 So auch BVerfGE 33, 23 (28), wonach die zahlenmäßige Stärke oder soziale Relevanz einer bestimmten Glaubenshaltung keine Rolle spielen könne; *BVerwG*, NJW 2014, 804 (805); *Germann*, in: Epping/Hillgruber BeckOK GG, Art. 4, Rn. 17.1.
350 So auch: *Germann*, in: Epping/Hillgruber BeckOK GG, Art. 4, Rn. 17 f.; *Unruh*, Religionsverfassungsrecht, § 4, Rn. 99; *Walter*, Religionsverfassungsrecht, S. 504 f.
351 *Germann*, in: Epping/Hillgruber BeckOK GG, Art. 4, Rn. 17 f.

Soweit die Freiheit, seinen Glauben zu bekennen, das Bekenntnis in Form von Taten, wie beispielsweise die Teilnahme an einem Gottesdienst, umfasst, fällt eine Abgrenzung zur Religionsausübung schwer. Eine deutliche Abgrenzung ist hier nicht möglich; die Grenzen sind fließend. Ein Bekennen kann zugleich ein Akt der Religionsausübung sein; ebenso wird in den meisten Fällen ein Akt der Religionsausübung auch eine Glaubensäußerung enthalten und somit ein Bekenntnis kommunizieren.[352] Die Freiheit des religiösen oder weltanschaulichen Bekenntnisses umfasst auch nach Ansicht des BVerfG nicht nur die Freiheit, einen Glauben zu bekennen, sondern ebenso die Freiheit des kultischen Handelns, des Werbens und der Propaganda.[353]

d. Die Freiheit Religion auszuüben

Nach der Rechtsprechung des BVerfG ist das Grundrecht der ungestörten Religionsausübung gem. Art. 4 Abs. 2 GG an sich im Begriff der Glaubens- und Bekenntnisfreiheit des Abs. 1 enthalten.[354] Die ungestörte Religionsausübung sei nur ein Bestandteil der dem Einzelnen wie der religiösen oder weltanschaulichen Vereinigung zustehenden Glaubens- und Bekenntnisfreiheit.[355] Bei der Würdigung dessen, was im Einzelfall als Ausübung von Religion und Weltanschauung zu betrachten sei, dürfe das Selbstverständnis der Religions- und Weltanschauungsgemeinschaften nicht außer Betracht bleiben.[356] Hieraus ergibt sich etwa, dass auch das karitative und diakonische Wirken der Kirchen und ihrer Einrichtungen, das zum Auftrag der tätigen Nächstenliebe der Kirchen gehört, von der Religionsfreiheit erfasst wird.[357] Die Handlungen, die geschützt werden sollen, bedürfen „eines konkreten, nicht nur peripheren, sondern genuinen und nachhaltigen Bezugs zum religiösen Bekenntnis“[358], um als „Religionsausübung im Sinne des Art. 4 Abs. 2 GG anerkannt zu werden. Demnach können mithin auch auf den ersten Blick neutrale Handlungen eine Religionsausübung darstellen, sofern ein hinreichender Bezug dazu besteht, dass dieses Verhalten durch religiöse Überzeugungen veranlasst ist.

---

352 *Germann*, in: Epping/Hillgruber GG Kommentar, Art. 4, Rn. 19.
353 BVerfGE 12, 1 (3 f.).
354 BVerfGE 24, 236 (245).
355 BVerfGE 24, 236 (245).
356 BVerfGE 24, 236 (247).
357 Vgl. insoweit u.a. BVerfGE 24, 236 ff.; 46, 73 ff.
358 *Kästner*, in: Stern/Becker GG Kommentar, Art. 4, Rn. 63.

Laut BVerfG gehören zur Religionsausübung etwa

> „kultische Handlungen und Ausübung sowie Beachtung religiöser Gebräuche wie Gottesdienst, Sammlung kirchlicher Kollekten, Gebete, Empfang der Sakramente, Prozession, Zeigen von Kirchenfahnen, Glockenläuten, aber auch religiöse Erziehung, freireligiöse und atheistische Feiern sowie andere Äußerungen des religiösen und weltanschaulichen Lebens."[359]

Die Religionsausübungsfreiheit ist, wie auch die anderen Komponenten der Religionsfreiheit, vorbehaltlos gewährleistet. Im Hinblick auf die Religionsausübung war dies jedoch nicht von Beginn an geplant. Die Besprechungen im Parlamentarischen Rat[360] zeigen vielmehr, dass für die Freiheit der Religionsausübung ein Gesetzesvorbehalt vorgesehen war.

Die Religionsausübungsfreiheit sollte nach einer insbesondere von dem Abgeordneten *H. von Mangoldt* vertretenen Ansicht nur „im Rahmen der allgemeinen Gesetze" gewährleistet werden.[361] Gegen einen Gesetzesvorbehalt im Sinne der allgemeinen Gesetze äußerte der Abgeordnete *Dr. Süsterhenn* (CDU), der als Fürsprecher der Kirchen galt,[362] dahingehend Bedenken, dass es mit Hilfe des Gesetzesvorbehaltes im Rahmen des allgemeinen Gesetze möglich sei, durch einfaches Gesetz das Recht auf ungestörte Religionsausübung zu beseitigen.[363] Man lege aber Wert darauf, die ungestörte Religionsausübung in der Verfassung ausdrücklich festzulegen, und zwar so, dass dieses Recht nicht durch einen allgemeinen Gesetzesvorbehalt aufgeweicht werden könne.[364] So sollte nach Ansicht *Süsterhenns* die Religionsausübungsfreiheit zwar nicht unter dem Vorbehalt der allgemeinen Gesetze stehen, jedoch auch nicht vorbehaltslos gewährleistet sein. Vielmehr war er der Ansicht, dass für die Religionsausübungsfreiheit bereits der Gesetzesvorbehalt des Art. 2 GG Anwendung finden würde und sie

---

359 BVerfGE 24, 236 (246).

360 Der Parlamentarische Rat 1948-1949, Akten und Protokolle, Bd. 5/II, Protokoll der 24. Sitzung des Ausschusses für Grundsatzfragen vom 23.11.1948, S. 621 ff.

361 So etwa die Fassung des allgemeinen Redaktionsausschusses vom 16.11.1948: Die ungestörte Religionsausübung wird gewährleistet. Die allgemeinen Gesetze bleiben unberührt.", Der Parlamentarische Rat 1948-1949, Akten und Protokolle, Bd. 7, S. 38.

362 *Hillgruber*, Der deutsche Kulturstaat und der muslimische Kulturimport, JZ 1999, 538 (543).

363 Der Parlamentarische Rat 1948-1949, Akten und Protokolle, Bd. 5/II, Protokoll der 24. Sitzung des Ausschusses für Grundsatzfragen vom 23.11.1948, S. 626.

364 Der Parlamentarische Rat 1948-1949, Akten und Protokolle, Bd. 5/II, Protokoll der 24. Sitzung des Ausschusses für Grundsatzfragen vom 23.11.1948, S. 626.

demnach ohnehin bereits nur „im Rahmen der verfassungsmäßigen Ordnung des Gemeinwesens“ zu gewährleisten sei.[365] Ein vorbehaltlos gewährleistetes Grundrecht der Religionsausübungsfreiheit war mithin von keiner der im Parlamentarischen Rat vertretenen Auffassungen gewollt. Dennoch gilt die Religions(ausübungs)freiheit heutzutage aufgrund des eindeutigen Wortlauts und der vom BVerfG in ständiger Rechtsprechung vertretenen Auffassung als vorbehaltloses Grundrecht.

3. Der persönliche Schutzbereich der Religionsfreiheit

a. Natürliche Personen

Auf das Grundrecht der Religionsfreiheit aus Art. 4 Abs. 1 und 2 GG kann sich zunächst unproblematisch jede natürliche Person berufen.[366]

b. Juristische Personen

Auch juristische Personen können sich nach der Rechtsprechung des BVerfG auf das Grundrecht der Religionsfreiheit berufen. Namentlich sind dies vor allem die Kirchen und Religionsgemeinschaften sowie religiöse Vereine.[367] Eine Berufung auf die Religionsfreiheit ist den juristischen Personen mithin nicht, wie dies bei anderen Grundrechten der Fall ist, von vorneherein verwehrt. Welche juristischen Personen genau sich nach dem bisherigen Meinungs- und Rechtsprechungsstand auf Art. 4 Abs. 1 und 2 GG berufen können und ob die bestehenden Möglichkeiten einer Erweiterung bedürfen, wird in den folgenden Teilen 3 und 4 dieser Arbeit genauer untersucht. Zunächst wird noch auf zwei Einschränkungen im Zusammenhang mit dem sachlichen Schutzbereich der Religionsfreiheit für juristische Personen eingegangen.

---

365 Der Parlamentarische Rat 1948-1949, Akten und Protokolle, Bd. 5/II, Protokoll der 24. Sitzung des Ausschusses für Grundsatzfragen vom 23.11.1948, S. 626.

366 Statt vieler s. nur *Herzog*, in: Maunz/Dürig, Art. 4, Rn. 33.

367 Siehe hierzu sogleich ausführlich in Kapitel 2 Teil 3.

aa. Beschränkung des Schutzbereichs für juristische Personen auf die Freiheit derReligionsausübung

Im Hinblick auf die juristischen Personen, die sich bereits nach derzeitigem Stand grundsätzlich auf die Religionsfreiheit berufen können, ist fraglich, ob diese Grundrechtsfähigkeit in Bezug auf jeden Aspekt des Schutzbereichs der Religionsfreiheit, das heißt den Glauben, das Bekenntnis und die Ausübung oder lediglich für einzelne dieser Elemente gilt.

Überwiegend wird in der Literatur und der Rechtsprechung davon ausgegangen, dass die Glaubens- und Gewissensfreiheit „als Ausprägung der Denkfreiheit“[368] nicht von juristischen Personen in Anspruch genommen werden kann.[369] Die juristische Person sei nicht in der Lage eine Gewissensentscheidung zu treffen oder einen Glauben zu haben.[370] Sie habe bereits kein Gewissen und keinen Glauben und könne daher auch nicht bekennen. Es bestehe aber die Möglichkeit, Bekenntnisse und Überzeugungen der Mitglieder der juristischen Person zu kommunizieren.[371] Auch der parlamentarische Rat wollte den juristischen Personen zunächst nur die Religionsausübungsfreiheit zugestehen, als noch die Rede davon war, die jeweils den juristischen Personen zukommenden Rechte einzeln aufzuzählen.[372]

Elemente der Religionsfreiheit, die rede- und handlungsorientiert sind, sollen den juristischen Personen hingegen überwiegend zustehen.[373] Hiermit wird das kollektive Bekenntnis, welches durch die Verkündung des Glaubens der Mitglieder geschaffen wird, vom Grundgesetz hingenommen und geschützt.[374]

Ebenso geht *Kästner* davon aus, dass einen Glauben im Sinne des Absatzes 1 nur eine natürliche Person entwickeln, die Freiheit der Religionsausübung in Absatz 2 hingegen auch juristischen Personen zustehen kön-

---

368 *von Campenhausen*, in: HStR Bd. VII, § 157, Rn. 103.

369 BVerfGE 44, 103 (104); BVerwGE 64, 196 (199); *Starck*, in: von Mangoldt/Klein/Starck, Art. 4, Rn. 74; *Kokott*, in: Sachs GG Kommentar, Art. 4, Rn. 10; *Herzog*, in: Maunz/Dürig, Art. 4 Rn. 35; *Muckl*, in HBG, § 96, Rn. 65.

370 BVerwGE 7, 189 (195); *Rüfner*, Zur Bedeutung und Tragweite des Art. 19 Abs. 3 des Grundgesetzes - Anwendbarkeit der Grundrechte auf juristische Personen, AöR 89. Band, 1964, S. 289.

371 *Rüfner*, in: HStR Bd. IX, 2011, § 196, Rn. 75.

372 JöR N.F. 1 (1951), S. 18 ff.

373 So u.a. *von Campenhausen*, in: HStR Bd. VII, § 157, Rn. 103; *Herzog*, in: Maunz/Dürig, Art. 4, Rn. 36.

374 *Rüfner*, AöR 89. Band, 1964, S. 289.

ne.[375] Der Prüfungsgegenstand wäre mithin von vorneherein bereits auf das Grundrecht der freien Religionsausübung aus Absatz 2 beschränkt. Dieses Argumente geht jedoch insoweit fehl, als auch die Religionsausübung die Entwicklung eines Glaubens im Sinne des Absatzes 1 voraussetzt. Jede Religionsausübung ist nur Umsetzung dessen, was der sich entwickelnde Glaube dem Menschen vorschreibt zu tun. Die Begriffe *forum internum* und *forum externum* beschreiben demnach genau diese Entwicklung: Eine jede Religion, die ausgeübt wird, muss sich zunächst im Sinne eines Glaubens im Kopf des Menschen manifestieren. Sofern eine solche „Glaubensentwicklung" nicht stattgefunden hat, kann auch nicht von der Ausübung einer Religion gesprochen werden; jegliches Handeln wäre nicht glaubens- oder religionsgeleitet.

Welche einzelnen Aspekte der Religionsfreiheit auf die juristische Person anwendbar sind, ist vielmehr eine Frage des Einzelfalls und hängt eng damit zusammen, welchen Ansatz man wählt, um die Religionsfreiheit juristischer Personen zu begründen.[376]

bb. Beschränkung des Schutzbereichs auf die negative Religionsfreiheit

Eine weitere Differenzierung im Zusammenhang mit den Schutzbereichselementen ergibt sich im Hinblick auf die negative Religionsfreiheit, insbesondere die negative Bekenntnisfreiheit. Hierbei geht es um die Frage, ob sich juristische Personen ohne religiöse Zielsetzung auf die negative Glaubensfreiheit berufen können, um gegen ihnen auferlegte Pflichten wie die Kirchensteuerpflicht vorzugehen. In einem sogleich erläuterten Beschluss des BVerfG zur badischen Ortskirchensteuer beriefen sich die Beschwerdeführer als juristische Personen auf eine Verletzung der Religionsfreiheit im Sinne einer negativen religiösen Finanzierungsfreiheit.[377] Das BVerfG blieb in Bezug auf die Religionsfreiheit eine Antwort schuldig und stütze den Grundrechtseingriff auf die allgemeine Handlungsfreiheit des Art. 2 Abs. 1 GG.

In der Literatur finden sich jedoch vielfach Stimmen, die eine Anwendung zumindest der negativen Religionsfreiheit über Religionsgesellschaften und solche Vereinigungen, die sich der Pflege und Förderung des reli-

---

375 *Kästner*, in: Stern/Becker GG Kommentar, Art. 4, Rn. 50.
376 Siehe hierzu Kap. 2 Teil 3 I.
377 Siehe hierzu Kap. 2 Teil 3 II. 2. b. aa.

giösen Bekenntnisses ihrer Mitglieder widmen, hinaus befürworten.[378] Für *Listl* beispielsweise ist kein Grund ersichtlich, nicht sämtlichen juristischen Personen zumindest eine Berufung auf die negative Religionsfreiheit zu erlauben.[379]

Auch *Starck* ist der Auffassung, dass sich eine Vereinigung, die keine religiöse oder weltanschauliche Zielsetzung verfolgt, auf die Religionsfreiheit berufen kann, da die Religionsfreiheit des Grundgesetzes die negative Glaubensfreiheit ohne Weiteres umfasse und nur durch die Zuerkennung der negativen Glaubensfreiheit an derartige Vereinigungen diese negative Komponente der Religionsfreiheit auch ernst genommen werde.[380]

Die Diskussion um die negative Finanzierungsfreiheit bezieht sich hierbei auf Fälle, in denen durch die Verpflichtung zur Leistung religiöse oder weltanschauliche Zwecke gefördert oder unterstützt werden würden. Nicht hingegen erfasst sind derartige Abgaben, die nicht bereits unmittelbar einer Religions- oder Weltanschauungsgemeinschaft zugutekommen, mit deren Verwendungszweck der Grundrechtsträger aber aus religiösen oder weltanschaulichen Gründen nicht einverstanden ist.[381]

Rüfner geht vermutlich sogar weiter und vertritt die Auffassung, dass einer bekenntnisfremden juristischen Person eine Berufung auf die Religionsfreiheit nicht ohne Weiteres versagt werden kann. Als Begründung führt er die Bedeutung und Reichweite der Religionsfreiheit sowie die Möglichkeit an, religiöse Zwecke in jeglicher Rechtsform verfolgen zu können, mithin auch in der Rechtsform einer Kapitalgesellschaft.[382]

III. Ergebnis Teil 2

Der Religionsfreiheit kommt als Teil der persönlichen Integrität und als Kern individueller Selbstbestimmung des Einzelnen eine herausragende Stellung im System des Grundrechtsschutzes zu. Die Religionsfreiheit gewährt es dem Einzelnen, sich die Lebensform zu geben, die seiner Über-

---

378 So etwa *Starck*, in: von Mangoldt/Klein/Starck, Art. 4, Rn. 76; *Jarass*, in: Jarass/Pieroth, Art. 4, Rn. 21; *Rüfner*, in: HStR Bd. IX, § 196, Rn. 76; *Sachs*, in: Sachs GG, Art. 19, Rn. 73; so im Ergebnis auch *German*, in: Epping/Hillgruber BeckOK GG, Art. 4, Rn. 30; *Morlok*, in: Dreier Kommentar zum GG, Art. 4, Rn. 113 u. 119.

379 *Listl*, Religionsfreiheit in der Rechtsprechung, S. 231.

380 *Starck*, in von Mangoldt/Klein/Starck, Art. 4, Rn. 76.

381 *Germann*, in: Epping/Hillgruber BeckOK GG, Art. 4, Rn. 21.8.

382 *Rüfner*, in: HStR Bd. IX, § 196, Rn. 76.

zeugung entspricht und sein gesamtes Leben an diesen Überzeugungen auszurichten. Der Staat ist hierbei zu einer Neutralität gegenüber den Religionen angehalten; einer Bewertung einzelner Glaubensüberzeugungen hat er sich zu enthalten.

Geschützt ist durch die Religionsfreiheit nicht nur die Freiheit des Glaubens, also die innere Einstellung des Einzelnen, die einer Beurteilung durch den Staat nur in sehr begrenzter Weise zugänglich ist, sondern auch die Freiheit, diesen Glauben zu bekennen und für sich alleine oder kollektiv auszuüben.

Neben den natürlichen Personen kann der Schutz der Religionsfreiheit grundsätzlich auch von juristischen Personen in Anspruch genommen werden. Wie die juristische Person im Einzelfall ausgestaltet sein muss, damit eine Berufung auf die Religionsfreiheit möglich ist, wird im Folgenden aufgezeigt.

Teil 3: Juristische Personen und die Religionsfreiheit in Rechtsprechung und Literatur

> *„Juristische Personen mit wirtschaftlicher Zielsetzung haben mit religiöser und weltanschaulicher Zielsetzung und deshalb auch mit Glaubens- und Bekenntnisfreiheit nichts zu tun. Sie sind nicht nur bekenntnisneutral, sondern bekenntnisfremd.“*[383]

I. Theorien zu juristischen Personen und deren Grundrechtsfähigkeit

In Rechtsprechung und Literatur werden, ausgehend von Art. 19 Abs. 3 GG, zwei Möglichkeiten diskutiert, um zu prüfen, ob die juristische Person im Hinblick auf ein bestimmtes Grundrecht zur Geltendmachung berechtigt ist: die Durchgriffstheorie und die grundrechtstypische Gefährdungslage.

383 BVerwGE 7, 189 (195).

1. Die Durchgriffstheorie

Die Durchgriffstheorie fußt auf dem anthropozentrischen Verständnis der Grundrechte, das den Menschen als „Sinnmitte“ der Grundrechte und die juristischen Personen als Medium der Grundrechtsausübung der natürlichen Person ansieht. Sie bildet den „zentralen Leitgedanken des Art. 19 Abs. 3 GG“[384]. Einer juristischen Person kommt hiernach dann der Schutz durch die Grundrechte zu,

> „wenn ihre Bildung und Betätigung Ausdruck der freien Entfaltung der natürlichen Personen sind, besonders wenn der „Durchgriff“ auf die hinter den juristischen Personen stehenden Menschen dies als sinnvoll oder erforderlich erscheinen lässt.“[385]

Die Aussage des BVerfG entstammt einer Fallkonstellation, in der sich eine juristische Person des öffentlichen Rechts auf Grundrechte berufen wollte. Das BVerfG zieht die oben genannte Formulierung heran, um eine Abgrenzung vorzunehmen, warum sich juristische Personen des Privatrechts, nicht aber solche des öffentlichen Rechts auf die Grundrechte berufen können sollen.[386] Das Zitat, insbesondere der erste Halbsatz, enthält zunächst Aussagen darüber, wie die juristische Person ausgestaltet sein muss, um sich auf Grundrechte berufen zu können. Es betrifft mithin die Grundrechtsträgerseite. Damit sich eine juristische Person auf die Grundrechte berufen kann, muss sich in der Gründung und Organisation der juristischen Person der Wille der natürlichen Personen widerspiegeln, sich unter Ausnutzung ihrer individuellen Freiheiten entfalten zu wollen, mit den Möglichkeiten, die ihnen das einfache Recht hierzu bietet.

In eben diesem Sinne verwendet das BVerfG den Begriff des Durchgriffs auch heute noch in seiner aktuellen Rechtsprechung. Im Urteil des BVerfG zur Vereinbarkeit der Dreizehnten Novelle des Atomgesetzes mit dem Grundgesetz heißt es wie folgt:

> „Inländische juristische Personen des öffentlichen Rechts können sich nicht auf die materiellen Grundrechte berufen. [...] Das Fehlen ihrer Grundrechtsfähigkeit hat das BVerfG auf eine Reihe verschiedener, sich zum Teil ergänzender Gründe gestützt.“

384 *Huber*, in: von Mangoldt/Klein/Starck, Art. 19, Rn. 208.
385 BVerfGE 21, 362 (369).
386 Vgl. etwa BVerfGE 21, 362; 68, 193; 75, 192.

Als Grund wird unter anderem bereits genanntes Zitat angeführt.[387] Des Weiteren heißt es in dem Urteil noch deutlicher:

> „Allerdings fehlt es auch in Fällen ausländischer staatlicher Rechtsträgerschaft an den hinter diesen Organisationseinheiten stehenden Menschen, die gegen hoheitliche Übergriffe zu schützen und deren Möglichkeiten einer freien Mitwirkung und Mitgestaltung im Gemeinwesen zu sichern letztlich Sinn der vom Grundgesetz verbürgten Grundrechte ist."[388]

Die Rechtsprechung des Bundesverfassungsgerichts orientiert sich unter Bezugnahme auf diese Formel an einem Grundrechtsverständnis, das den Menschen in den Mittelpunkt jeglicher Grundrechtsberechtigung stellt und ihn demzufolge auch als Anknüpfungspunkt für eine Grundrechtsberechtigung juristischer Personen wahrnimmt. Der Mensch bildet die Basis für die Grundrechtsträgerschaft juristischer Personen.[389] Die Grundrechtserstreckung dient dazu, dem Menschen auch dann den Schutz durch die Grundrechte zukommen zu lassen, wenn er sich im Rahmen seiner grundrechtlich freiheitlichen Betätigung einer juristischen Person bedient.[390] Insoweit dient die juristische Person als „Zweckschöpfung"[391], um den natürlichen Personen die Wahrnehmung ihrer Freiheiten zu ermöglichen. Der Grundrechtsfähigkeit der juristischen Person kommt eine dienende Funktion zu, ebenso wie deren Existenz.[392]

Zwar kommt der juristischen Person selbst die Fähigkeit zu, Träger von Grundrechten zu sein, da sie es ist, die sich auf das Grundrecht beruft. Dieser Schutz kommt ihr jedoch nicht um ihrer selbst willen zu.[393] Die Grundrechtsträgerschaft der juristischen Person dient vielmehr als „vorgezogene Verteidigungslinie" für die Grundrechte der hinter der juristischen Person stehenden natürlichen Personen.[394] Ziel ist es, grundrechtlich geschütztes Verhalten der natürlichen Personen durch die Zuerkennung der

387 BVerfGE 143, 246 (313).

388 BVerfGE 143, 246 (316) m. Verweis auf BVerfGE 61, 82 (100 f.).

389 *Sachs*, in: Sachs, Art. 19, Rn. 10; *Huber*, in: von Mangoldt/Klein/Starck, Art. 19, Rn. 206 ff.; *Remmert*, in: Maunz/Dürig, Art. 19 Abs. 3, Rn. 34.

390 *Sachs*, in: Sachs, Art. 19, Rn. 10.

391 *Huber*, in: von Mangoldt/Klein/Starck, Art. 19, Rn. 207.

392 *Rüfner*, in: HStR Bd. IX, § 196, Rn. 61.

393 *Rüfner*, in: HStR Bd. IX, § 196, Rn. 61.

394 *Huber*, in: von Mangoldt/Klein/Starck, Art. 19, Rn. 219; zust. *Remmert*, in: Maunz/Dürig, Art. 19 Abs. 3, Rn. 36.

Grundrechtsträgerschaft der juristischen Person bereits „im Vorfeld abzuschirmen“.[395]

Die Durchgriffstheorie ist eng mit dem Wesen der Grundrechte im Allgemeinen verknüpft. Sie sieht die Grundrechte als primär dem Menschen zustehende Abwehrrechte an, die dem Schutz seiner Freiheitsverwirklichung dienen. Demzufolge muss auch die Grundrechtsträgerschaft der juristischen Person dem Menschen dienen.

Dies wiederum kann dann aber nur dort der Fall sein, wo sich in der Bildung und Betätigung der juristischen Person das freiheitliche Wirken der natürlichen Person wiederfindet. Anhaltspunkt für die Grundrechtsträgerschaft juristischer Personen ist demzufolge das Vorliegen eines personalen Substrats,[396] welches mitunter umschrieben wird als „die Ausübung grundrechtlich garantierter Freiheit durch die einzelnen natürlichen Personen“[397]. Die juristische Person selbst hat unter grundrechtlichen Gesichtspunkten keinen eigenständigen Zweck. Sie fungiert als Mittel zum Zweck der Verwirklichung grundrechtlich geschützter Interessen der natürlichen Personen.[398] Zwar sind sie selbst Träger des jeweiligen Grundrechts. Grund für den Schutz sind jedoch die natürlichen Personen.[399]

Die Einbeziehung einer juristischen Person in den Schutzbereich eines Grundrechts ist demzufolge dort sinnvoll, wo die juristische Person selbstständig und insbesondere losgelöst von der staatlichen Sphäre agiert und - über die natürlichen Personen vermittelt - als „Sachwalter“ selbst als Grundrechtssubjekt angesehen werden kann.[400] Hiernach kann grundsätzlich eine juristische Person des öffentlichen Rechts nicht Träger von Grundrechten sein. Ein „personales Substrat“ in eben diesem Sinne, dass die Formierung der juristischen Person auf den Menschen als solches zurückzuführen ist, besteht zunächst bei typisch ausgestalteten juristischen Personen des öffentlichen Rechts nicht, da diese nicht durch natürliche Personen gegründet werden. Vielmehr sind sie der staatlichen Sphäre zuzuordnen und stehen damit im grundrechtsrelevanten Bereich sozusagen „auf der anderen Seite“. Der Staat kann nicht zugleich Adressat der Grundrechte, mithin Grundrechtsverpflichteter, und Berechtigter der Grund-

395 *Huber*, in: von Mangoldt/Klein/Starck, Art. 19, Rn. 219.

396 BVerfGE 21, 362 (369).

397 *Storr*, Der Staat als Unternehmer, S. 204.

398 *Huber*, in: von Mangoldt/Klein/Starck, Art. 19, Rn. 207.

399 *Huber*, in: von Mangoldt/Klein/Starck, Art. 19, Rn. 207; *Remmert*, in: Maunz/Dürig, Art. 19 Abs. 3, Rn. 35, *Storr*, Der Staat als Unternehmer, S. 205.

400 BVerfGE 21, 362 (369).

rechte sein.[401] Die juristische Person des öffentlichen Rechts ist aber grundsätzlich grundrechtsverpflichtet.

Ganz allgemein gibt die Durchgriffstheorie somit eine Richtung vor, wie die juristische Person gestaltet sein muss, damit sie überhaupt Grundrechtsträger sein kann. So enthält die Durchgriffstheorie zwar keine genaue Aussage darüber, welche Grundrechte im Einzelfall anwendbar sind, jedoch darüber, dass eine juristische Person nur dann überhaupt grundrechtsberechtigt ist, wenn ein hinreichender persönlicher Bezug zwischen den natürlichen Personen und der juristischen Person auszumachen ist. Nur ein solcher rechtfertigt die Einbeziehung in den Schutzbereich. Hierzu führt das BVerfG weiter aus:

> „Der Wortlaut der Vorschrift legt es nahe, grundsätzlich von einer möglichen Grundrechtsfähigkeit der juristischen Personen des Privatrechts auszugehen und sodann im Einzelfall zu prüfen, ob das mit der Verfassungsbeschwerde geltend gemachte Grundrecht seinem Wesen nach auf die jeweilige Beschwerdeführerin anwendbar ist. So ist das BVerfG bei der Prüfung der Grundrechtsfähigkeit inländischer juristischer Personen des Privatrechts im allgemeinen verfahren und hat in zahlreichen Fällen Grundrechte für anwendbar erklärt [...].“[402]

In Bezug auf die wesensmäßige Anwendbarkeit einzelner Grundrechte hat das BVerfG bereits im Jahr 1997 grundlegende Aussagen getroffen[403]: Verfassungsbeschwerde hatten private Rundfunkveranstalter erhoben, die dazu verpflichtet wurden, ihre Sendungen aufzuzeichnen und unter bestimmten Voraussetzungen der Landesmedienanstalt vorzulegen. Unter anderem beriefen sie sich auf das aus Art. 2 Abs. 1 i.V.m. Art. 1 Abs. 1 GG folgende Recht, sich nicht selbst einer Straftat bezichtigen zu müssen. Das BVerfG führte in diesem Zusammenhang aus:

> „Art. 19 Abs. 3 GG schließt es aber aus, dass der Schutz vor einem Zwang zur Selbst-bezichtigung auch juristischen Personen zugute kommt.[404] Danach gelten die Grundrechte für juristische Personen, so-

---

401 Vgl. BVerfGE 21, 362 (370); zum sog. Konfusionsargument vgl. weiterführend *Kingreen*, JöR N.F. Bd. 65, S. 6 ff. und *Ludwigs/Friedmann*, Die Grundrechtsberechtigung staatlich beherrschter Unternehmen und juristischer Personen des öffentlichen Rechts, Kontinuität oder Wandel der verfassungsrechtlichen Dogmatik?, NVwZ 2018, 22 (24).

402 BVerfGE 21, 362 (386 f.).

403 BVerfGE 95, 220.

404 BVerfGE 95, 220 (242).

weit sie ihrem Wesen nach auf diese anwendbar sind. [...]. Jedenfalls dort, wo der Grundrechtsschutz an Eigenschaften, Äußerungsformen oder Beziehungen anknüpft, die nur natürlichen Personen wesenseigen sind, kommt eine Erstreckung auf juristische Personen als bloße Zweckgebilde der Rechtsordnung nicht in Betracht. Das wird umso eher der Fall sein, als der Grundrechtsschutz im Interesse der Menschenwürde gewährt wird, die nur natürliche Personen für sich in Anspruch nehmen können."[405]

Die Grundrechtsberechtigung juristischer Personen des Privatrechts, von der grundsätzlich auszugehen ist[406], bedarf folglich dort einer Einschränkung, wo durch die Grundrechte rein menschliche Eigenschaften geschützt sind. Das Gericht orientiert sich am Wortlaut des Art. 19 Abs. 3 GG und stellt auf das Wesen des Grundrechts ab. Dies erinnert stark an die auch in der amerikanischen Rechtsprechung verfolgte Vorgehensweise und die Verneinung der Grundrechtsfähigkeit juristischer Personen im Hinblick auf „purely personal guarantees".

Von den Befürwortern der Durchgriffstheorie wird diese als „Leitbild" und „zentraler Leitgedanke des Art. 19 Abs. 3 GG"[407] bezeichnet. Die juristische Person ist zwar lediglich „Zweckschöpfung", um den hinter der juristischen Person stehenden natürlichen Personen die Wahrnehmung grundrechtlich geschützter Interessen zu ermöglichen.[408] Dennoch wird anerkannt, dass durch die Schaffung der juristischen Person und insbesondere deren Tätigwerden im Rechtsverkehr, Interessen geschaffen werden, die zwar auf natürliche Personen zurückzuführen, dennoch aber organisatorisch verselbstständigte und neue schutzwürdige Interessen sind. Es handelt sich insoweit um einen „schutzgutspezifischen Mehrwert"[409], der nicht bereits im Grundrechtsschutz der natürlichen Personen beinhaltet ist. Der Grundrechtsschutz kommt der juristischen Person selbst zu.

Lediglich im Maß der personellen Verknüpfung zwischen natürlichen Personen und juristischer Person unterscheiden sich die Auffassungen ein-

---

405 BVerfGE 95, 220 (242); Das schweizerische Zivilgesetzbuch (ZGB) beispielsweise regelt eben diese Konkretisierung in Art. 53 ZGB, wo festgelegt wird, dass die juristischen Personen aller Rechte und Pflichten fähig sind, die nicht die natürlichen Eigenschaften des Menschen, wie das Geschlecht, das Alter oder die Verwandtschaft zur notwendigen Voraussetzung haben.

406 BVerfGE 21, 362 (368 f.); 68, 193 (205).

407 *Huber*, in: von Mangoldt/Klein/Starck, Art. 19 Abs. 3, Rn. 209 u. 211.

408 *Huber*, in: von Mangoldt/Klein/Starck, Art. 19 Abs. 3, Rn. 210.

409 *Huber*, in: von Mangoldt/Klein/Starck, Art. 19 Abs. 3, Rn. 220.

zelner Vertreter der Theorie. So vertrat beispielsweise *Rupp-von Brünneck* einen stark individualistisch ausgerichteten Ansatz, der Art. 19 Abs. 3 GG als „Konkretisierung des Grundrechtsschutzes der natürlichen Person"[410] erkannte und insoweit den Grundrechtsschutz der juristischen Person nur als Teil des Grundrechtsschutzes der natürlichen Person ansah.[411] Die Rechtsfigur der juristischen Person sei unschätzbares Mittel für den Menschen, das ihm eine wirtschaftliche Betätigung gestatte, zu der er sonst nicht fähig wäre.[412] Bei der Anwendung von Grundrechten auf juristische Personen käme es alleine darauf an, ob die Verwirklichung eines bestimmten Grundrechts des Individuums die Konstruktion eines solchen Rechtsgebildes voraussetze oder einschließe.[413] Diese Ansicht kommt etwa einem rein individualistischen Verständnis, wie es seinerzeit auch *Savigny* vertrat, am nächsten. Die juristische Person ist reines Zweckgebilde zur Verwirklichung der grundrechtlich geschützten Tätigkeiten der natürlichen Personen. Daher kommt ihr nur insoweit Grundrechtsschutz zu, wie ihre Gründung von der Grundrechtsbetätigung des Individuums vorausgesetzt, ja zwingend eingeschlossen ist. Die Betätigung der juristischen Person ist hiernach die Wahrnehmung kollektiver Interessen natürlicher Personen. Die juristische Person selbst bleibe eine Hülle.

a. Kritik

Eben jenes rein individualistische Verständnis ist es auch, was Kritiker der Durchgriffstheorie dieser vorhalten. So vertritt *von Mutius* die Auffassung, dass Art. 19 Abs. 3 GG „eine Negation der ausschließlich individualistisch-personalen Zuordnung der Grundrechte normiert" und schlägt vor, den Regelungszweck des Art. 19 Abs. 3 GG vor allem „unter Ausklammerung ihrer [der Grundrechte] eigentlichen Inhaber" zu ermitteln.[414] Diese Auffassung wird von ihm als Argument gegen eine individualistisch geprägte Auffassung und insbesondere auch die Konstruktion des Durchgriffs ins Feld geführt. Ebenso führen *Ludwigs* und *Friedmann* in der neueren Literatur Art. 19 Abs. 3 GG als Verfassungsentscheidung gegen ein individualisti-

410 *Rupp-von Brünneck*, Festschrift für Arndt, S. 361.
411 *Rupp-von Brünneck*, Festschrift für Arndt, S. 359.
412 *Rupp-von Brünneck*, Festschrift für Arndt, S. 359.
413 *Rupp-von Brünneck*, Festschrift für Arndt, S. 360 f.
414 *Von Mutius*, in: BK zum GG, Art. 19 Abs. 3, Rn. 32 ff.; so auch *Dreier*, in Dreier Kommentar zum GG, Art. 19 III, Rn. 32 f.

sches Grundrechtsverständnis und damit gegen die Durchgriffstheorie ins Feld.[415]

Hierbei wird die individualistisch geprägte Durchgriffstheorie jedoch jeweils mit der Negierung einer eigenen Grundrechtsfähigkeit der juristischen Person gleichgesetzt, die als solche jedoch - auch von den Vertretern der Durchgriffstheorie und auf dem Bundesverfassungsgericht - gerade nicht angenommen wird.[416]

Es lässt sich festhalten, dass der Grundrechtsschutz auch im Rahmen der Durchgriffstheorie der juristischen Person selbst zukommt. Lediglich im Maß der personellen Verknüpfung zwischen natürlichen Personen und juristischer Person unterscheiden sich die Auffassungen einzelner Vertreter der Theorie.

Auch *Kulick* sieht in der Durchgriffstheorie keine lebensnahe und der Wirklichkeit entsprechende Begründungsmöglichkeit für die Grundrechtsträgerschaft juristischer Personen. Bei Kapitalgesellschaften und vielfältig verflochtenen Konzernen, bei denen kein personales Substrat mehr vorhanden sei, sei sie nicht in der Lage, eine Grundrechtsträgerschaft zu begründen.[417]

b. Bewertung

Vorzugswürdig und das der weiteren Bearbeitung zugrundeliegende Verständnis ist folgendes: Der Durchgriff auf die hinter der juristischen Personen stehenden natürlichen Personen ist nicht im Sinne eines tatsächlichen Durchgriffs zu verstehen, sondern im Sinne einer „grundrechtsideengeschichtlichen wie grundgesetzlich geforderten Nabelschnur zwischen Grundrechtsschutz überindividueller Organisationseinheiten und dem Grundrechtsschutz des Individuums“[418]. Insoweit ist *Isensee* zuzustimmen, der, auf den ersten Blick Wortklauberei betreibend, sich dafür ausspricht, nicht von einem „Durchgriff“, sondern einem „Durchblick“ auf die hinter

415 *Ludwigs/Friedman*, NVwZ, 2018, 22 (23).

416 Vgl. zur Rechtsprechung des BVerfG in diesem Zusammenhang *Rüfner*, in: HStR Bd. IX, § 196, Rn. 63.

417 *Kulick*, JöR N.F. Bd. 65, S 77.

418 *Bethge*, AöR 104, 54 (72); *Gersdorf* spricht in diesem Zusammenhang vom Durchgriffsaspekt als rechtsdogmatische Hilfskonstruktion für die Begründung der Anwendbarkeit von Grundrechten auf juristische Personen, in: Öffentliche Unternehmen im Spannungsfeld zwischen Demokratie und Wirtschaftlichkeitsprinzip, S. 68.

der juristischen Person stehenden natürlichen Personen zu sprechen,[419] erweckt das Wort „Durchgriff" in diesem Zusammenhang doch fortwährend Assoziationen an die im Gesellschaftsrecht für juristische Personen geltende „Lehre vom Durchgriff" auf die Gesellschafter einer Gesellschaft. Art. 19 Abs. 3 GG dient dazu, den im Grundsatz am Individuum ausgerichteten Grundrechtsschutz zu erweitern und abzurunden.[420]

Die juristische Person jedoch lediglich als Hülle zur Wahrnehmung kollektiver, gleichgerichteter Interessenwahrnehmung anzusehen, wird der Wirklichkeit nicht gerecht, dass durch die juristische Person eigenständige Interessenlagen geschaffen werden, die ihrerseits eines Schutzes durch die Grundrechte bedürfen.[421] Im Fall Hobby Lobby beispielsweise knüpft die Pflicht zur Leistung von Krankenkassenbeiträgen an die Stellung der juristischen Person als Arbeitgeber an. Eine derartige Regelung kann aber nur aufgrund dessen ihre Wirkung entfalten, dass es diese juristische Person im Rechtsverkehr als Rechtssubjekt gibt.

Der Grund für die Grundrechtsfähigkeit juristischer Personen liegt nach der Durchgriffstheorie in der dem Individuum zukommenden Grundrechtsfähigkeit begründet. Der tatsächliche Schutz des jeweiligen Grundrechts kommt jedoch, auch nach der Rechtsprechung des Bundesverfassungsgerichts, der juristischen Person als solcher zu. Anders wäre es nicht erklärbar, dass bestimmte Grundrechte keine Anwendung finden sollen. Eine tatsächliche, konsequent durchgeführte individualistische Ansicht, müsste jeder juristischen Person, bei der ein menschliches Substrat qualifizierbar auszumachen ist, sämtliche Grundrechte zusprechen, die auch der natürlichen Person zukommen. Ein individualistisches Verständnis in dem Sinne, dass Art. 19 Abs. 3 GG die vom einfachen Recht geschaffenen Handlungsformen als Weiterentwicklung der Entfaltungsmöglichkeiten des Individuums und damit im Grunde von der Grundrechtsberechtigung der natürlichen Person herrührend ansieht, schließt es aber nicht aus, die Organisationseinheit juristische Person als Zuordnungsobjekt anzusehen.[422]

Begreift man die Durchgriffstheorie mithin als Nexus zwischen dem Verständnis der Grundrechte als am Individuum ausgerichteten Schutz gegenüber Eingriffen des Staates und der Weiterentwicklung dieses individuellen Schutzes im Rahmen einer Grundrechtsberechtigung der juristischen

419 *Isensee*, HStR Bd. IX, § 199, Rn. 6.
420 *Remmert*, in: Maunz/Dürig, Art. 19 Abs. 3, Rn. 34 f.
421 Vgl. *Remmert*, in: Maunz/Dürig, Art. 19 Abs. 3, Rn. 36.
422 Vgl. *Bethge*, AöR 104, 54 (94).

Person, der zweifelsohne die juristische Person als Grundrechtssubjekt anerkennt, begreift man das personale Substrat also nur als „vermittelndes Element"[423], so ist die überwiegende Kritik[424] an eben dieser Theorie nicht überzeugend und lässt darüber hinaus auf ein Missverständnis vieler Kritiker der Durchgriffstheorie schließen[425].

Man mag zwar die irreführende Begrifflichkeit des Wortes „Durchgriff" kritisieren, dennoch kann nicht darüber hinweggesehen werden, dass sowohl das BVerfG als auch oben genannte Vertreter der Theorie in der Literatur allesamt von einer Grundrechtsberechtigung der juristischen Person selbst ausgehen und somit die Rechtswirklichkeit im Hinblick auf die juristische Person, die sich in der Anerkennung der Rechtsfähigkeit widerspiegelt, keineswegs negieren.

Der eigenständige Grundrechtsschutz der juristischen Person, der gegründet ist auf ihrer Fähigkeit, einen eigenen, gegebenenfalls auch von den sie ins Leben gerufenen natürlichen Personen unabhängigen Willen zu gründen, sowie ihrer Verselbstständigung im organisatorischen Sinne, wird anerkannt.[426] Insoweit geht auch die Kritik fehl, die Durchgriffsthese werde nicht ihrem eigenen Anspruch gerecht, die natürlichen Personen hinter der juristischen Person zu würdigen.[427] Eine Würdigung erfolgt durch die Anerkennung der Grundrechtsfähigkeit juristischer Personen, da damit implizit eine vom Recht geschaffenen Organisationsform, derer der Mensch sich bedient, auch im grundrechtsrelevanten Bereich anerkannt wird. Die Funktion der juristischen Person als „Medium für die freie Entfaltung natürlicher Personen"[428] muss daher zwangsläufig „normative Leitschnur"[429] für die Beantwortung der Frage nach der Grundrechtsberechtigung juristischer Personen sein.

Aus der Anerkennung der Grundrechtsberechtigung juristischer Personen durch Art. 19 Abs. 3 GG folgt eben keine zwingende Abkehr von

---

423 *Storr*, Der Staat als Unternehmer, S. 207.

424 Vgl. *Dreier*, in: Dreier Kommentar zum GG, Art. 19 III, Rn. 32 f.; *von Mutius*, in: BK zum GG, Art. 19 Abs. 3, Rn. 32 ff.

425 So auch *Bethge*, AöR 104, 54 (94), der insoweit von der „von ihren Kritikern maßlos überbewertete[n], weil fehlverstandene[n] Durchgriffslehre" spricht.

426 Vgl. *Storr*, Der Staat als Unternehmer, S. 211; *Gersdorf*, Öffentliche Unternehmen im Spannungsfeld zwischen Demokratie und Wirtschaftlichkeitsprinzip, S. 67.

427 So aber *Kingreen*, JöR N.F. Band 65, 1 (26).

428 *Ackermann*, Unternehmen als Grundrechtssubjekte - Zur verfassungsrechtlichen Transformation privatrechtlicher Formen nicht-individueller Unternehmensträger, JöR N.F. 65, 114 (121).

429 *Ackermann*, JöR N.F. 65, 114 (121).

einem auf das Individuum bezogenen Grundrechtsverständnis. Vielmehr würde andersherum die Rechtswirklichkeit negiert werden, dass jede juristische Person eines menschlichen Mitwirkungsaktes bedarf, um überhaupt erst zur Rechtswirklichkeit werden zu können und dass sie letztlich nur um der Menschen willen und zur Entfaltung deren Freiheiten existiert.[430] Im grundrechtsrelevanten Bereich kann eben dieses menschliche Zutun beziehungsweise diese freiheitsrechtlich relevante Betätigung der Individuen nicht außer Acht gelassen werden. Welche Anforderungen hierbei im Einzelfall an die Ausprägung des personalen Substrats zu stellen sind, d. h., „mit welcher Verwurzelungstiefe die juristische Person in ihrer personalen Basisschicht verankert sein muss“[431], wird anhand einer Einzelbetrachtung im späteren Verlauf der Arbeit zu klären sein.[432]

2. Die grundrechtstypische Gefährdungslage

a. Verständnis

In der Literatur wird als Alternative zur Durchgriffstheorie das Kriterium der „grundrechtstypischen Gefährdungslage“ diskutiert, um die Grundrechtsfähigkeit juristischer Personen zu begründen.[433] Eine grundrechtstypische Gefährdungslage ist dann anzunehmen, wenn sich die juristische Person in einem vergleichbaren Außenrechtsverhältnis gegenüber dem Staat befindet, wie die natürliche Person.[434] Für die grundrechtstypische Gefährdungslage ist nicht relevant, inwieweit die hinter der juristischen Person stehenden natürlichen Personen betroffen sind. Nur die durch das einfache Recht gestaltete und eingetretene Situation kann Ausgangspunkt für die Grundrechtsfähigkeit juristischer Personen sein, da das einfache

430 So auch *Storr*, Der Staat als Unternehmer, S. 210f.

431 Die Formulierung findet sich bei *Gersdorf*, Öffentliche Unternehmen im Spannungsfeld, S. 70.

432 Siehe hierzu Kapitel 2 Teil 4.

433 *Dreier*, in: Dreier Kommentar zum GG, Art. 19 III, Rn. 34; *Isensee*, in: HStR Bd. IX, § 199, Rn. 49; *von Mutius*, in: BK zum GG, Art. 19 Abs. 3, Rn. 36; *Ludwig/ Friedmann*, NVwZ 2018, 22 (27).

434 *Bettermann*, Juristische Personen des öffentlichen Rechts als Grundrechtsträger, NJW 1969, 1321 (1326).

Recht es ist, das die juristische Person konturiert.[435] Die juristische Person bedarf dann des Schutzes durch die Grundrechte, wenn sie grundrechtlich geschützte Zwecke verfolgt[436] oder, wenn sie sich in einer mit der natürlichen Person vergleichbaren Situation befindet, in der ihre Rechte durch Handeln des Staates gefährdet oder bereits beeinträchtigt sind und die juristische Person „hinreichend rechtlich verselbstständigt"[437] ist. Immer dann, wenn im Hinblick auf die juristische Person ein Schutzbedürfnis gegenüber dem Staat besteht, sie mithin in gleicher Weise wie das Individuum gefährdet ist, ist die juristische Person grundrechtsberechtigt.[438]

Die Heranziehung des Vorliegens einer grundrechtstypischen Gefährdungslage tritt, ebenso wie die Durchgriffstheorie, in der Rechtsprechung und der Literatur vermehrt im Zusammenhang mit einer möglichen Grundrechtsfähigkeit juristischer Personen des *öffentlichen* Rechts auf,[439]sodass sich ihr nicht eindeutig ein allgemeines Differenzierungskriterium im Hinblick auf verschiedene juristische Personen des Privatrechts entnehmen lässt.[440] So entschied das BVerfG etwa im Zusammenhang mit der Frage, ob Städte oder Landkreise Verfassungsbeschwerde erheben können, dass die beschwerdeführenden Gebietskörperschaften dem Staat nicht in der gleichen grundrechtstypischen Gefährdungslage gegenüber stünden wie der einzelne Bürger.[441]Auch *von Mutius* bezieht seine Ausführungen zur grundrechtstypischen Gefährdungslage lediglich auf öffentlich-rechtliche Organisationen, wenn er davon ausgeht, eine grundrechtstypische Gefährdungslage sei nur gegeben, sofern sich die öffentlich-rechtliche Organisation gegenüber dem grundrechtsgefährdenden Staat in demselben Außenrechtsverhältnis befinde wie ein Staatsbürger.[442]

---

435 *Kingreen/Möslein*, Die Identität der juristischen Person: Die Hobby Lobby Entscheidung des U.S. Supreme Court zur Glaubensfreiheit gewinnorientierter Kapitalgesellschaften, JZ, 2, 2016, 57 (65).

436 *Kingreen/Möslein*, JZ, 2, 2016, 57 (65).

437 *Remmert*, in: Maunz/Dürig, Art. 19 Abs. 3, Rn. 27.

438 *von Mutius*, in: BK zum GG, Art. 19 Abs. 3, Rn. 37.

439 So etwa BVerfGE 45, 63; 61, 82; *von Mutius*, in: BK zum GG, Art. 19 Abs. 3, Rn. 114 ff., *Isensee*, in: HStR Bd. IX, § 199, Rn. 51, nach dem sich „die Ableitung staatlicher Grundrechte aus Bedarfs- und Gefährdungslagen staatlicher Organisationseinheiten nicht durchgesetzt hat. Die staatliche Organisationseinheit ist nicht in gleicher Weise wie eine juristische Person gefährdet und daher auch nicht grundrechtsschutzbedürftig.".

440 So auch *Gersdorf*, Öffentliche Unternehmen im Spannungsfeld, S. 8.

441 BVerfGE 45, 63 (79).

442 *von Mutius*, in: BK zum GG, Art 19 Abs. 3, Rn. 115.

Daneben gibt es jedoch auch Rechtsprechung, die eine grundrechtstypische Gefährdungslage im Zusammenhang mit einer juristischen Person des Privatrechts anführt. So hat das BVerfG etwa unter Berufung auf das Vorliegen einer grundrechtstypischen Gefährdungslage die Grundrechtsfähigkeit einer GmbH im Hinblick auf das durch Art. 10 Abs. 1 GG geschützte Fernmeldegeheimnis bejaht.[443] Es sei entscheidend, ob das Grundrecht seinem Wesen nach auf juristische Personen anwendbar sein könne. Auch juristische Personen würden sich des Übertragungsmediums der Telekommunikation bedienen und sich deshalb ebenso wie natürliche Personen in einer grundrechtstypischen Gefährdungslage befinden.[444]

Diese Vorgehensweise spiegelt sich auch in der neueren Rechtsprechung des BVerfG wider. In dem Urteil des BVerfG zur Vereinbarkeit der 13. Novelle des Atomgesetzes (AtomG) mit dem Grundgesetz versucht das BVerfG die Grundrechtsfähigkeit einer von einem ausländischen Staat gehaltenen juristischen Person des Privatrechts (Vattenfall) zu begründen.[445] Einer solchen juristischen Person drohe zwar eine spezifische Gefährdungssituation [...]. Allerdings fehle es auch in Fällen ausländischer staatlicher Rechtsträgerschaft an den hinter diesen Organisationseinheiten stehenden Menschen, die gegen hoheitliche Eingriffe zu schützen [...] seien.[446]

Das Merkmal einer grundrechtstypischen Gefährdungssituation wird demzufolge in der Rechtsprechung des BVerfG sowie zum Teil auch in der Literatur vermehrt als ein weiteres Argument zur Begründung beziehungsweise Verneinung des Grundrechtsschutzes juristischer Personen herangezogen. Ein wirklich eigener Stellenwert scheint ihm hiernach nicht zuzukommen, rekurriert das BVerfG doch immer auch auf die im Rahmen der Durchgriffstheorie erörterten Passagen.

Diese im Zusammenhang mit der grundrechtstypischen Gefährdungslage getätigten Aussagen legen den Schluss nahe, dass sich die grundrechtstypische Gefährdungslage sowie die Durchgriffstheorie nicht ausschließen, sondern lediglich auf verschiedenen Ebenen als Begründungselement für die Grundrechtsfähigkeit juristischer Personen dienen.[447] Die Begründungen setzen jedoch einen unterschiedlichen Schwerpunkt: wendet man das

---

443 BVerfGE 106, 28 (42 f.).

444 BVerfGE 106, 28 (43).

445 BVerfGE 143, 246 (315 ff.).

446 BVerfGE 143, 246 (316).

447 So auch *Huber*, in: von Mangoldt/Klein/Starck, Art. 19, Rn. 205; *Remmert*, in: Maunz/Dürig, Art. 19 Abs. 3, Rn. 28.

Kriterium der grundrechtstypischen Gefährdungslage an, kommt Art. 19 Abs. 3 GG ein weiter Anwendungsbereich und eine „systemsprengende Funktion" zu. [448]

b. Zwischenergebnis

Die grundrechtstypische Gefährdungslage als alternativen Begründungsstrang zur Grundrechtsfähigkeit juristischer Personen heranzuziehen, ist verfehlt. Zwar mag das Kriterium einer grundrechtstypischen Gefährdungslage im Einzelfall weiterhelfen, wenn es darum geht, zu entscheiden, ob sich eine juristische Person auf ein bestimmtes Grundrecht berufen kann. Eine Begründung für die generelle Grundrechtsfähigkeit juristischer Personen in einem umfassenden Sinne vermag es aber nicht zu liefern. Es bleibt ein Kriterium und keine umfassende Theorie. Allein die Durchgriffstheorie ist, auch wenn ihr Name missglückt sein mag, im Stande, eine umfassende Begründung für die Grundrechtsfähigkeit juristischer Personen zu liefern, vor deren Hintergrund man eine Entscheidung im Einzelfall treffen kann. Zu fragen ist demnach immer, ob die juristische Person rechtlich verselbstständigt Tätigkeiten nachgeht und diese Grundrechtsschutz genießen. Die natürlichen Personen als personales Substrat der juristischen Person sind hierbei zunächst lediglich Anknüpfungspunkt für die Idee der Grundrechtsberechtigung und für ein grundsätzliches Bestehen eben dieser. Im Folgenden wird näher darauf eingegangen, inwieweit dieses personale Substrat auch im Einzelfall ausschlaggebend für eine Bejahung beziehungsweise Verneinung einer Grundrechtsberechtigung ist und ob es - je nach Ausgestaltung der juristischen Person - so etwas wie einen abgestuften Grundrechtsschutz gibt oder, ob das personale Substrat bei der konkreten Anwendung der Grundrechte keine Bedeutung mehr hat, da es die juristische Person ist, die sich auf das Grundrecht beruft.

3. Einfluss einfachgesetzlicher Regelungen

Vorab bleibt jedoch noch zu klären, welche Bedeutung dem einfachen Recht, insbesondere gesellschaftsrechtlichen Regelungen im Zusammenhang mit der Frage nach der Grundrechtsfähigkeit juristischer Personen

---

448 Vgl. *Huber*, in: von Mangoldt/Klein/Starck, Art. 19, Rn. 205; zust. *Remmert*, in: Maunz/Dürig, Art. 19 Abs. 3, Rn. 26.

zukommt. Fest steht, dass die verfassungsrechtlichen Anhaltspunkte für die Bestimmung der Grundrechtsfähigkeit juristischer Personen nicht umfassend sind. Zwar fordern sie generell, dass ein personales Substrat vorhanden sein muss sowie ggf. eine grundrechtstypische Gefährdungslage. Das Wesen der juristischen Person im Einzelfall, das im Zusammenhang mit Art. 19 Abs. 3, wie bereits erläutert, eine Rolle spielt, vermögen die verfassungsrechtlichen Grundlagen eigenständig aber nicht zu ergründen. Dieses wird geformt durch das im jeweils konkreten Fall zur Anwendung kommende privatrechtliche Regelungsregime.

Dem einfachen Recht, insbesondere den der jeweils ausgewählten Organisationsform folgenden gesellschaftsrechtlichen Regelungen, kommt auch bei der Grundrechtsberechtigung insoweit Bedeutung zu, als die juristische Person als Rechtssubjekt im einfachen Recht begründet ist.[449] Das heißt, dass nicht nur ihre Entstehung, sondern auch sämtliche Regelungen, die etwa mit ihrer Rechtsform und Handlungsfähigkeit zusammenhängen, durch das einfache Recht bestimmt werden.[450] Diese durch das einfache Recht begründeten Begebenheiten stellen den Rahmen für eine Anwendung der Grundrechte dar und können daher, je nach Organisationsform, eine unterschiedliche Bewertung der Grundrechtsberechtigung nach sich ziehen.[451]

Die Wirklichkeit der juristischen Person, wie sie sich dem einfachen Recht nach darstellt, darf mithin nicht außer Acht bleiben. Indem der Mensch eine ihm vom einfachen Recht zur Verfügung gestellte Rechtsform wählt und dieser Rechtsform einen Zweck gibt, trifft er zugleich eine Wahl darüber, welche Grundrechte für diese Gesellschaft (und nur diese) gelten.[452] Das einfache Recht beeinflusst somit die Anwendung der Grundrechte auf eine juristische Person. Insoweit bestehe eine „Wechsel-

449 So auch *Kingreen/Möslein*, JZ, 2, 2016, 57 (63).

450 Vgl. für das amerikanische Recht: *Ripken*, Citizens, Corporate Personhood, and Corporate Power: The Tension between Constitutional Law and Corporate Law, United 6 U. st. Thomas J. L. & Pub. Pol'y 285, 303 (2011-2012): „Deeply entrenched corporate law doctrines and norms dictate how corporations act and function and it is these features of corporate law that shape the role of corporations in our society.".

451 Hierzu sogleich unter in Kap. 2 Teil 4.

452 *Kingreen/Möslein*, JZ, 2, 2016, 57 (64), wonach die Rechtsformwahl eine gebündelte Entscheidung für ein bestimmtes, vom Gesetzgeber angebotenes Regelprogramm ist und kein Wunschkonzert spezifischer Einzelrechte und -pflichten.

wirkung zwischen dem gesellschaftsrechtlichen Normenprogramm und der verfassungsrechtlichen Stellung der juristischen Person“.[453]

Dass die spezifisch zur Anwendung kommenden privatrechtlichen Regelungen auch eine Rolle für die Grundrechtsanwendung spielen, kann auch bereits dem Mitbestimmungsurteil des BVerfG vom 1. März 1979 entnommen werden, in dem es über die Verfassungsbeschwerden mehrerer Unternehmen zu entscheiden hatte, die sich gegen Reg2elungen des Mitbestimmungsgesetzes unter Berufung auf unter anderem Art. 14 Abs. 1, 12 Abs. 1 und 2 Abs. 1 GG wendeten.[454] Insbesondere in der Argumentation des BVerfG zum Vorliegen einer Verletzung der Berufsfreiheit wird deutlich, dass die Möglichkeit einer Grundrechtsverletzung je nach Art der Gesellschaftsform differieren kann. So stellt es fest, dass bei manchen Unternehmen der personale Bezug des Grundrechts der Berufsfreiheit noch herstellbar und daher auch verletzt, bei anderen Unternehmen hingegen ein personaler Bezug vollständig verloren sein könne.[455] Auch in diesem Urteil wird deutlich, dass das BVerfG die Begründung des Grundrechtsschutzes juristischer Personen unter Rückbesinnung auf den personalen Bezug bejaht oder verneint und, dem folgend, einen Ansatz zur Bestimmung der Grundrechtsberechtigung juristischer Personen wählt, der sich dem einfachen Recht, nämlich den der Gesellschaft zugrundeliegenden organisationsrechtlichen Regelungen, bedient, um zu bestimmen, welcher Grad an personalem Bezug bei der jeweils vorliegenden juristischen Person noch gegeben ist.

4. Zwischenergebnis

In Rechtsprechung und Literatur werden zwei unterschiedliche Ansätze für die Begründung einer Grundrechtsfähigkeit juristischer Personen im Einzelfall vertreten: zum einen die Durchgriffstheorie und zum anderen die grundrechtstypische Gefährdungslage. Nach der Durchgriffstheorie sind Grundrechte dann anwendbar, wenn ein hinreichendes personales Substrat in der Gesellschaft vorhanden ist. Die grundrechtstypische Gefährdungslage erfordert eine vergleichbare Gefährdungssituation der juristischen Person, wie bei einer natürlichen Person. Die beiden Lösungsansätze schließen sich nicht aus, setzen jedoch bei der Ausrichtung des Art. 19

453 *Kingreen/Möslein*, JZ, 2, 2016, 57 (64).
454 BVerfGE 50, 290.
455 BVerfGE 50, 290 (363).

Abs. 3 GG unterschiedliche Schwerpunkte, wobei über das Kriterium der grundrechtstypischen Gefährdungslage weitreichendere Schutzdimensionen erreicht werden können.[456] Die Durchgriffstheorie und die grundrechtstypische Gefährdungslage liefern verfassungsrechtliche Begründungsansätze für die Grundrechtsfähigkeit juristischer Personen. Ohne eine Heranziehung des gegebenen einfach-rechtlichen Rahmens ist jedoch das Problem auch mit diesen Anknüpfungspunkten nur einer unvollständigen Lösung zugänglich.

Die juristische Person ist, im Gegensatz zur natürlichen Person, durch das einfache Recht konstituiert, so dass dieses Recht, wenn man es mit den Wesensmerkmalen einer natürlichen Person vergleichen möchte, den juristischen Personen ihre „persönlichen Eigenschaften" und Äußerungsformen verleiht. Es bildet ein Stück weit die Identität der juristischen Person, so dass eine Heranziehung der einfachrechtlichen Gegebenheiten für die Grundrechtsberechtigung im Einzelfall unerlässlich ist.

Welcher Grad an personalem Substrat vorhanden ist sowie ob sich die juristische Person in einer grundrechtstypischen Gefährdungslage befindet und wenn ja, in welcher, sind ausschlaggebende Faktoren, die sich jedoch nur unter Rückgriff auf die zur Anwendung kommenden gesellschaftsrechtlichen Regelungen klären lassen.

II. Anwendungsbeispiele aus der Rechtsprechung

1. Anerkannte Fallgruppen der Religionsfreiheit juristischer Personen

Wie bereits angedeutet, ist allgemein anerkannt, dass sich auch inländische juristische Personen auf Art. 4 Abs. 1 und 2 GG berufen können.[457] Art. 4 Abs. 1 und 2 GG wird nach herrschender Meinung in Schrifttum und Rechtsprechung nicht von vorneherein jeglicher Inanspruchnahme durch

456 *Huber*, in von Mangoldt/Klein/Starck, Art. 19, Rn. 205; *Remmert*, in Maunz/Dürig, Art. 19 Abs. 3, Rn. 28. Zu Beispielen in denen die grundrechtstypische Gefährdungslage eine weitere Schutzdimension eröffnet s. sogleich in Kapitel 2 Teil 4 Abschnitt III 2.

457 Vgl. etwa BVerfGE 19, 129 (132); *BVerwG*, VerwRspr. 1973, 668 (670); *Germann*, in: Epping/Hillgruber BeckOK GG, Art. 4, Rn. 29; *Herzog*, in: Maunz/Dürig, Art. 4, Rn. 36.; *von Campenhausen*, in HStR Bd. VII, § 157, Rn. 100; *Starck*, in: von Mangoldt/Klein/Starck, Art. 4, Rn. 74; *Jarass*, in: Jarass/Pieroth, Art. 4, Rn. 19; *Schmidt*, in: Erfurter Kommentar, Art. 4, Rn. 29; *von Coelln*, in: Gröpl/Windthorst/von Coelln Studienkommentar GG, Art. 4, Rn. 7, Auflage 2015.

juristische Personen entzogen. Juristische Personen in ihrer Gesamtheit, das bedeutet nicht nur Kirchen und Religionsgemeinschaften, können sich auf das Grundrecht der Religionsfreiheit berufen.[458]

Jedoch ist der persönliche Schutzbereich des Art. 4 Abs. 1 und 2 GG nach der Rechtsprechung des Bundesverfassungsgerichts und der herrschenden Meinung in der Literatur im Hinblick auf juristische Personen keinesfalls so großzügig eröffnet, wie es auf den ersten Blick scheint.

a. Kirchen und Religionsgemeinschaften

aa. Grundsätzliches

Unproblematisch und nach ständiger Rechtsprechung können sich Kirchen sowie Religions- und Weltanschauungsgemeinschaften auf das Grundrecht aus Art. 4 Abs. 1 und 2 GG berufen.[459]

Den Kirchen und Religionsgemeinschaften kommt durch die Inkorporierung der Artikel der Weimarer Reichsverfassung in das Grundgesetz eine bevorzugte Stellung gegenüber anderen Personenmehrheiten zu.[460] Aus dieser bevorzugten Stellung muss folgen, dass die Kirchen und Religionsgemeinschaften zu den juristischen Personen gehören, auf die das Grundrecht der Religionsfreiheit aus Art. 4 Abs. 1 und 2 GG anwendbar ist.[461] Unabhängig von der Anerkennung einer solchen durch das Grundgesetz und die Artikel der Weimarer Reichsverfassung privilegierten Stellung der Kirchen und Religionsgemeinschaften muss man sich dennoch die Frage stellen, ob diese Privilegierung insbesondere auch der einer der Kirche oder Religionsgemeinschaft zugehörigen Einrichtung gegenüber sonstigen juristischen Personen gerechtfertigt ist oder ob nicht vielmehr ein umfassendes Verständnis von der Religionsfreiheit des Art. 4 Abs. 1 und 2 GG es erforderlich macht, den Schutzbereich auf Kapitalgesellschaften zu erweitern, sofern sie ihre Religiosität darlegen können. Hierauf wird in einem späteren Teil der Arbeit zurückgekommen. Zunächst ist es aber erforderlich herauszuarbeiten, was die juristischen Personen, die sich nach der Rechtsprechung des BVerfG auf die Religionsfreiheit berufen können, charakteristisch ausmacht.

---

458 *Stern*, Staatsrecht der BRD Bd. III/1, § 71, S. 1128.

459 Vgl. u. a. BVerfGE 19, 129; 90, 112; 99, 100; 105, 279.

460 *Herzog*, in: Maunz/Dürig, Art. 4, Rn. 40.

461 *Herzog*, in: Maunz/Dürig, Art. 4, Rn. 40.

bb. Religionsgemeinschaften

Unter einer Religionsgemeinschaft wird gemeinhin eine „organisatorisch strukturierte Vereinigung von mindestens zwei Personen verstanden, die dem Zweck der gemeinsamen Religionsausübung dient".[462] Hiernach lassen sich drei Charakteristika einer Religionsgemeinschaft ableiten: Zunächst muss die Religionsgemeinschaft auf eine gewisse Dauer angelegt sein. Sodann muss Ausgangspunkt der Religionsgemeinschaft eine gemeinsame Glaubensüberzeugung sein. Darüber hinaus ist ausschlaggebend, dass es Sinn und Zweck der Gemeinschaft ist, die vollumfängliche Erfüllung der Glaubensgebote, die aus der jeweiligen Glaubensüberzeugung folgen, zu gewährleisten.[463] Diese drei Kriterien fanden sich schon in der Definition von *Anschütz* wieder, auf die auch das BVerwG in seiner Rechtsprechung Bezug nimmt[464]. *Anschütz* definiert die Religionsgemeinschaften als „ein die Angehörigen eines und desselben Glaubensmanifestes oder mehrerer verwandter Glaubensbekenntnisse für ein Gebiet zusammenfassender Verband zur allseitigen Erfüllung der durch das gemeinsame Bekenntnis gestellten Aufgaben".[465]

Neben dem Begriff der Religionsgemeinschaft taucht häufig der Begriff der Religions*gesellschaft* auf. Auch der in das Grundgesetz inkorporierte Artikel 137 der Weimarer Reichsverfassung (WRV) spricht von Religionsgesellschaften. Hierbei handelt es sich der Sache nach um Synonyme, wobei der Begriff der Religionsgemeinschaft entstehungsgeschichtlich der Moderne zuzuordnen[466] und vorzugwürdig ist, da der Begriff der Religionsgesellschaft bereits eine bestimmte rechtliche Organisationsform impliziert.[467] Auch das BVerwG geht davon aus, dass der Begriff der Religionsgemeinschaft mit dem der Religionsgesellschaft gleichbedeutend ist, wie sich aus dem Verständnis des Begriffs „Religionsgemeinschaft" aus den Urteilen des BVerwG ergibt.[468]

---

462 *Unruh*, Religionsverfassungsrecht, § 7, Rn. 252; *Korioth*, in: Maunz/Dürig, Art. 137 WRV, Rn. 14.

463 *Unruh*, Religionsverfassungsrecht, § 7, Rn. 251; *Korioth*, in: Maunz/Dürig, Art. 137 WRV, Rn. 14.

464 *BVerwG*, NJW 2005, 2101 (2102).

465 *Anschütz*, Die Verfassung des deutschen Reiches, Art. 137, S. 633.

466 *Pieroth/Gärisch*, Was ist eine Religionsgemeinschaft?, JuS, 2002, 937 (938).

467 So auch *Unruh*, in: Religionsverfassungsrecht, § 7, Rn. 251; *Korioth*, in Maunz/Dürig, Art. 137 WRV, Rn. 13.

468 Vgl. u.a. *BVerwG*, NJW 2005, 2101 (2102); *BVerwG*, NVwZ 1996, 91 (91f.).

Besonders ein Urteil des BVerwG aus dem Jahr 2005, in dem es zu entscheiden hatte, ob eine Dachverbandsorganisation mehrerer islamischer Vereinigungen eine Religionsgemeinschaft darstellen kann, beschäftigt sich ausführlich mit dem Begriff der Religionsgemeinschaft: Hiernach ist unter einer Religionsgemeinschaft und gleichbedeutend Religionsgesellschaft ein Verband zu verstehen,

> „der die Angehörigen ein und desselben Glaubensbekenntnisses oder mehrerer verwandter Glaubensbekenntnisse zur allseitigen Erfüllung der durch das gemeinsame Bekenntnis gestellten Aufgaben zusammenfasst.[469] Auf eine bestimmte Rechtsform kommt es dabei nicht an.[470] Der Begriff der Religionsgemeinschaft hat einen engen inhaltlichen Bezug zur religiösen Vereinigungsfreiheit aus Art. 4 Abs. 1 und 2, Art. 140 GG in Verbindung mit Art. 137 Abs. 2 WRV. Die grundrechtlich garantierte Möglichkeit der Bildung einer Religionsgemeinschaft soll den Weg eröffnen, sich als Vereinigung von Menschen zur Verwirklichung des gemeinsamen religiösen Zwecks zu organisieren, eine Gestalt zu geben und am allgemeinen Rechtsverkehr teilzunehmen.“[471]

Schon der Begriff der *Religions*gemeinschaft zeigt, dass hierunter nur Vereinigungen zu fassen sind, deren „Wirken im Kern durch den Religionsbezug geprägt ist“[472].

Die bereits angesprochene Unabhängigkeit des Bestehens einer Religionsgemeinschaft von einer Rechtsform zeigt sich auch in Art. 137 Abs. 4 WRV, wonach die Religionsgemeinschaften die Rechtsfähigkeit nach den allgemeinen Vorschriften des bürgerlichen Rechts erwerben. Die Religionsgemeinschaft als solche besteht mithin schon vor Verleihung der Rechtsfähigkeit nach bürgerlich rechtlichen Vorschriften und demnach auch die Möglichkeit zur Berufung auf Art. 4 Abs. 1 und 2 GG. So hat es auch das BVerfG in seiner Entscheidung zur Anerkennung der Bahai als Religionsgemeinschaft gesehen, indem es für das Vorhandensein einer Religionsgemeinschaft, unabhängig von einer vorhandenen Rechtsform, auf den geistigen Gehalt und das äußere Erscheinungsbild der Gemeinschaft abstellte.[473]

---

469 *BVerwG*, NJW 2005, 2101 (2102); *BVerwG*, NVwZ 1996, 91 (91f.).
470 *BVerwG*, NJW 2005, 2101 (2102).
471 *BVerwG*, NJW 2005, 2101 (2102).
472 *Pieroth/Görisch*, JuS 2002, 937 (939).
473 BVerfGE 83, 341 (1. Ls.).

In der Regel werden bei Vorliegen einer privatrechtlichen Organisationseinheit die Regeln des Vereinsrechts relevant, da eine Religionsgemeinschaft zumeist als rechtsfähiger Verein (sog. Idealverein) im Sinne des § 21 BGB organisiert sein wird.[474] Eine privatrechtliche Organisation der jeweiligen Religionsgemeinschaft ist nicht etwa als Vorstufe zur Erlangung des öffentlichen Körperschaftsstatus zu verstehen, vielmehr stehen die verschiedenen Möglichkeiten zum Erwerb der Rechtsfähigkeit gleichrangig nebeneinander.[475]

Mit Art. 137 Abs. 5 WRV wird es den Religionsgesellschaften zudem ermöglicht, den Status einer Körperschaft des öffentlichen Rechts zu erlangen. Auch als Körperschaft des öffentlichen Rechts ist die Religionsgemeinschaft Träger der Religionsfreiheit, da sie trotz ihres Status als Körperschaft des öffentlichen Rechts durch ihre atypische Organisationsform nicht der staatlichen Sphäre zuzuordnen sind, sondern ihr vielmehr in einer mit der natürlichen Person vergleichbaren Art und Weise gegenüberstehen.[476] Dies liegt darin begründet, dass es sich bei der Religionsgemeinschaft um einen auf „auf bürgerlicher Freiheit gründenden Zusammenschluss“[477] handelt.

Privatrechtlich organisierte Religionsgemeinschaften sind mit denselben verfassungsunmittelbaren Rechten ausgestattet wie die als Körperschaft des öffentlichen Rechts organisierten Religionsgemeinschaften.

b. Gliederungen und selbstständige Organisationen der Kirchen und der Religionsgemeinschaften

aa. Grundsätzliches

Über die Grundrechtsfähigkeit von Religionsgemeinschaften und Kirchen hinaus ist anerkannt, dass sich rechtlich selbstständige Teile der Religionsgemeinschaften oder Kirchen sowie alle dieser in bestimmter Weise zugeordneten Einrichtungen ohne Rücksicht auf ihre Rechtsform auf die Religionsfreiheit berufen können.[478] Voraussetzung ist, dass sie nach dem Selbstverständnis der mit ihr verknüpften Organisation dem jeweiligen

474 *Unruh*, Religionsverfassungsrecht, § 8, Rn. 268.
475 *Unruh*, Religionsverfassungsrecht, § 9, Rn. 275.
476 *von Campenhausen/de Wall*, Staatskirchenrecht, § 12, S. 53.
477 *von Campenhausen/de Wall*, Staatskirchenrecht, § 12, S. 53.
478 BVerfGE 46, 73 (1. Ls.); 53, 366, 137, 273.

Zweck und der jeweiligen Aufgabe entsprechend berufen sind.[479] Maßgebendes Kriterium hierfür sei - so das BVerfG hinsichtlich eines katholischen Krankenhauses - nicht die Inkorporierung in die amtskirchliche Organisation, sondern die Zuordnung dahingehend, dass die Einrichtung teilhabe an der Verwirklichung eines Stückes Auftrag der Kirche im Geist katholischen Religiosität, im Einklang mit dem Bekenntnis der katholischen Kirche und in Verbindung mit den Amtsträgern der katholischen Kirche.[480] In einem neueren Beschluss hat das BVerfG diese Rechtsprechung weiter konkretisiert und fordert von den Gerichten „im Rahmen einer Plausibilitätskontrolle auf der Grundlage des glaubensdefinierten Selbstverständnisses der verfassten Kirche zu überprüfen, ob eine Organisation oder Einrichtung an der Verwirklichung des kirchlichen Grundauftrags teilhat“[481]. Diese Maßstäbe gelten für alle Religionsgemeinschaften. Es handelt sich um grundsätzlichen Aussagen darüber, wann eine rechtlich selbstständiger Teil oder eine der Organisation zugeordnete Einrichtung vorliegt, die auf die jeweilige Kirche oder Religionsgemeinschaft übertragen werden können.

bb. Als Kapitalgesellschaft organisierte Gliederung oder selbstständige Einrichtung

Im Zusammenhang mit dieser Fallgruppe taucht auch zum ersten Mal konkret der Fall auf, dass sich eine als Kapitalgesellschaft organisierte Rechtsform auf das Grundrecht aus Art. 4 Abs. 1 und 2 GG beruft. Beispiel hierfür ist die Verfassungsbeschwerde mehrerer konfessioneller Krankenhausträger, die sich gegen Vorschriften des Krankenhausgesetzes des Landes NRW unter Berufung auf unter anderem ihre Religionsausübungsfreiheit aus Art. 4 Abs. 2 GG wenden.[482] Bei der Beschwerdeführerin zu 5 handelte es sich um ein konfessionelles Krankenhaus, welches in der Rechtsform der GmbH organisiert war. Die GmbH als Rechtsform ist den Kapitalgesellschaften zuzuordnen und sie ist grundsätzlich erwerbswirtschaft-

---

479 BVerfGE 46, 73 (1. Ls.); 53, 366 (391); 57, 220 (242); 70, 138 (162).

480 BVerfGE 47, 73 (87). Vorliegend handelte es sich bei der Klägerin um ein katholisches gemeinnütziges Krankenhaus in der Rechtsform einer rechtsfähigen Stiftung des Privatrechts, das als karitative Einrichtung der katholischen Kirche zu bewerten war.

481 BVerfGE 137, 273 (3. Ls.).

482 BVerfGE 53, 366.

lich tätig[483], d.h. auf Gewinnerzielung ausgelegt.[484] Die Beschwerdefähigkeit der GmbH und damit die Grundrechtsberechtigung in Bezug auf Art. 4 Abs. 2 GG begründete das BVerfG wie folgt:

> Nach staatlichem Recht gehöre die Beschwerdeführerin [...] als GmbH zu den juristischen Personen im Sinne von Art. 19 Abs. 3 GG.[485] [...] Als juristische Person [...] könne die Beschwerdeführerin Träger von Grundrechten sein.[486] Keinerlei Zweifel ergäben sich insoweit hinsichtlich der Beschwerdeführerin zu 5, die in einer Rechtsform des Privatrechts organisiert sei.[487] Nach ihrer Zweckbestimmung widme sie sich der Krankenpflege in der organisierten Form des Krankenhauses.[488] In dieser Tätigkeit sei die Beschwerdeführerin frei, soweit nicht verfassungsgemäße Gesetze diese Freiheit einschränken.[489] [...] Da die Beschwerdeführerin zu 5 nach ihrer Ziel und Zweckbestimmung als [...] Gesellschaft sich der Krankenpflege in religiös-karitativer Form widme, könne sie durch Hoheitsakt des Staates auch im Grundrecht der Religionsausübungsfreiheit verletzt werden.[490]

Es wird deutlich, dass das BVerfG als entscheidendes Kriterium für die Grundrechtsfähigkeit des als GmbH organisierten Krankenhauses auf dessen Ziel und Zweckbestimmung abstellt. Hieraus kann also der Schluss gezogen werden, dass eine GmbH dann grundrechtsfähig im Hinblick auf Art. 4 Abs. 2 GG ist, wenn sie das, was sie tut, aus religiösen Motiven tut und dies in ihrem Wirken und ihrer Zweckbestimmung nach außen hin sichtbar wird. Es wird deutlich, dass auch eine auf Gewinnerzielung gerichtete Tätigkeit im Rahmen einer Kapitalgesellschaftsform für die Berufung auf die Religionsfreiheit unerheblich sein kann, sofern erkennbar eine religiöse Ziel- und Zweckbestimmung in der Gesellschaft vorhanden ist.

Festzuhalten ist demnach, dass sich auch eine GmbH als Kapitalgesellschaft auf Art. 4 Abs. 2 GG berufen kann, sofern sie sich dem karitativen Wirken widmet und diese Zweckbestimmung nach außen hin sichtbar wird. Die „Blindheit“ gegenüber der konkret vorhandenen Rechtsform in

---

483 *Fleischer*, in: MüKo GmbHG, 2. Auflage 2015, § 1, Rn. 12 f.
484 *Roth*, in: Roth/Altmeppen, GmbHG, 8. Auflage 2015, § 1, Rn. 4a.
485 BVerfGE 53, 366 (386).
486 BVerfGE 53, 366 (386).
487 BVerfGE 53, 366 (386 f.).
488 BVerfGE 53, 366 (387).
489 BVerfGE 53, 366 (387).
490 BVerfGE 53, 366 (387).

diesem religiösen Kontext liegt in dem von der Verfassung garantierten Selbstbestimmungsrecht der Religionsgemeinschaften, vgl. Art. 137 Abs. 3 WRV, begründet, welches sowohl beinhaltet, sich als Religionsgemeinschaft oder als eine Einrichtung, die einer Religionsgemeinschaft zugehörig ist, den Organisationsformen des Privatrechts zu bedienen als auch Tätigkeiten und Maßnahmen zu verfolgen, die sich im weltlichen Bereich abspielen[491], ohne dadurch den Bezug zu den eigenen Angelegenheiten aufzuheben.[492] Das Vorhandensein einer wirtschaftlichen Zielsetzung oder gar einer wirtschaftlich ausgerichteten Rechtsform lässt für sich genommen noch nicht pauschal den Schluss zu, dass eine Berufung einer derartigen juristischen Person auf die Religionsfreiheit auszuschließen ist.

Dieses Ergebnis gilt so nicht nur für konfessionelle Krankenhäuser, sondern für sämtliche Betriebe, die als karitative oder erzieherische Einrichtungen einer Religionsgemeinschaft zu charakterisieren sind. Hierunter sind neben den Krankenhäusern beispielsweise Pflegeheime, Sozialstationen, Obdachlosenasyle, Kindergärten und ambulante Dienste zu nennen. Das erzieherische und karitative Tätigsein in Übereinstimmung mit der jeweiligen zugrunde liegenden religiösen Lehre erfüllt eine „kirchliche Grundfunktion“[493]. Dass sich solche karitativen oder erzieherischen Einrichtungen, mögen sie auch als Kapitalgesellschaft organisiert sein, auf Art. 4 Abs. 2 GG berufen können, liegt mithin in ihrer Zuordnung zu einer Kirche oder Religionsgemeinschaft und der damit zusammenhängenden Verwirklichung des religiösen Auftrags der Kirche oder Religionsgemeinschaft begründet.

In einem anderen Urteil des BVerfG aus dem Jahr 2014[494] bekräftigte es eben genannte Aussagen, fügte jedoch eine weitere in Bezug auf solche Einrichtungen hinzu, die der Gewinnerzielung dienen:

> „Ganz überwiegend der Gewinnerzielung dienende Organisationen und Einrichtungen können demgegenüber das Privileg der Selbstbestimmung nicht in Anspruch nehmen, da bei ihnen der enge Konnex zum glaubensdefinierten Selbstverständnis aufgehoben ist.[495] Dies gilt vor allem für Einrichtungen, die wie andere Wirtschaftssubjekte auch

---

491 BVerfGE 42, 312 (334 f.).

492 BVerfGE 137, 273 (306 f.).

493 *Forst*, in: Richardi BetrVG Kommentar, § 118, Rn. 199.

494 BVerfGE 137, 273, hier ging es um die Rechtmäßigkeit der Kündigung eines Oberarztes in einem konfessionellen Krankenhaus wegen Verletzung von Loyalitätspflichten aus dem Dienstvertrag.

495 BVerfGE 137, 273 (307).

> am marktwirtschaftlichen Leben teilnehmen und bei welchen der durch Art. 4 I und II GG geschützte religiöse Auftrag der Kirche oder Religionsgemeinschaft in der Gesamtschau der Tätigkeiten gegenüber anderen – vorwiegend gewinnorientierten – Erwägungen erkennbar in den Hintergrund tritt.[496] [...] Im Fall der Beschwerdeführerin tritt die religiöse Dimension nicht in einem Maße gegenüber rein ökonomischen Erwägungen in den Hintergrund, der geeignet wäre, die Prägung durch das glaubensdefinierte Selbstverständnis in Frage zu stellen.[497] Die Regelungen des Gesellschaftsvertrages der Beschwerdeführerin [...] stehen einer vorrangig auf Vermögensmehrung ausgerichteten Aufgabenwahrnehmung der von ihr getragenen Einrichtungen entgegen.[498] Allein das Ziel der Erwirtschaftung eines wirtschaftlichen Ergebnisses, das die Substanz der vorhandenen Einrichtung und Arbeitsplätze sichert und eine sinnvolle Weiterentwicklung ermöglicht, ist für sich genommen noch nicht geeignet, die im Übrigen klar erkennbare religiöse Prägung ihres Handelns zu verdrängen.“[499]

In diesem Urteil wird die Vorgehensweise des BVerfG im Zusammenhang mit Kapitalgesellschaften und einer Berufung auf die Religionsfreiheit klar erkennbar: Eine erwerbswirtschaftliche Tätigkeit für sich genommen reicht nicht aus, eine Berufung auf die Religionsfreiheit von vorneherein abzulehnen. Vielmehr muss daneben bewertet werden, inwieweit diese wirtschaftliche Tätigkeit die religiöse Handlungsdimension des Unternehmens in den Hintergrund rücken lässt. Anhaltspunkt für die Vornahme einer derartigen Bewertung kann beispielsweise der der Gesellschaft zugrunde liegende Gesellschaftsvertrag sein.

c. Vereinigungen mit partieller Widmung zur Pflege des religiösen Lebens ihrer Mitglieder (religiöse Vereine)

Neben den Religionsgemeinschaften und deren selbstständigen Einrichtungen deren Zweck die Pflege oder Förderung eines religiösen Bekenntnisses oder die Verkündung des Glaubens ihrer Mitglieder ist, sind auch solche Vereinigungen Träger des Grundrechts aus Art. 4 Abs. 1 und 2 GG, „die sich nicht die allseitige, sondern nur die partielle Pflege des religiösen

496 BVerfGE 137, 273 (307).
497 BVerfGE 137, 273 (330 f.).
498 BVerfGE 137, 273 (331.).
499 BVerfGE 137, 273 (331).

oder weltanschaulichen Lebens ihrer Mitglieder zum Ziel gesetzt haben“[500]. Hierbei handelt es sich um religiöse Vereine, die keine Religionsgemeinschaft darstellen, da sie die für Religionsgemeinschaften typische umfassende Pflege des religiösen Lebens ihrer Mitglieder nicht leisten. Die Grundrechtsberechtigung religiöser Vereine in Bezug auf die Religionsfreiheit wurde bereits im Jahr 1968 in einem Beschluss des 1. Senats des BVerfG festgestellt. Bei der Beschwerdeführerin handelte es sich um die katholische Landjugendbewegung Deutschlands, die in der Form eines nichtrechtsfähigen Vereins organisiert war.[501] Nach ihrer Bundessatzung war sie darauf ausgelegt, kirchlichen Aufgaben zu dienen.[502] Auch institutionell war sie eng mit der katholischen Kirche verknüpft.[503] Ausgangspunkt für die Verfassungsbeschwerde war die „Aktion Rumpelkammer“, in deren Rahmen die Beschwerdeführerin im gesamten Bundesgebiet Altkleider sammelte und an Großabnehmer verkaufte.[504] Die Bekanntmachung der Aktion erfolgte über Kanzelwerbung in den katholischen Kirchen.[505] Der Erlös war für die Landjugend in unterentwickelten Ländern bestimmt.[506] Hiergegen klagte der Beschwerdeführer zu 2), der eine Rohstoffhandlung betrieb, und sein Material wegen der Aktion Rumpelkammer nicht mehr absetzen konnte.[507] Das für die Berufung zuständige Landgericht verurteilte die Beschwerdeführerin zu 1 zum Unterlassen, da es in der Aktion eine sittenwidrige Wettbewerbshandlung sah.[508] Gegen das Urteil des Landgerichts erhob die Beschwerdeführerin zu 1) Verfassungsbeschwerde unter Berufung auf Art. 2 und Art. 4 GG.

Der Beschluss des BVerfG enthält zwei wichtige Aussagen: Zum einen stellt er klar, dass auch eine nichtrechtsfähige Vereinigung zur Erhebung der Verfassungsbeschwerde befugt ist.[509] Diese Feststellung korrespondiert mit der bereits im Rahmen der Prüfung des Begriffs der „juristischen Person“ im Sinne des Art. 19 Abs. 3 GG getroffenen, dass es, um die Voraussetzungen einer juristischen Person in diesem Sinne zu erfüllen, noch nicht einmal in jedem Fall einer Rechtsfähigkeit der Vereinigung bedarf.

500 BVerfGE 24, 236 (1. Ls.; 246 f.).
501 BVerfGE 24, 236 (236).
502 BVerfGE 24, 236 (237).
503 BVerfGE 24, 236 (237).
504 BVerfGE 24, 236 (237).
505 BVerfGE 24, 236 (237).
506 BVerfGE 24, 236 (237).
507 BVerfGE 24, 236 (237 f.).
508 BVerfGE 24, 236 (238).
509 BVerfGE 24, 236 (243).

Zum anderen, und dies ist für die vorliegende Betrachtung die relevantere Feststellung, dass es für die Berufung einer Vereinigung auf Art. 4 Abs. 1 und 2 GG ausreicht, sich der *partiellen* Pflege des religiösen Lebens der Mitglieder zu widmen.[510]

> „Voraussetzung dafür ist aber, dass der Zweck der Vereinigung gerade auf die Erreichung eines solchen Ziels gerichtet ist.[511] Dies gilt ohne weiteres für organisatorisch oder institutionell mit Kirchen verbundene Vereinigungen, wie kirchliche Orden (...).[512] Es gilt aber auch für andere selbstständige oder unselbstständige Vereinigungen, wenn und soweit ihr Zweck die Pflege oder Förderung eines religiösen Bekenntnisses oder die Verkündung des Glaubens ihrer Mitglieder ist. Maßstab für das Vorliegen dieser Voraussetzungen kann das Ausmaß der institutionellen Verbindung mit einer Religionsgemeinschaft oder die Art der mit der Vereinigung verfolgten Ziele sein.“[513]

Zu den bereits getroffenen Feststellungen kommt demnach hinzu, dass es für die Berufung einer juristischen Person auf die Religionsfreiheit grundsätzlich ausreichend sein kann, wenn sie sich nur partiell und nicht umfassend einer religiösen Zielsetzung widmet.

2. (Noch) nicht anerkannte Fallgruppen der Religionsfreiheit juristischer Personen

a. Vereinigungen ohne derartige Widmung

Darüber hinaus stellt sich die Frage, ob sich Vereinigungen, die sich nicht ganzheitlich oder partiell der Pflege des Glaubens ihrer Mitglieder widmen, auch auf die Religionsfreiheit berufen können. Kann sich nach deutschem Recht beispielsweise eine GmbH, deren geschäftsführende Gesellschafter einheitlich Anhänger des christlichen Glaubens sind, auf die Religionsfreiheit berufen? So war es zumindest in dem bereits besprochenen Fall von Hobby Lobby und Conestoga Wood Specialties, den der Supreme Court zu entscheiden hatte. Hier handelte es sich um „business corporations“, also gewinnorientierte Kapitalgesellschaften und gerade keine Religi-

510 BVerfGE 24, 236 (246 f.).
511 BVerfGE 24, 236 (247).
512 BVerfGE 24, 236 (247).
513 BVerfGE 24, 236 (247).

onsgemeinschaften oder religiösen Vereine. Ein anschauliches Beispiel bietet auch das Unternehmen Mardel, das ebenfalls an der Klage vor dem Supreme Court beteiligte Tochterunternehmen von Hobby Lobby. Bei dem Unternehmen handelt es sich um ein „for-profit business“, das christliche Bücher verkauft. Das Unternehmen ist hierbei nicht in eine Kirche eingegliedert und ist auch keine Religionsgemeinschaft oder ein religiöser Verein. Dennoch ist in diesem Fall die religiöse Einstellung des Unternehmens wohl schwer zu leugnen. Derartige Unternehmen sind eindeutig profitorientiert tätig, sie dienen aber ebenso definitiv einem religiösen Auftrag.[514]

Zu der Frage, wie solche Unternehmen zu behandeln sind, gibt es bislang kaum Rechtsprechung und auch in der neueren Literatur wird das Thema bislang nur zaghaft angerissen und eher im Hinblick auf die Grundrechtsfähigkeit juristischer Personen im Allgemeinen behandelt.[515] Dies erscheint überwiegend deshalb der Fall zu sein, weil eine Berufung auf die Religionsfreiheit von anderen als den oben genannten anerkannten Gruppen auf den ersten Blick vielleicht eher abwegig erscheint. Wenn aber die Religionsfreiheit beinhaltet, sein *gesamtes Verhalten* an den Lehren seines Glaubens auszurichten und den Glaubensüberzeugungen gemäß zu handeln und dem Staat den bestimmenden Zugriff auf die religiöse und weltanschauliche Dimension des Menschen zu verwehren, muss dies dann nicht auch beinhalten, den Glauben im Arbeitsleben und in der Gesellschaftsform, die für den beruflichen Bereich gewählt worden ist, auszuüben? Oder „verschwindet“ mit der Gründung der juristischen Person die natürliche Person und mit ihr die ihr zustehende Religionsfreiheit hinter der Gesellschaft, sodass nur noch die Gesellschaft als Anknüpfungspunkt für eine etwaige Grundrechtsfähigkeit bleibt, die blind gegenüber den Grundrechten ihrer sie konstituierenden natürlichen Personen ist? Kann diese Frage überhaupt einheitlich für sämtliche juristische Personen beantwortet werden oder muss nicht vielmehr eine Einzelfallbetrachtung für jede einzelne, unter den Begriff der juristischen Person im Sinne des Art. 19 Abs. 3 GG zu subsumierende Organisationseinheit vorgenommen werden? Aufgrund der vielfältigen, nach dem einfachen Recht zur Verfügung ste-

514 *Shapiro*, in: Religious Liberties for Corporations?, S. 31.

515 So beispielsweise *Kingreen*, JöR N.F. Bd. 65, 1 (22 f.), der nicht explizit die Religionsfreiheit in Bezug nimmt, wohl aber auf die Rechtsprechung des Supreme Court im Fall Hobby Lobby eingeht; *Ackermann*, JöR N.F. Bd. 65, 114 (144 f.), der eine mögliche Religionsfreiheit von Kapitalgesellschaften unter dem Stichpunkt „Grundrechte jenseits des Marktes“ erörtert.

henden Organisationsmöglichkeiten, erfordert die Beantwortung der Frage, ob juristische Personen sich auf die Religionsfreiheit berufen können, in jedem Fall eine Einzelbetrachtung zumindest der verschiedenen Gesellschaftsformen. Hierbei können sich bereits aus der Unterscheidung zwischen Personengesellschaften und Körperschaften und deren unterschiedlicher Struktur gewichtige Unterschiede im Hinblick auf die Grundrechtsberechtigung ergeben. Darüber hinaus bieten aber auch die verschiedenen Möglichkeiten sich unter Bezugnahme ein und derselben Gesellschaftsform zu organisieren unterschiedlichste Auslegungsvarianten im Hinblick auf die Grundrechtsberechtigung. Fraglich ist in diesem Zusammenhang beispielsweise, ob eine Einpersonengesellschaft (auch „Einmanngesellschaft“), in der Rechtsform der AG oder GmbH, wie eine GmbH oder AG mit mehreren Anteilseignern (bei der AG) beziehungsweise Geschäftsführern (bei der GmbH) behandelt werden kann oder ob nicht vielmehr die weitaus stärkere personelle Rückkopplung an das Individuum dazu führt, dass die Gesellschaftsformen unterschiedlich zu behandeln sind.

Im Folgenden wird zunächst die relevante Rechtsprechung dargestellt, die sich mit Fällen beschäftigt, in denen sich juristische Personen, die keine Religionsgemeinschaft oder einen religiösen Verein darstellen, auf die Religionsfreiheit berufen haben. Dies soll dazu dienen, die Argumentationsstruktur der Gerichte im Hinblick auf die Religionsfreiheit eben dieser juristischen Personen nachzuvollziehen und in einem zweiten Schritt zu hinterfragen. Sodann wird anhand dieser sowie des zur Grundrechtsfähigkeit juristischer Personen angeführten Schrifttums und der bereits in Kapitel 2 Teil 3 II angeführten Rechtsprechung ergründet, ob und wenn ja welche juristische Person sich auf die Religionsfreiheit berufen kann beziehungsweise auf welche Schutzbereichselemente der Religionsfreiheit sie sich berufen kann. In diesem Zusammenhang wird auch Rechtsprechung zu anderen Grundrechten und juristischen Personen vergleichend herangezogen.

b. Rechtsprechung

Es findet sich kaum Rechtsprechung zu der Frage, ob sich eine Kapitalgesellschaft als juristische Person ohne erkennbar religiöse Ziel- und Zweckbestimmung auf die Religionsfreiheit berufen kann.

aa. BVerwG

Als Beispiel eignet sich ein Fall, den das BVerwG zu entscheiden hatte. Es handelte sich um eine Klage aus dem Jahr 1958 von einer juristischen Person mit wirtschaftlicher Zielsetzung, die sich vor den Verwaltungsgerichten gegen das badische Ortskirchensteuergesetz (OKiStG) vom 30.6.1922 wehrte. Durch das Gesetz wurde die juristische Person zur Zahlung der Kirchenbausteuer verpflichtet.[516] Das Bundesverwaltungsgericht prüfte im Rahmen seiner Entscheidung auch eine Verletzung von Bestimmungen des Grundgesetzes. Hierzu traf es eindeutige Aussagen zur Glaubens- und Gewissensfreiheit von juristischen Personen mit wirtschaftlicher Zielsetzung, wie die Klägerin eine war:

> „Die Bekenntnisfreiheit ist ein Ausfluss der Glaubens- und Gewissensfreiheit.[517] [...] Wenn aber die Bekenntnisfreiheit ein Ausfluss und Annex der Glaubens- und Gewissenfreiheit ist, kann sie auch nur von demjenigen in Anspruch genommen werden, für den die Glaubens- und Gewissensfreiheit von Bedeutung ist, d.h. von denjenigen, die durch eine Entscheidung in Glaubens- und Gewissensfragen beschwert sein können.[518] Das aber sind nur natürliche, nicht jedoch juristische Personen.[519] Juristische Personen können allenfalls nach der satzungsmäßigen Zusammensetzung ihres Mitgliederbestandes oder nach ihrer satzungsmäßigen Zweckbestimmung auf die Förderung der Zwecke einer bestimmten Religionsgesellschaft beschränkt sein.[520] Juristische Personen mit wirtschaftlicher Zielsetzung wie die Klägerin haben mit religiöser und weltanschaulicher Zielsetzung und deshalb auch mit Glaubens- und Bekenntnisfreiheit nichts zu tun.[521] Sie sind nicht nur bekenntnisneutral, sondern bekenntnisfremd.[522] Daraus folgt, dass das Grundrecht [...] nach Art. 4 Abs. 1 GG kein Grundrecht ist, das gem. Art. 19 Abs. 3 GG auf bekenntnisfremde juristische Personen Anwendung finden kann."[523]

516 BVerwGE 7, 189.
517 BVerwGE 7, 189 (195).
518 BVerwGE 7, 189 (195).
519 BVerwGE 7, 189 (195).
520 BVerwGE 7, 189 (195).
521 BVerwGE 7, 189 (195).
522 BVerwGE 7, 189 (195).
523 BVerwGE 7, 189 (195).

Das BVerwG möchte mithin jegliche Berufung einer gewinnorientierten Gesellschaft auf die Religionsfreiheit mangels Möglichkeit der Beschwer durch eine Entscheidung in Glaubensfragen ausschließen.

bb. BVerfG

Interessant ist, dass das BVerfG, das sich sieben Jahre später mit der Frage nach der Zulässigkeit der Heranziehung von juristischen Personen, die keine Religionsgemeinschaften sind, zur Kirchenbausteuer befasst hat, keine ebenso klaren Aussagen zur Religionsfreiheit dieser wirtschaftlich orientierten juristischen Personen getroffen hat.[524] Die Verfassungswidrigkeit des Art. 13 OKiStG stütze es hierbei nicht etwa auf Art. 4 Abs. 1 GG, sondern explizit auf Art. 2 Abs. 1 GG, da die freie Entfaltung der Persönlichkeit in der grundgesetzlichen Ordnung auch den grundrechtlichen Anspruch umfasse, nicht durch staatlichen Zwang mit einem Nachteil belastet zu werden, der nicht in der verfassungsmäßigen Ordnung begründet sei.[525] Das BVerfG sieht davon ab, sich mit dem Vorbringen der Kläger zu Art. 4 Abs. 1 GG zu befassen, da bereits ein Verstoß gegen Art. 2 Abs. 1 GG angenommen wird. Dennoch enthält das Urteil einige Aussagen zu Art. 4 GG im Verhältnis zu juristischen Personen. Unter Bezugnahme auf die weltanschaulich-religiöse Neutralität folgert das BVerfG, dass der Staat einer Religionsgesellschaft keine Hoheitsbefugnisse gegenüber einer Person verleihen dürfe, die ihr nicht angehören.[526] Dies gelte ebenso gegenüber juristischen Personen, die ihrem Wesen nach keiner Religionsgesellschaft angehören können.[527] Sie würden durch die Besteuerung von Staats wegen zur finanziellen Unterstützung von Religionsgesellschaften gezwungen, denen sie nicht verbunden seien.[528] Diese Aussage des BVerfG ließe sich dahingehend interpretieren, dass sich juristische Personen, die keine Religionsgemeinschaften oder religiösen Vereine sind, jedenfalls auf die negative Religionsfreiheit berufen können.

524 BVerfGE 19, 206.
525 BVerfGE 19, 206 (215).
526 BVerfGE 19, 206 (216).
527 BVerfGE 19, 206 (216).
528 BVerfGE 19, 206 (216).

Eine solche Auffassung verfolgen auch, wie bereits zuvor angedeutet, Stimmen in der Literatur.[529] Solche Vereinigungen, die keine religiösen Zielsetzungen verfolgen, sollen sich gegen die Vereinnahmung für eben solche Zwecke wehren können.[530] Insbesondere in der Schweiz, in der es ständige Rechtsprechung des schweizerischen Bundesgerichts ist, religiös neutrale juristische Personen zur Kirchensteuerpflicht heranzuziehen, wird die Ablehnung der Berufung auf die negative Religionsfreiheit durch derartige juristische Personen kritisiert.[531] Als Begründung wird unter anderem herangezogen, dass der Schutz der (negativen) Religionsfreiheit der hinter der juristischen Person stehenden natürlichen Personen es gebiete, der juristischen Person selbst den Schutz durch die (negative) Religionsfreiheit zuzuerkennen, weil die natürliche Person selbst sich nicht unmittelbar gegen derartige Regelungen mangels Betroffenheit wehren könne.[532] So zieht auch *Germann* den Schluss, dass auf die Religions- und Weltanschauungsfreiheit der natürlichen Personen abzustellen sei, da diese die Religionsfreiheit der Vereinigung selbst begründe. Die natürlichen Personen seien als personales Substrat ausschlaggebend sowie maßgeblich für die Zweckbestimmung der Gesellschaft.[533]

Fraglich ist aber, ob es haltbar ist, die Berufung einer juristischen Person auf die positive Religionsfreiheit so strikt abzulehnen, im Gegenzug aber eine Berufung auf die negative Religionsfreiheit zuzulassen. Die negative Religionsfreiheit des Art. 4 GG schützt die Freiheit keinen Glauben zu haben, einen Glauben nicht zu bekennen oder abzugeben sowie die Freiheit, sich frei von jeglicher religiöser Motivation zu verhalten.[534] Hierbei folgen die positive und die negative Religionsfreiheit derselben Struktur.[535] Folgt man der Linie, dass ausschlaggebend für die Berufung auf die positive Religionsfreiheit ist, dass eine religiöse Ziel- und Zwecksetzung der juristi-

529 *Starck*, in: von Mangoldt/Klein/Starck, Art. 4, Rn. 76; *Kästner*, in: Stern/Becker GG Kommentar, Art. 4, Rn. 108; *Germann*, in: Epping/Hillgruber BeckOK GG, Art. 4, Rn. 30.

530 *Starck*, in: von Mangoldt/Klein/Starck, Art. 4, Rn. 76; Germann, in: Epping/Hillgruber BeckOK GG, Art. 4, Rn. 30; *von Campenhausen/de Wall*, Staatskirchenrecht, § 12, S. 53; *Oliver*, ICLQ 2015, 661 (665).

531 *Karlen*, Das Grundrecht der Religionsfreiheit in der Schweiz, S. 221f, S. 261f; *Müller*, Grundrechte in der Schweiz, S. 101; ders., ZBJV 1978, 49 (64 f.); abweichende Meinung eines Bundesrichters im Fall Buchdruckerei Elgg AG, abgedruckt in: ZBl. 1977, 172 ff.

532 *Müller*, Grundrechte in der Schweiz, S. 101.

533 *Germann*, in: Epping/Hillgruber BeckOK GG, Art. 4, Rn. 30.

534 *Germann*, in: Epping/Hillgruber BeckOK GG, Art. 4, Rn. 21.

535 *Germann*, in: Epping/Hillgruber BeckOK GG, Art. 4, Rn. 21.

schen Person offenbar werden muss, so erscheint es einleuchtend, überall dort, wo eine solche Zwecksetzung nicht zu Tage tritt, zunächst davon auszugehen, dass die juristische Person auch keine religiöse Einstellung hat und demnach nicht mit einem bestimmten Glauben in Verbindung steht. Insoweit wäre es dann auch konsequent, die Berufung auf die negative Religionsfreiheit zuzulassen. Vertretbar ist es aber auch, zunächst davon auszugehen, dass aus dem Umstand, dass eine Gesellschaft eine a-religiöse Einstellung hat, kein negatives Religionsfreiheitsrecht folgt.[536] Ob die Gesellschaft sich auf die negative Religionsfreiheit berufen kann, entscheidet sich erst – im Sinne der Durchgriffstheorie – unter Bezugnahme auf das Schutzinteresse der hinter der juristischen Person stehenden natürlichen Personen.

Einem weiteren Beschluss des BVerfG aus dem Jahr 1977 lässt sich jedoch eine klare Absage dahingehend entnehmen, dass sich juristische Personen, die nicht unter eine der im Hinblick auf die Religionsfreiheit anerkannten Fallgruppen gefasst werden können, auf den negativen Aspekt der Religionsfreiheit berufen können. Gegenstand des Beschlusses war die Verfassungsbeschwerde eines Arbeitgebers, der sich gegen die bestehende Verpflichtung, für seine Arbeitnehmer die Kirchenlohnsteuer einzubehalten und abzuführen, sowie eine entsprechende Haftung bei Nichterfüllung wandte.[537] Das BVerfG nahm die Verfassungsbeschwerde nicht zur Entscheidung an, bemerkte jedoch im Hinblick auf Art. 4 GG, dass die Frage, ob der Inanspruchnahme des Arbeitgebers im Einzelfall Art. 4 GG entgegenstehen könne, bereits deshalb keiner Erörterung bedürfe, weil die Beschwerdeführerin als juristische Person dies mit Rücksicht auf Art. 19 Abs. 3 GG selbst nicht geltend machen könne.[538] Dieser Aussage lässt sich die Auffassung des Bundesverfassungsgerichts entnehmen, den Schutz der Religionsfreiheit gewinnorientierten juristischen Personen gänzlich zu versagen, sowohl den der positiven als auch den der negativen.

Ungeachtet der Frage, ob diese Aussage im Grundsatz Zustimmung verdient, so ist sie doch zumindest im Hinblick auf eine erteilte Absage für die positive Religionsfreiheit juristischer Personen ohne religiöse Ziel- und Zwecksetzung konsequent. Es kann keinen Unterschied machen, ob sich

536 So *Germann*, in: Epping/Hillgruber BeckOK GG, § 4, Rn. 30, nach dem aus „religiös und weltanschaulich indifferenten Zwecken einer Vereinigung [...] unmittelbar kein negatives Freiheitsrecht mit Bezug auf Religion oder Weltanschauung abgeleitet werden" könne.

537 BVerfGE 44, 103.

538 BVerfGE 44, 103 (104).

eine juristische Person auf die positive oder die negative Religionsfreiheit beruft. Stellt man bei einer Kapitalgesellschaft nämlich darauf ab, dass diese vom Grundsatz her „bekenntnisfremd" ist und diese Bekenntnisfremdheit nur im Einzelfall durch ihre Zweckbestimmung widerlegen kann[539], so muss sich diese Bekenntnisfremdheit auch auf den umgekehrten Fall des negativen Bekenntnisses beziehen, denn auch die Entscheidung, sich zu nichts zu bekennen, nicht religiös zu sein, setzt eine Auseinandersetzung im Sinne einer Gewissensentscheidung der juristischen Person voraus. Die Entscheidung etwas nicht zu glauben oder zu vertreten, korreliert mit der Entscheidung, etwas zu glauben oder zu vertreten. Bei einem reinen Abstellen auf die Ziel- und Zweckbestimmung der juristischen Person, wie sie sich beispielsweise aus ihrer Satzung ergibt, vermag eine Unterscheidung im Hinblick auf die positive und die negative Komponente der Religionsfreiheit nicht zu überzeugen. Ebenso wenig vermag diese Auffassung bei einem Abstellen auf die religiöse oder nicht religiöse Einstellung der natürlichen Personen zu überzeugen. Hier muss erst recht jegliche Komponente der Religionsfreiheit anwendbar sein.

Tatsächlich finden sich darüber hinaus in der deutschen Rechtsprechung zwei mit dem Fall Hobby Lobby vergleichbare Fälle. Zum einen handelt es sich hierbei um einen im Jahr 1981 vom BVerwG entschiedenen Fall[540] sowie einen kurz darauf im Jahr 1984 entschiedenen Fall des BVerfG[541].

(1) BVerwGE 64, 196

Dem Urteil des BVerwG lag die Klage einer GmbH zugrunde, die ein Steinwerk betrieb und deren sämtliche Gesellschafter Angehörige der Glaubensgemeinschaft der Zeugen Jehovas waren. Klagegegenstand war ein Bereitstellungsbescheid des Kreiswehersatzamtes, der die Überlassung eines LKWs als Vorsorgemaßnahme im Rahmen der militärischen Verteidigungsbereitschaft beinhaltete.[542] Gegen die Zurverfügungstellung des LKWs für militärische Zwecke wandte sich die GmbH unter Berufung auf ihr Recht auf Kriegsdienstverweigerung sowie unter Berufung auf ihr reli-

539 Vgl. hierzu die Rechtsprechung des BVerwG in Kap. 2 Teil 3 II. 2. b. aa.
540 BVerwGE 64, 196.
541 *BVerfG*, NJW 1990, 241.
542 BVerwGE 64, 196 (197).

giöses Gewissen.[543] Der Möglichkeit einer Berufung auf Art. 4 Abs. 1 GG durch eine GmbH, die nicht als Religionsgemeinschaft oder Teil einer solchen zu werten ist, erteilte das BVerwG, wie bereits 1958, eine klare Absage.

> „Eine Kapitalgesellschaft ist ihrem Wesen nach bekenntnisfremd und kann sich daher weder aus ihrer eigenen Rechtsstellung noch aufgrund des religiösen Bekenntnisses ihres Geschäftsführers oder ihrer Gesellschafter auf das Grundrecht der Gewissensfreiheit berufen.“[544]

(2) BVerfG NJW 1990, 241

In vergleichbarer Deutlichkeit hat das BVerfG über eine Verfassungsbeschwerde eines metallverarbeitenden Industrieunternehmens in der Rechtsform einer GmbH entschieden. Das Unternehmen wandte sich gegen ein Urteil des BAG, in dem es verpflichtet wurde, weiterhin Lohn an eine Arbeitnehmerin zu zahlen, die einen Schwangerschaftsabbruch hatte vornehmen lassen.[545] Zwar hatte sich die GmbH auf ihre Gewissensfreiheit aus Art. 4 Abs. 1 GG berufen, jedoch wird aus der Entscheidung deutlich, dass für die Gewissensfreiheit juristischer Personen, so denn sie anwendbar sein mag, die gleichen Maßstäbe gelten, wie für die Religionsfreiheit. In den Worten des BVerfG klingt dies wie folgt:

> „Für die Beschwerdeführerin – eine GmbH – gilt dieses Grundrecht [die Gewissensfreiheit] jedenfalls seinem Wesen nach nicht (Art. 19 III GG). [546] In der Literatur wird überwiegend die Auffassung vertreten, dass die Gewissenfreiheit juristischen Personen von Natur aus nicht zustehen kann [....].[547] Selbst wenn man auch juristischen Personen ein Gewissen und den Schutz seiner Betätigung nicht von vornherein absprechen will, wären die Grenzen zu beachten, die das BVerfG für die Grundrechtsfähigkeit juristischer Personen im Hinblick auf die religiös und weltanschaulich orientierten Schutzgüter des Art. 4 I und II GG entwickelt hat.[548] Danach ist entscheidend, ob die juristische Per-

543 BVerwGE 64, 196 (197).
544 BVerwGE 64, 196 (199).
545 *BVerfG*, NJW 1990, 241.
546 *BVerfG*, NJW 1990, 241 (241).
547 *BVerfG*, NJW 1990, 241 (241).
548 *BVerfG*, NJW 1990, 241 (241).

son zumindest auch eine religiöse oder weltanschauliche Zielsetzung verfolgt."[549]

Wie auch bereits in dem zuvor erwähnten Nichtannahmebeschluss des BVerfG aus dem Jahr 1977[550] wird im vorliegenden Beschluss deutlich, dass das BVerfG jeglichen ausschließlich wirtschaftlich orientierten juristischen Personen eine Berufung auf die Religionsfreiheit verwehrt. Ausschlaggebend dafür, den Grundrechtsschutz der Religionsfreiheit in Anspruch nehmen zu können, ist nach der bisherigen erörterten Rechtsprechung des BVerfG eine vorhandene religiöse oder weltanschauliche Zielsetzung.

3. Zwischenergebnis

Dieser dürftigen und noch dazu bereits älteren Datums entstammenden Rechtsprechung lässt sich mithin für die ausgangs gestellte Frage Folgendes entnehmen: Juristische Personen in der Form von Kapitalgesellschaften sind bekenntnisfremd und können daher auch nicht durch Glaubensentscheidungen beschwert sein. Kapitalgesellschaften haben mit Glaubensfreiheit nichts zu tun und können sich letztendlich auch nicht einmal auf die negative Religionsfreiheit berufen. Zu beachten ist immer die Grenze, die das BVerfG für die Grundrechtsfähigkeit juristischer Personen im Hinblick auf die Religionsfreiheit aufgestellt hat: das Vorhandensein einer religiösen Zielsetzung.

III. Ergebnis Teil 1-3

Die Grundrechtsfähigkeit juristischer Personen im Hinblick auf Art. 4 Abs. 1 und 2 GG ist unter Bezugnahme auf Art. 19 Abs. 3 GG zu bestimmen. Dies bedeutet, dass bei der Bestimmung der Grundrechtsfähigkeit einer juristischen Person im Einzelfall berücksichtigt werden sollte, was der Grund für die Grundrechtserstreckung ist, d.h. was das Wesen der Religionsfreiheit ist und insbesondere, wie die juristische Person im Einzelfall ausgestaltet ist.

---

549 *BVerfG*, NJW 1990, 241 (241).
550 BVerfGE 44, 103 f.

Die Religionsfreiheit knüpft als Menschenrecht in ihrer individuellen Komponente an das Individuum als denkendes und fühlendes Wesen an. Sie trägt dem Umstand Rechnung, dass der Mensch sich seine eigenen Vorstellungen von der Welt und dem Dasein macht und daraus für sich bindende Verhaltensrichtlinien ableitet. Sie dient damit dem Schutz der personalen Integrität des Einzelnen. Sie ist zum einen auf den Schutz der inneren Sphäre des Menschen ausgerichtet und zum anderen auf die religiöse Entfaltung in der Öffentlichkeit. Darüber hinaus ist sie aber auch darauf ausgerichtet, in ihrer kollektiven Komponente Gruppen zu Grundrechtsschutz zu verhelfen. Eine korporative Komponente ist anerkannt, wenn auch bisher nur für solche juristische Personen, die eine religiöse Ziel- und Zweckbestimmung haben. Das Wesen der Religionsfreiheit steht der Anwendung auf juristische Personen demnach nicht grundsätzlich entgegen. Insgesamt ist die Religionsfreiheit darauf ausgelegt, größtmöglichen Schutz religiöser Freiheit zu vermitteln. Dies zeigt sich bereits darin, dass sie unter keinem Gesetzesvorbehalt steht; mithin nur durch kollidierendes Verfassungsrecht einschränkbar ist.

Wendet man die Durchgriffstheorie an, so ist die Religionsfreiheit in all jenen Fällen anwendbar, in denen sich in der Bildung und Betätigung der juristischen Person die Entfaltung der Freiheiten der natürlichen Personen widerspiegelt und eine Einbeziehung der juristischen Person in den Schutzbereich im Hinblick auf die Freiheiten der mit ihr verknüpften natürlichen Personen sinnvoll und erforderlich erscheint. Das bedeutet nicht, dass die natürliche Person Grundrechtssubjekt wäre. Dies ist allein die juristische Person. Es wird aber dem Umstand Rechnung getragen, dass sich durch die Ausübung grundrechtlich gewährleisteter Freiheiten der natürlichen Personen neue und vielfältige Gefährdungslagen für eine hierdurch entstandene juristische Person ergeben können, der unmittelbar die juristische Person und nicht die natürliche Person ausgesetzt ist. Inwieweit hierbei der Grundrechtsschutz der juristischen Person demjenigen der natürlichen Person folgt und welche Kriterien zugrunde zulegen sind, bleibt in Teil 4 zu beantworten.

Nach der Rechtsprechung des Bundesverfassungsgerichts sind bestimmte Grundrechte von vorneherein nicht auf juristische Personen anwendbar. Die Religionsfreiheit gehört nicht dazu. Sie ist dennoch nach Ansicht des BVerfG nicht auf andere juristische Personen als solche anwendbar, die sich einem religiösen Zweck widmen. Trotzdem beinhaltet die Religionsfreiheit nach der Rechtsprechung des BVerfG das Recht, sein gesamtes Verhalten an den Lehren des jeweils für verbindlich angenommenen Glaubens auszurichten. Ob dies nicht einen Widerspruch darstellt, bleibt zu klären.

Teil 4 Ansätze für eine Erweiterung des Grundrechtsschutzes

„General business corporations cannot exercise religions because they do not pray, worship, observe sacraments or take other religiously-motivated actions separate and apart from the intention and direction of their individual actors“.[551]

Als freiheitliche Rahmenordnung hat die Verfassung der Religionsfreiheit des Bürgers hinreichend Raum zur Entfaltung zu geben, auf allen Feldern der Gegensätzlichkeit staatlichen und religiösen Wirkens; (...).[552]

I. Einführung

Es ist fraglich, ob eine pauschale Absage an die Religionsfreiheit von juristischen Personen ohne religiöse Zielsetzung haltbar ist oder nicht vielmehr für bestimmte Gesellschaftsformen eine solche nachvollziehbar begründet werden kann. Religionsgemeinschaften und Kirchen sowie selbstständige Einrichtungen dieser können sich, sofern deren Status als solche unbestritten ist, ohne Weiteres auf die Religionsfreiheit berufen.[553] Um eben diese unproblematischen Fälle geht es aber nicht. Vielmehr geht es um die Religionsfreiheit von juristischen Personen, deren Träger zwar religiös sind, die aber selbst keine oder zumindest keine primäre religiöse Zielsetzung verfolgen und darüber hinaus gewinnorientiert arbeiten. *Rüfner* spricht insoweit von „neutralen juristischen Personen“[554].

Die Frage, die sich aus den soeben gemachten Überlegungen ergibt, ist, ob das Merkmal, dass eine juristische Person keine religiöse Zielsetzung verfolgt, aber dennoch glaubhaft machen kann, dass sie religiös ist, aus-

---

551 *Hobby Lobby Stores Inc. v. Sebelius*, 870 F. Supp. 2d (W.D. Okla. 2012), S. 1291 f.

552 *Droege*, in: Hildebrandt/Brocker, Der Begriff der Religion, S. 162.

553 Vgl. u.a. BVerfGE 19, 1 (5); 24, 236 (246); 42, 312 (322 f.); 53, 366 (387); 66, 1 (22).

554 *Rüfner*, in: HStR Bd. IX, § 196, Rn. 76; *Scholtissek* verwendete hierfür bereits den Begriff der „religiös indifferenten juristischen Personen“, in: Essener Gespräche Bd 3, S. 96 (128 f.).

schlaggebend sein kann, um eine juristische Person gänzlich vom Geltungsbereich des Art. 4 Abs. 1 und 2 GG ausnehmen zu können.

Vorgelagert wird es um die Frage gehen, wie überhaupt der Glaube einer juristischen Person hinreichend festgestellt werden kann; d. h., ob und inwieweit die natürlichen Personen hierfür ausschlaggebend sind.

Lediglich die wirtschaftliche Betätigung und insbesondere die Wahl einer bestimmten Rechtsform, die auf eine Profitorientierung schließen lässt, sind nicht geeignet, von vornherein eine Berufung auf die Religionsfreiheit zu versagen. Insbesondere ist es geltendes Recht, dass zur Verfolgung religiöser Zwecke nicht etwa nur der Idealverein, sondern auch die Gesellschaft mit beschränkter Haftung oder etwa eine Aktiengesellschaft in Betracht kommen.[555] Auch der Rang der Religionsfreiheit ist ein Indiz dafür, einer auf den ersten Blick bekenntnisfremden, nur auf wirtschaftliche Ziele ausgerichteten juristischen Person die Berufung auf Art. 4 GG nicht schlechthin zu versagen.[556]

Für die Grundrechtssubjektivität der einzelnen juristischen Person ist es ausschlaggebend, ob der Schutzbereich oder einzelne Elemente des Schutzbereichs der Religionsfreiheit die juristische Person als potentiell Berechtigte ansprechen.[557] Zwar wird eine Betrachtung anhand der gängigsten Personengesellschaften beziehungsweise juristischen Personen vorgenommen. Jedoch geht es vor allem darum, eine allgemeine Vorgehensweise zu entwickeln, um eine derartige Grundrechtsfähigkeit zu bestimmen.

Die vorzunehmende Unterscheidung zwischen Personengesellschaften und juristischen Personen knüpft wiederum an das Privatrecht an. Bei der juristischen Person handelt es sich um eine „Person", wohingegen der Begriff der Personengesellschaft nicht an eine Person anknüpft, sondern bereits den wertungsmäßigen Unterschied in sich trägt, dass bei den Personengesellschaften der personelle Zusammenschluss und bei der juristischen Person die neu entstandene Person im Vordergrund steht.

Bei einer ersten Betrachtung wäre es durchaus vorstellbar, eine Religionsfreiheit juristischer Personen auszuschließen. Wie soll eine juristische Person glauben oder bekennen? Wie soll sie an Gottesdiensten teilnehmen oder beten und insoweit Religion auch nur ausüben?

Dass dies grundsätzlich möglich ist, hat das Bundesverfassungsgericht aber in dem Moment entschieden, in dem es den Kirchen und Religionsgemeinschaften eine Berufung auf die Religionsfreiheit erlaubt hat. Das

---

555 *Rüfner*, in: HStR Bd. IX, § 196, Rn. 76.
556 *Rüfner*, in: HStR Bd. IX, § 196, Rn. 76.
557 *Bethge*, AöR 104, 54 (76).

bedeutet, dass es - auch nach der Rechtsprechung des BVerfG - grundsätzlich dem Wesen der Religionsfreiheit entsprechen kann, dass sich juristische Personen auf die Religionsfreiheit berufen. Wenn eine derartige Berufung überhaupt nicht mit dem Wesen der Religionsfreiheit vereinbar wäre, könnten sich auch Religionsgemeinschaften und religiöse Vereine nicht auf das Grundrecht berufen. Das Wesen der Religionsfreiheit im Sinne des Art. 19 Abs. 3 GG muss es mithin beinhalten, auch juristische Personen schützen zu wollen. Da hiermit aber entschieden wurde, dass juristischen Personen grundsätzlich eine Berufung auf die Religionsfreiheit möglich ist, gilt es im zweiten Teil dieser Arbeit zu erarbeiten, warum diese Berufung nur bestimmten juristischen Personen zukommen soll beziehungsweise was derartige Unterschiede sind, die eine solche Differenzierung rechtfertigen könnten. Konkret bedeutet dies die Beantwortung folgender Frage: Welche Wesensmerkmale der Religionsfreiheit beziehungsweise der juristischen Person könnten der Berufung auf die Religionsfreiheit entgegenstehen? Welche Kriterien sind anzulegen?

II. Vorliegen einer wirtschaftlichen/unternehmerischen Tätigkeit als Ausschlusskriterium

„*Once you enter the business world, you can't think about religion in the same way*“[558]

Der größte Unterschied zwischen den von der Rechtsprechung anerkannten juristischen Personen als Träger der Religionsfreiheit ist das Maß der wirtschaftlichen Betätigung. Zunächst muss man sich mithin überlegen, ob bereits das Nachgehen einer wirtschaftlichen/unternehmerischen Tätigkeit dazu führt, dass eine Gesellschaft sich nicht auf die Religionsfreiheit berufen kann. Dies wäre zumindest im Einklang mit der derzeitigen Rechtsprechung des Bundesverfassungsgerichts, wonach sich juristische Personen nicht auf die Religionsfreiheit berufen können, sofern sie lediglich wirtschaftlich tätig sind und keine religiöse Ziel- und Zwecksetzung verfolgen.

558 *Gans*, in: Religious Liberties for Corporations?, S. 20 f., der sich an einem Zitat aus *United States v. Lee* 455 US 252 (1982) orientiert.

1. Beurteilung durch die Rechtsprechung

Fest steht, dass nicht jede wirtschaftliche Betätigung einer Religionsgemeinschaft dazu führt, dass der Gemeinschaft der Schutz aus Art. 4 Abs. 1 und 2 GG zu versagen ist.[559] Grundsätzlich dürfen sich auch Religionsgemeinschaften in einem gewissen Maße wirtschaftlich betätigen. Dies zeigt bereits der Fall des konfessionellen Krankenhauses in der Rechtsform der GmbH. Nach der Rechtsprechung des Bundesverfassungsgerichts und der überwiegenden Stimmen in der Literatur ist jedoch nur ein gewisses Maß an wirtschaftlicher Betätigung unschädlich für die Religionsfreiheit juristischer Personen. Bei einem Maß an wirtschaftlicher Betätigung, hinter dem religiöse Ziele völlig zurücktreten, wird das Verhalten der betroffenen juristischen Person nicht mehr als vom Schutzbereich der Religionsfreiheit erfasst angesehen.[560]

Dass die Höhe der Einnahmen und damit auch das Maß an wirtschaftlicher Betätigung nicht allein ausreichend ist, eine Religionsgemeinschaft aus dem Schutzbereich des Art. 4 Abs. 1 und 2 GG auszuschließen beziehungsweise ihr die Anerkennung als Religionsgemeinschaft zu versagen, zeigt sich am „Wirtschaftsunternehmen Kirche“.[561] Zu der wirtschaftlichen Betätigung muss mithin noch etwas hinzu kommen, um die Berufung auf die Religionsfreiheit in Frage stellen zu können. Entscheidend ist hierbei nicht, wie viele finanziellen Mittel die juristische Person aufwendet, sondern, welcher Zweck hinter der Verwendung finanzieller Mittel steht.[562]

Wie bereits festgestellt, muss nach derzeitiger Rechtsprechung der Schwerpunkt der Betätigung einer Gemeinschaft in der Förderung und Pflege eines religiösen beziehungsweise weltanschaulichen Bekenntnisses liegen, damit ihr der Schutz des Art. 4 Abs. 1 und 2 GG zukommt.[563] Eine

---

559 Vgl. u.a. BVerfGE 24, 236 (247); BVerwGE 90, 112 (116 f.).

560 BVerwGE 90, 112 (116); *Germann*, in: Epping/Hillgruber BeckOK GG, Art. 4, Rn. 25.

561 Handelsblatt 7.1.2007, In Gottes Wirtschaftsreich https://www.handelsblatt.com/unternehmen/industrie/kirchliche-betriebe-in-gottes-wirtschaftsreich/2752892.html?ticket=ST-125137-ipAhwOZg77GTzQs1jbW2-ap4 ; Süddeutsche 23. November 2011, Mit gutem Glauben wirtschaften https://www.sueddeutsche.de/wirtschaft/unternehmen-der-kirche-mit-gutem-glauben-wirtschaften-1.1196903 ; Zeit Online 6.10.2011, Konzern Kirche https://www.zeit.de/2011/41/Konzern-Kirche (sämtliche Verweise zuletzt abgerufen am 23.3.2020).

562 *Diringer*, Wirtschaftliche Betätigung und grundrechtlicher Schutz, NVwZ, 2004, 1312 (1315).

563 Siehe Fn. 495.

solche Gemeinschaft kann und muss sich mitunter auch wirtschaftlich betätigen. Zu der Frage, wann eine wirtschaftliche Betätigung den Schutzbereich des Art. 4 Abs. 1 und 2 GG sprengt, hat das BVerwG bereits im Jahr 1992 in einer Entscheidung zur Verfassungswidrigkeit der staatlichen Förderung eines Vereins zur Öffentlichkeitsaufklärung über neue religiöse Bewegungen[564] Aussagen getroffen, die bis heute grundlegende Bedeutung haben. Geklagt hatten die Meditationsvereine der von dem Inder Osho-Rajneesh (früher Bhagwan) gegründeten Osho-Bewegung. Im 1. Leitsatz des Urteils heißt es,

> eine Gemeinschaft wird nicht durch das Grundrecht der Religions- und Weltanschauungsfreiheit geschützt, wenn ihre religiösen oder weltanschaulichen Lehren nur als Vorwand für die Verfolgung wirtschaftlicher Zwecke dienen. Dagegen entfällt der Schutz dieses Grundrechts nicht schon dann, wenn sie sich „überwiegend" wirtschaftlich betätigt."[565]

Vertiefend führt das BVerwG im weiteren Verlauf aus:

> „Zu einem vollständigen Entzug des Grundrechtsschutzes besteht auch dann kein hinreichender Anlass, wenn die wirtschaftliche Betätigung eine solche Bedeutung erlangt, dass die gemeinschaftliche Pflege von Religion oder Weltanschauung in den Hintergrund tritt.[566] Erst dann, wenn die Lehren Osho-Rajneeshs als Vorwand für eine wirtschaftliche Betätigung dienen, die Bewegung also in Wahrheit ausschließlich wirtschaftliche Interessen verfolgt, die mit ideellen Zielen bloß verbrämt sind, ist der Schutz des Art. 4 Abs. 1 und 2 GG zu versagen.[567]

Anders sieht es hingegen *Frhr. von Campenhausen*, der davon ausgeht, dass ein Schutz bereits dann zu versagen und von einem rein wirtschaftlich ausgerichteten Unternehmen auszugehen sei, wenn die wirtschaftliche Tätigkeit überwiege. Wirtschaftliche Tätigkeit könne keine Religionsausübung sein und damit nicht unter den Schutzbereich des Art. 4 GG fallen.[568] Ebenso wenig könne eine wirtschaftliche Tätigkeit den Schutz der Religionsfreiheit dadurch erhalten, dass die mit der wirtschaftlichen Tätigkeit

564 BVerwGE 90, 112.
565 BVerwGE 90, 112 (116).
566 BVerwGE 90, 112 (116f.).
567 BVerwGE 90, 112 (118).
568 *von Campenhausen/de Wall*, Staatskirchenrecht, § 12, S. 81.

verfolgten Zwecke dafür gedacht sind, eine Religionsgemeinschaft zu unterstützen. Einem wirtschaftlichen Tätigsein könne keine religiöse Sinngebung zukommen.[569] Ausschlaggebend könne nur sein, was sich nach objektiven Gesichtspunkten als der primäre Zweck der Gesellschaft herausstelle.[570]

Festzuhalten ist mithin, dass die geltende Rechtsprechung und die Literatur der wirtschaftlichen Betätigung von Religionsgemeinschaften kritisch gegenüberstehen, wenn dadurch der eigentliche Zweck von Religionsgemeinschaften, die Pflege und Förderung des religiösen Lebens der Mitglieder, in den Hintergrund tritt. Die wirtschaftliche Betätigung muss Mittel zum Zweck religiöser Betätigung sein und bleiben. Sobald die wirtschaftliche Betätigung nicht mehr Mittel zum religiösen Zweck ist, sondern andersherum der religiöse Zweck für eine wirtschaftliche Betätigung missbraucht wird, ist eine Berufung auf die Religionsfreiheit ausgeschlossen.[571]

Folgt man dieser Argumentation, ist es unmöglich, eine Religionsfreiheit von Kapitalgesellschaften zu begründen. Eine überwiegende wirtschaftliche Tätigkeit ist bei jeder Kapitalgesellschaft gegeben. Auch erfolgt diese gerade zum Selbstzweck der wirtschaftlichen Betätigung. Man kommt jedoch nicht umhin sich zu fragen, ob das Ausschließen einer Kapitalgesellschaft aus dem Schutzbereich der Religionsfreiheit mit dem Sinn und Zweck des Art. 19 Abs. 3 GG und damit dem Sinn und Zweck der Grundrechtsberechtigung juristischer Personen, zu denen eben auch und gerade Kapitalgesellschaften gehören, vereinbar ist.

2. Bewertung

Dass eine solche Absage an die Berufung auf die Religionsfreiheit im Bereich der wirtschaftlichen Tätigkeit fragwürdig erscheint, zeigt sich im Folgenden. Zum Einstieg eignet sich folgender fiktiver Fall:

> Der Einzelkaufmann E betreibt einen Supermarkt. Vom Staat wird ihm die Pflicht auferlegt, für seine Mitarbeiter Krankenkassenbeiträge abzuführen. Von diesen Beiträgen wird es den Mitarbeiterinnen ermöglicht, Verhütungsmittel und andere eine Schwangerschaft verhin-

569 *von Campenhausen/de Wall*, Staatskirchenrecht, § 12, S. 81; § 15, S. 117.
570 *von Campenhausen/de Wall*, Staatskirchenrecht, § 12, S. 81.
571 *Germann*, in: Epping/Hillgruber BeckOK GG, Art. 4, Rn. 25.

dernde Mittel, wie beispielsweise die „Pille danach" zu erwerben. Da E ein gläubiger Christ ist und sich so gezwungen sieht, mittelbar an der Verhinderung der Entstehung bzw. der Vernichtung bereits entstandenen menschlichen Lebens mitzuwirken, erhebt er, als Einzelkaufmann, unter Berufung auf die Religionsfreiheit, Verfassungsbeschwerde zum BVerfG.

Kaufmann im Sinne des § 1 Abs. 1 HGB ist, wer ein Handelsgewerbe betreibt. Betreiber und damit Inhaber kann eine natürliche Person, eine juristische Person oder eine Gesamthandsgemeinschaft sein.[572] Die natürliche Person liegt als Einzelkaufmann dem Leitbild des HGB zugrunde.[573] Von diesem Leitbild ist vorliegend auszugehen. Die Ausführungen im Rahmen dieses Absatzes beziehen sich demnach auf den Einzelkaufmann als natürliche Person. Niemand würde aber wohl für den geschilderten Fall behaupten wollen, dass sich E nicht im Rahmen einer gegen die staatliche Regelung erhobenen Verfassungsbeschwerde auf die Religionsfreiheit berufen könnte, „nur", weil es sich um Regelungen handelt, die ihn in seiner Eigenschaft als Kaufmann und damit im Zusammenhang mit seiner unternehmerischen Tätigkeit treffen. Zwar mag es fraglich sein, ob eine derartige Beschwerde nicht im Rahmen der Verhältnismäßigkeit aufgrund einer Interessenabwägung scheitern würde. Jedoch ist dies nicht relevant für die vorgelagerte Frage der Eröffnung des persönlichen Schutzbereichs.

Als natürliche Person steht dem Einzelkaufmann die Religionsfreiheit originär zu und dies muss unabhängig davon gelten, ob ihn die Beschwer im Privatbereich oder im Bereich seiner unternehmerischen Tätigkeit trifft.[574] Allein das Vorliegen einer wirtschaftlichen oder unternehmerischen Tätigkeit kann nicht ausschlaggebend sein, um die Religionsfreiheit zu versagen. Wirtschaften und Glaube schließen einander nicht aus. Dem Menschen steht es zu, sein gesamtes Verhalten an den Lehren eines Glaubens auszurichten.[575] Damit muss aber sein Verhalten als Unternehmer beziehungsweise Einzelkaufmann ebenso gemeint sein, wie sein Verhalten als Privatperson. Die Religionsfreiheit kann sich nicht voll entfalten, wenn sie bedeuten würde, Halt vor der unternehmerischen und beruflichen Tätigkeit des Individuums zu machen.[576].

---

572 *Schwartze*, in: Häublein/Hoffmann-Theinert BeckOK HGB, § 1, Rn. 37.

573 *Schwartze*, in: Häublein/Hoffmann-Theinert BeckOK HGB, § 1, Rn. 38.

574 So auch *Martorana*, 7 Faulkner L. Rev. 319, 334 (2015-2016); *Shapiro*, in: Religious Liberties for Corporations? S. 19 f.

575 *Masterpiece Cakeshop, Ltd. v. Colorado Civil Rights Commission*, 584 U.S. (2018).

576 Vgl. auch *Colombo*, The Naked Private Square, 51 Hous. L. Rev. 1 (2013).

Diesen Schluss ließ der Supreme Court bereits im Jahr 1882 in der Entscheidung *United States v. Lee* aufkommen.[577] Edwin Lee, ein Angehöriger der Amish People und Besitzer einer Farm und einer Tischlerei, klagte gegen gesetzliche Bestimmungen zur Zahlung von Steuern. Diese Regelungen würden ihn in seinem Recht auf Religionsfreiheit aus dem 1. Zusatzartikel der amerikanischen Verfassung verletzen. Zwar entschied der Supreme Court, dass keine Verletzung der Religionsfreiheit gegeben sei. Jedoch erfolgte diese Entscheidung nicht bereits auf der Anwendungsebene.

Ebenso entschied der Supreme Court im Jahr 1961 in seiner Entscheidung *Braunfeld v. Brown*. Beschwerdeführer war unter anderem Abraham Braunfeld, ein orthodoxer Jude aus Philadelphia.[578] Beschwerdegegenstand war das *Pennsylvania Criminal Statute* aus dem Jahr 1959, das den Verkauf bestimmter aufgelisteter Waren an Sonntagen verbietet. Da es der Glauben der Beschwerdeführer jedoch von ihnen verlangte samstags ihre Geschäfte ruhen zu lassen, sahen sie sich durch diese Regelung in ihrer Religionsfreiheit verletzt und gegenüber anderen Wettbewerbern benachteiligt.[579] Ohne auch nur darauf einzugehen, ob gegebenenfalls die rein profitorientierte Tätigkeit der Kaufmänner ein Hindernis sein könnte, sich auf die Free Exercise Clause zu berufen, entschied der Supreme Court über die Beschwerde. Zwar bekamen die Beschwerdeführer kein Recht, jedoch ist dies für die vorliegende Betrachtung irrelevant, da ausschlaggebend hier lediglich ist, dass die unternehmerische Tätigkeit mit keinem Wort erwähnt wurde, um die Beschwerdefähigkeit der Beschwerdeführer in Frage zu stellen.

Auch ein ganz aktueller Fall des Supreme Court zeigt die Tendenz des Gerichts dahingehend, einer Person, die sich in einem Bereich auf die Religionsfreiheit beruft, der gleichzeitig Kern einer wirtschaftlichen Tätigkeit ist, den Schutz der Religionsfreiheit des 1. Zusatzartikels der amerikanischen Verfassung nicht zu versagen. In dem Fall *Masterpiece Cakeshop, Ltd.*

---

577 *United States v. Lee* 455 U.S. 252 (1882).

578 Braunfeld führte sein Geschäft als „sole proprietorship", in den USA die weitverbreitetste und einfachste Form, ein Geschäft zu führen. Zwischen der Rechtsform und der natürlichen Person besteht keine Trennung (ein sogenanntes „unincorporated business"). Die natürliche Person ist für die Geschäftsführung zuständig und ebenso persönlich haftbar für sämtliche Geschäftsverbindlichkeiten. Insoweit ist es vergleichbar mit einem Kaufmann im deutschen Recht. Vgl. für weitere Informationen https://www.sba.gov/content/sole-proprie torship (zuletzt besucht am 23.3.2020).

579 *Braunfeld v. Brown*, 366 U.S. 599, (1961).

v. Colorado Civil Rights Commission[580], der am 4. 6. 2018 entschieden wurde, hatte ein Bäcker gegen die Entscheidung der Kommission geklagt, seine Weigerung, für ein homosexuelles Paar eine Hochzeitstorte zu gestalten, verstoße gegen die Antidiskriminierungsgesetze des Staates Colorado. Die Kommission war unter anderem der Ansicht, die Berufung auf die Religionsfreiheit sei ohnehin deshalb ausgeschlossen, da der Kläger sich entschieden habe, einer profitorientierten Arbeit nachzugehen.[581] Der Supreme Court hingegen ist auch in diesem neueren Urteil der Ansicht, dass der Berufung auf die Religionsfreiheit keine Hindernisse entgegenstehen. Nicht erwähnt wird vom Gericht insbesondere, dass die Bäckerei als „Ltd.", d.h. als „Limited"[582] organisiert ist und damit als Kapitalgesellschaft, deren Gründer und Betreiber alleine der Kläger ist. In der deutschen Rechtsprechung wäre ein Berufung auf die Religionsfreiheit wohl schon aus dem Grund dieser Inkorporierung abgelehnt worden.[583]

Der britische Supreme Court musste sich im Jahr 2018 bereits mit einer vergleichbaren - zumindest was die Kläger betrifft - Fragestellung auseinandersetzen.[584] In dem Fall *Lee v. Ashers Baking Company Ltd. and others* hatte er darüber zu entscheiden, ob sich eine Bäckerei aus religiösen Gründen weigern durfte, eine Torte mit der Aufschrift „Support Gay Marriage" zu gestalten.[585] Es handelte sich bei den Klägern ebenfalls um eine als Limited organisierte Bäckerei. Der britische Supreme Court entschied in diesem

580 *Masterpiece Cakeshop, Ltd. v. Colorado Civil Rights Commission*, 584 U.S. (2018).

581 „If a businessman wants to do business in the state and he's got an issue with the law's impacting his personal belief system, he needs to look at being able to compromise.", *Masterpiece Cakeshop, Ltd. v. Colorado Civil Rights Commission*, 584 U.S. (2018), S. 13.

582 Bei der Limited handelt es sich um eine Kapitalgesellschaftsform, die vergleichbar mit der GmbH bzw. der UG (Unternehmergesellschaft) ist, s. hierzu *Römermann*, Die Limited in Deutschland - eine Alternative zur GmbH?, NJW 2006, 2065.

583 Vgl. hierzu die Ausführungen in Kapitel 2 Teil 3 sowie weitergehend die Ausführungen zur Einmann-GmbH unter Kapitel 2 Teil 4 III. 1. c. cc. (1).

584 Der britische Supreme Court betont in seiner Entscheidung, dass diese inhaltlich nicht mit der des US-Supreme Court im Fall *Masterpiece Cakeshop, Ltd. v. Colorado Civil Rights Commission* vergleichbar sei. Während sich Ashers Baking Company nicht gegen das Backen einer Torte für den homosexuellen Mr. Lee an sich gewandt habe, sondern „nur" gegen die Aufschrift „Support Gay Marriage", sei es der Masterpiece Cakeshop Ltd. darum gegangen, für homosexuelle Pärchen an sich keine Torten zu backen; *Lee v. Ashers Baking Company Ltd. and others*, UKSC 2017/0020, Rn. 59 ff. (abrufbar unter: https://www.supremecourt.uk/cases/docs/uksc-2017-0020-judgment.pdf, zuletzt besucht am 23.3.202).

585 *Lee v. Ashers Baking Company Ltd. and others*, UKSC 2017/0020.

Fall, entgegen der Auffassung der Vorinstanzen, dass weder eine Diskriminierung aus politischen oder religiösen Gründen noch aufgrund der sexuellen Orientierung von Mr. Lee durch die Weigerung der Bäckerei gegeben sei.

In diesem Zusammenhang setzte sich der britische Supreme Court auch mit dem in Art. 9 Abs. 1 EMRK verankerten Recht auf Religionsfreiheit und - wenn auch nur knapp - der Rechtsprechung der europäischen Menschenrechtskommission zur Religionsfreiheit von juristischen Personen auseinander. Zwar verweist er auf die Rechtsprechung der Europäischen Kommission für Menschenrechte, nach der sich juristische Personen nicht auf Art. 9 Abs. 1 EMRK berufen können. Jedoch stellt er im darauffolgenden Satz fest, dass eine Verurteilung der juristischen Person in diesem Fall dazu geführt hätte, den hinter der juristischen Person stehenden natürlichen Personen, nämlich den McArthurs, ihre Rechte unter der EMRK zu verwehren.[586] Durch die Entscheidung zugunsten der Bäckerei anerkenne das Gericht die Rechte der McArthurs aus Art. 9 Abs. 1 der EMRK.[587] Auch der britische Supreme Court deutet mithin in diesem Fall eine Verknüpfung zwischen den Rechten der juristischen Person und denen der dahinter stehenden natürlichen Personen an.

Ein vergleichbarer Fall ist auch in Deutschland bereits entschieden worden.[588] Einem muslimischen Metzger war im Ausgangsverfahren eine Ausnahme vom Betäubungsgebot des § 4a Abs. 1 Tierschutzgesetz (TierSchG) versagt worden. Das BVerfG hat zwar nicht unmittelbar auf die Religionsfreiheit abbestellt. Dennoch ist nach Ansicht des BVerfG das Schächten Ausdruck der religiösen Grundhaltung des Beschwerdeführers. Dem sei, auch wenn das Schächten selbst kein Akt der Religionsausübung sei, dadurch Rechnung zu tragen, dass der Schutz der Berufsfreiheit des Beschwerdeführers aus Art. 2 Abs. 1 GG (da es sich bei dem Metzger um einen türkischen Staatsangehörigen handelte) durch den speziellen Freiheitsgehalt des Grundrechts der Religionsfreiheit aus Art. 4 Abs. 1 und 2 GG verstärkt werde.[589] Darüber, dass die Versagung der Ausnahmegeneh-

---

586 „In this case, however, to hold the company liable when the McArthurs are not would effectively negate their convention rights.“; *Lee v. Ashers Baking Company Ltd. and others*, UKSC 2017/0020, Rn. 57.

587 „In holding that the company is not liable, this court is not holding that the company has rights under article 9; rather, it is upholding the rights of the McArthurs under that article.“; *Lee v. Ashers Baking Company Ltd. and others*, UKSC 2017/0020, Rn. 57.

588 BVerfGE 104, 337.

589 BVerfGE 104, 337 (346).

migung den Metzger in seiner beruflichen Sphäre und damit dem Bereich des Wirtschaftens getroffen hat, hat das BVerfG keinen Ton verloren.

Im Grundsatz ist daher festzuhalten, dass das Vorliegen einer unternehmerischen oder wirtschaftlichen Tätigkeit für sich genommen kein Hindernis sein kann, um sich auf die Religionsfreiheit berufen zu können.[590] Neben den Kirchen, Religionsgemeinschaften und religiösen Vereinen bestehen bereits jetzt Fallgestaltungen, in denen Individuen am Wirtschaftsverkehr teilnehmen und in diesem Bereich für sich die Religionsfreiheit in Anspruch nehmen können.

Man muss sich dann aber die Frage stellen, ob die juristische Person an sich dafür ein Hindernis darstellen kann.[591]

---

590 So auch *Scolnicov* für die Anwendung von Menschenrechten auf juristische Personen im Allgemeinen, Do Corporations have Human Rights?, Lifelike and Lifeless in Law, 1 (16); *Martorana* bemüht im Hinblick auf die Religionsfreiheit folgenden Vergleich: „This [the distinction between for-profit and non-profit] is analogous to saying that only priests and nuns can have their religious exercise protected while lay people are not free to exercise religion because they have decided to make a profitable livelihood.", 7 Faulkner L. Rev. 319, 334 (2015-2016).

591 Vgl. des Weiteren für die amerikanische Seite u.a. die Formulierung von *Sepinwall*, 5 Harv. Bus. L. Rev. 173, 183 (2015): „In sum, if the corporation is unfit to exercise religion, this cannot be because adhering to religious precepts can form no part of any for-profit corporation's purpose. It must be instead because the corporation is not the kind of entity that can be religious in the first instance."; ebenso *Shapiro*, in: Religious Liberties for Corporations? S. 19 f.: „ I think that, again, it's not a matter of when you're engaging in commercial activity [...] because there are a host of other types of religious businesses - say Christian bookstores - that are involved in commercial activity. Even the Catholic Church is involved in commercial activity to an extent. I guess there must be something peculiar to this corporate form [...]."

III. Fehlende „Menschlichkeit" als Ausschlusskriterium

„[...] Individuals may incorporate for religious reasons and keep their Free Exercise rights, and unincorporated individuals may pursue profit while keeping their Free Exercise rights. The Problem,[...] it appears, is when individuals incorporate and fail to satisfy Internal Revenue Code § 501 (c) (3)[592]*. At that point, Free Exercise rights somehow disappear."*[593]

1. Grad der individuellen Betroffenheit - Bewertung anhand der Durchgriffstheorie

Als mögliches Hindernis der Religionsfreiheit juristischer Personen kommt die vermeintlich fehlende Menschlichkeit derartiger Konstrukte in Betracht. Die Religionsfreiheit ist eng mit dem Individuum und der Identität der natürlichen Person verbunden. Sie knüpft an die persönliche Integrität des Einzelnen an. Eine „Person", die es nur gibt, weil das einfache Recht ihr durch bestimmte organisationsrechtliche Bestimmungen Leben einhaucht, kann selbst nicht fühlen, denken oder sich in Gewissensfragen beschwert fühlen. Ist in derartigen Konstellationen überhaupt eine Identität vorhanden? Die Anwendbarkeit eines Grundrechts, das aber an eben diese menschlichen Eigenschaften anknüpft, könnte daher an der fehlenden Menschlichkeit des Konstrukts „juristische Person" scheitern. So scheint es.

Allein auf die Rechtsformwahl kann es aber bereits deshalb nicht ankommen, da sich ja unstreitig bestimmte Arten von Organisationsformen auf die Religionsfreiheit berufen können. Dies sind die oben genannten Fallgruppen der Religionsgemeinschaften, selbstständigen Einrichtungen einer Religionsgemeinschaft sowie religiöse Vereine. Insbesondere selbstständige Einrichtungen der Kirchen oder Religionsgemeinschaften sind aber auch als juristische Personen des Privatrechts, man vergleiche das konfessionelle Krankenhaus in der Rechtsform der GmbH, organisiert. Dieselbe Rechtsform kann somit in einem Zusammenhang vollkommen

592 Der Internal Revenue Code ist ein Teil der US Bundessteuergesetze und enthält in § 501 (c) (3) Ausnahmen für Organisationen mit bestimmten Zwecken wie etwa „chartibale" , „religious" oder „educational". Sämtliche Ausnahmen sowie Informationen hierzu sind einsehbar auf der Seite des Internal Revenue Service: https://www.irs.gov/charities-non-profits/charitable-organizations/exempt-purposes-internal-revenue-code-section-501c3 (zuletzt besucht am 23.3.2020).

593 *Hobby Lobby Stores v. Sebelius*, No. 12-6294 (10th Cir. 2013), S. 38.

bekenntnisfremd und in einem anderen Zusammenhang aufgrund der Eingliederung in eine Kirche oder aufgrund einer religiösen Zwecksetzung Trägerin der Religionsfreiheit sein. Die Rechtsform als solche mag zwar zunächst einen Anhaltspunkt geben, sie kann aber nicht alleiniges Entscheidungskriterium sein.[594]

Folgt man der Durchgriffstheorie, so erlangt die juristische Person Menschlichkeit über die natürlichen Personen, die mit ihr verbunden sind. Wenn das BVerfG sagt, dass eine Grundrechtsberechtigung der juristischen Person insbesondere dann in Betracht kommt, „wenn die Bildung und Betätigung der juristischen Person Ausdruck der freien Entfaltung der natürlichen Personen sind und der Durchgriff auf die dahinter stehenden Menschen eine Grundrechtsberechtigung als sinnvoll und erforderlich erscheinen lässt",[595] so ist dies vielleicht im Hinblick auf die Religionsfreiheit so auszulegen, dass die Bildung und Betätigung der juristischen Person gerade Ausdruck der freien Entfaltung der natürlichen Personen im jeweils relevanten Grundrechtsbereich, hier also gerade im Bereich der Religionsausübung sein muss. Dies würde erklären, warum sich die genannten Fallgruppen auf die Religionsfreiheit berufen können und andere nicht. Eine GbR, die beispielsweise von Rechtsanwälten gegründet wird, ist danach nicht Ausdruck der freien Entfaltung der Religionsfreiheit der Anwälte, sondern ihrer Berufsfreiheit oder der allgemeinen Handlungsfreiheit.

Relevantes Unterscheidungsmerkmal zwischen den juristischen Personen, die sich auf die Religionsfreiheit berufen können, und denen, die dies nicht können, wäre nach dieser Überlegung, dass in einem religiösen Verein, einer Religionsgemeinschaft oder deren selbstständigen Einrichtungen Leute versammelt sind, die demselben Glauben angehören und insoweit im Rahmen der Organisationsform ihrem Glauben im Leben Ausdruck verleihen. *Alleiniger* Zweck der Organisationseinheit ist es, dem Einzelnen zur Verwirklichung individueller Freiheiten, in diesem Fall der Glaubensverwirklichung, zu helfen. Die Bildung und Betätigung einer derartigen juristischen Person wäre Ausdruck der freien Entfaltung der natürlichen Personen im Bereich der Religionsfreiheit.

Nichtsdestotrotz wirft einen dieses Unterscheidungsmerkmal letztlich auch zurück auf das Individuum als Ursprung der Grundrechtsfähigkeit juristischer Personen und das Erfordernis eines personalen Substrats als entscheidendes Kriterium. Eben jenes personale Substrat, muss es auch

---

594 *Badura*, DÖV 1990, 353 (354).
595 BVerfGE 21, 362 (369).

nach der hiesigen These zunächst ein homogenes sein, ist aber auch bei juristischen Personen zu finden, die vielleicht nicht originär zu dem Zweck der gemeinsamen Religionsausübung gegründet wurden. Es sind verschiedenste Situationen denkbar, in denen die Gründung und Betätigung einer Gesellschaft nicht originär zur Verwirklichung der Religionsfreiheit erfolgt, in denen der wirtschaftlichen Tätigkeit der juristischen Person eine Religiosität jedoch immanent ist.

Man denke beispielsweise an einen Buchladen, der ausschließlich Bücher christlicher Verlage verkauft. Würde die Thalia Bücher GmbH beispielsweise nur Bücher christlicher Verlage sowie Gottesdienstzubehör verkaufen und wäre sie durch eine gesetzliche Regelung gezwungen, Bücher zu verkaufen, deren Inhalte nicht mit ihren Glaubensüberzeugungen übereinstimmten, könnte sich dann die GmbH nicht auf ihre Religionsfreiheit berufen, obwohl eine Nähe der gesamten von ihr getätigten Geschäfte zu einer Religion offensichtlich wäre? Was wäre mit einer Metzgerei in der Rechtsform einer GmbH, die nur aus muslimischen Metzgern besteht, nur muslimische Kunden beliefert und auch nur koscheres Fleisch herstellt. Soll sie sich in Bezug auf eine Ausnahme vom Verbot des Schächtens nicht auf die Religionsfreiheit berufen können?

Genau dies hatte das BVerfG bereits zu entscheiden. Drei Tage nachdem das BVerfG über die in einem früheren Teil der Arbeit erwähnte Verfassungsbeschwerde des muslimischen Metzgers entschieden hat,[596] musste es sich mit einer Verfassungsbeschwerde auseinandersetzen, die ebenfalls die Ablehnung eines Antrags, Schlachtungen nach islamischem Ritus durchführen zu dürfen, zum Beschwerdegegenstand hatte.[597] Anders als bei der drei Tage zuvor ergangenen Entscheidung, handelte es sich bei der Beschwerdeführerin jedoch nicht um eine natürliche Person, sondern um eine juristische Person des Privatrechts, eine GmbH mit Sitz im Inland, die Muslime in und außerhalb einer zu einer Moschee gehörenden Kantine mit Fleisch- und Wurstwaren belieferte. Sämtliche Gesellschafter der GmbH waren türkische Staatsangehörige und Anhänger des muslimischen Glaubens. Der Verfassungsbeschwerde wurde stattgegeben, weil dies nach Ansicht des BVerfG zur Durchsetzung der Grundrechte der Beschwerdeführerin angezeigt sei. Dies ergebe sich im Wesentlichen aus den Gründen des Urteils des BVerfG vom 15.1.2002.[598] Bei diesem Urteil handelt es sich um die zuvor angesprochene Verfassungsbeschwerde des muslimischen

596 Vgl. Kapitel 2 Teil 4 II.
597 *BVerfG*, NJW 2002, 1485.
598 *BVerfG*, NJW 2002, 1485 (1485).

Metzgers. Wiederum geht das BVerfG aber nicht den Weg über die Religionsfreiheit des Art. 4 Abs. 1 und 2 GG. Vielmehr stellt es zunächst klar, dass die Beschwerdeführerin als juristische Person gewerbliche Zwecke verfolge und damit nicht religiösen oder weltanschaulichen Zwecken diene und folglich selbst nicht Trägerin des Grundrechts der Religionsfreiheit sein könne. Bereits im nächsten Satz stellt das BVerfG dann jedoch fest, dass das Grundrecht der Religionsfreiheit gleichwohl auch hier im Rahmen der Verhältnismäßigkeitsprüfung zu beachten sei. Die Berufsausübung desjenigen, der die Schlachtung vornimmt, sei glaubensgeprägt.[599]

Derartig strukturierten juristischen Personen im engeren Sinne, wie der Metzgerei in der Rechtsform einer GmbH, eine Berufung auf die Religionsfreiheit zu verweigern, erscheint auch im Hinblick auf das Verständnis der Religionsfreiheit sinnwidrig. Gerade an diesem Beispiel wird besonders deutlich, dass die Organisationsform nur angenommen wird, um gemeinschaftlich und zur Verfolgung eines gemeinsamen Ziels am Rechtsverkehr teilzunehmen. Für eine derartige Teilnahme am Rechtsverkehr stellt das Gesetz aber wiederum nur diese bestimmten Rechtsformen zur Verfügung und zwingt sogar zur Annahme derartiger Rechtsformen. Diese Rechtsformannahme kann aber nicht dazu führen, eine Berufung auf die Religionsfreiheit zu versagen.[600] Ein Unterschied zur Berufung eines Einzelnen auf die Religionsfreiheit ist hier qualitativ kaum auszumachen. Gerade das Beispiel der koscheren Metzgerei in der Rechtsform der GmbH zeigt, dass die Rechtsform letztlich eine Hülle ist, um einer Arbeit nachzugehen, die schon von ihrer Art her glaubensgeprägt ist. Die Grundrechtsträgerschaft der juristischen Person würde in diesem Fall eine „vorgezogene Verteidigungslinie“[601] bilden und insoweit bereits über die Gesellschaft die Grundrechte derjenigen schützen, die sich zu ihrer Freiheitsverwirklichung der Gesellschaft bedienen.[602]

Daneben gibt es weitere Tätigkeiten, denen die Religiosität vielleicht nicht immanent ist, deren auch religiöser Bezug sich einem aber doch erschließt. Man bedenke die Vielzahl an Klagen, die in den USA stattgefunden haben, in denen sich gläubige Geschäftsinhaber gegen Ladenschluss-

599 *BVerfG*, NJW 2002, 1485 (1485).
600 So auch *Meese/Oman*, 127 Harv. L. Rev. F. 273, 277 (2013-2014); *Gaylord*, 91 Wash. U. L. Rev. 589, 655 (2014).
601 *Huber*, in: von Mangoldt/Klein/Starck, Art. 19, Rn. 219.
602 *Huber*, in: von Mangoldt/Klein/Starck, Art. 19, Rn. 219; *Remmert*, in: Maunz/Dürig, Art. 19 Abs. 3, Rn. 36.

gesetze wandten, die es ihnen untersagten, an Sonntagen zu arbeiten.[603] Solche gesetzlichen Regelungen können auch eine Personengesellschaft oder GmbH treffen, deren Gesellschafter alle Anhänger eines bestimmten Glaubens sind. In all jenen Beispielen soll der juristischen Person eine Berufung auf die Religionsfreiheit verwehrt bleiben, „nur" weil sie eine juristische Person ist?

Die Aussage des BVerfG, wonach eine Grundrechtsberechtigung juristischer Personen dann in Betracht kommt, „wenn ihre Bildung und Betätigung Ausdruck der freien Entfaltung der natürlichen Personen ist und ein Durchgriff auf die dahinter stehenden Personen sinnvoll und erforderlich erscheint"[604], kann nicht so ausgelegt werden, dass nur solche juristischen Personen erfasst sind, bei denen sich bereits im Gründungsstadium die religiöse Prägung der Gesellschaft durch die alleinige religiöse Ziel- und Zwecksetzung zeigt. Eine solche Auslegung wäre jedenfalls dann ein mit der Religionsfreiheit nicht zu vereinbarendes Hindernis für ihre volle Entfaltung, wenn der Einzelne gehalten wäre, seinen Glauben bei Eintritt in das Marktgeschehen abzugeben. Es sind mehr Möglichkeiten als die bereits anerkannten denkbar, in denen, legt man die Durchgriffstheorie oder das Kriterium der grundrechtstypischen Gefährdungslage zugrunde, die Religiosität der Gesellschafter auf die Gesellschaft durchschlägt oder bereits die Gesellschaft selbst durch ihre offensichtliche Ausrichtung einen Religionsbezug erkennen lässt.

Nur wenn man die juristische Person tatsächlich als vollständig von den sie konstituierenden natürlichen Personen unabhängig betrachtet, so vermag das Argument der fehlenden Menschlichkeit auf den ersten Blick zu überzeugen und eine Religionsfreiheit juristischer Personen abzulehnen sein. Eine derartige pauschale Beschränkung des persönlichen Schutzbereichs sowie eine hieraus folgende Gleichbehandlung von Personengesellschaften und juristischen Personen im engeren Sinne greift jedoch im Hinblick auf die Bedeutung der verfassungsrechtlichen Gewährleistung zu kurz und birgt die Gefahr, den Schutz durch eben jene verfassungsrechtlichen Gewährleistungen entgegen deren Sinn und Zweck einzuschränken.

Darüber hinaus ist diese Sichtweise nicht mit der herausgearbeiteten Ratio der Grundrechtserstreckung auf juristische Personen vereinbar: dem Schutz der sich spezifisch im Handeln der juristischen Person entfaltenden

603 Siehe etwa *McGowan v. Maryland* 366 US 420 (1960); *Braunfeld v. Brown* 366 US 566 (1961); *Gallagher v. Crown Kosher Super Market of Massachusetts, Inc.* 366 US 617 (1961).

604 BVerfGE 21, 362 (369).

Grundrechtsausübung der natürlichen Personen. Dieses Begründungselement erfordert im Hinblick auf die Ausgestaltung der juristischen Person im Einzelfall eine enge Verbindung zwischen der Gesellschaft und ihren Gesellschaftern, da nur so die Gesellschaft hinreichend individuell durch die Gesellschafter geprägt werden kann.[605]

a. Relevantes personales Substrat

Wenn man auf das personale Substrat als Bezugspunkt für die Grundrechtserstreckung auf juristische Personen abstellt, ist jedoch noch zu klären, wer relevantes personales Substrat im Rahmen einer Gesellschaft ist. Die Beantwortung dieser Frage erscheint bei den soeben genannten Beispielen, in denen die Gesellschafter ein einheitliches Meinungsbild abgeben, leichter zu beantworten, als beispielsweise für juristische Personen im engeren Sinne wie die Aktiengesellschaft. Ein personales Substrat in dem Sinne auszumachen, dass ein einheitliches Willensbild für alle an der Gesellschaft beteiligten natürlichen Personen herstellbar wäre, erscheint hier nahezu unmöglich.

Gegebenenfalls ist ein solches einheitliches Willensbild aber gar nicht notwendig. In der amerikanischen Literatur stellen *Johnson* und *Millon* für die relevanten natürlichen Personen strikt auf die gesellschaftsrechtlichen Regelungen ab.[606] Unter Heranziehung des Gesellschaftsrechts der Bundesstaaten Oklahoma und Pennsylvania, die im Fall Hobby Lobby relevanten Regelungsregime, stellen sie fest, dass juristische Personen hiernach dieselben rechtlichen Handlungsmöglichkeiten haben, wie natürliche Personen. All diese Möglichkeiten sind von den hierfür zuständigen Organen wahrzunehmen, beispielsweise von der Geschäftsführung.[607] Trifft mithin das entscheidungsbefugte Organ unter Einhaltung aller gesellschaftsrechtlich relevanten Regelungen einen Beschluss in Bezug auf eine religiöse Frage oder religiöse Einstellung der Gesellschaft, so reicht dies aus, damit sich die Gesellschaft auf die Religionsfreiheit berufen kann. Nach *Johnson* und *Millon* kann sich hierdurch die Gesellschaft selbst dann auf die Religionsfreiheit berufen, „[...] if some or even - all - of its shareholders or directors

605 *Kingreen/Möslein*, JZ, 2, 2016, 57 (64).

606 *Johnson/Millon*, 70 Bus. Law 1 (2014).

607 *Johnson/Millon*, 70 Bus. Law 1, 17 (2014).

where atheists and derived no benefit from corporation's exercise of its own right".[608]

Einer solche Betrachtung kann jedoch, nimmt man die ratio der Durchgriffstheorie ernst, nicht gefolgt werden. Kriterium im Hinblick auf die Religionsfreiheit juristischer Personen kann dann nur sein, ein homogenes personales Substrat im Rahmen der juristischen Person ausfindig zu machen, da ansonsten die Gesellschaft nicht mehr Ausdruck der individuellen Grundrechtsverwirklichung der natürlichen Personen ist, sondern nur Instrument im Rahmen der Leitung einer Gesellschaft. Eine gewisse Beziehung der Mitglieder einer juristischen Person zu dieser selbst als Beschwerdeführerin ist unabdingbare Voraussetzung für die Anerkennung einer korporativen Religionsfreiheit.[609] Das verlangt alleine schon das Wesen der Religionsfreiheit als auf den Schutz der religiösen Integrität des Einzelnen ausgerichtetes Grundrecht. Dies kann im Hinblick auf die einzelnen zur Verfügung stehenden juristischen Personen zu einer unterschiedlichen Beurteilung führen, ist jedoch, wenn man von einem im Grundsatz am Individuum ausgerichteten Grundrechtsschutz ausgeht, mit der Grundrechtsdogmatik durchaus vereinbar.

Auch *Storr* spricht sich entschieden dagegen aus, auf die organschaftliche Vertretung als relevantes personales Substrat abzustellen. Das Handel des Vertreters sei Handeln der juristischen Person, sodass sich im Handeln des Vertreters auch keine individuelle Freiheitsverwirklichung gesehen werden könne.[610] Vielmehr sei das Vertreterhandeln Ausdruck der Willensbildung der Mitglieder. Als relevantes personales Substrat könnten mithin auch nur die Mitglieder der juristischen Person, das heißt beim Verein die Versammlung, bei der AG die Hauptversammlung und bei der GmbH die Gesellschafterversammlung sein.[611]

Die Hauptversammlung und die Gesellschafterversammlung bei AG und GmbH zum relevanten personalen Substrat zu erklären, ist jedoch zumindest im Hinblick auf die Religionsfreiheit juristischer Personen im engeren Sinne nicht zielführend. Hier muss das Wesen der Religionsfreiheit insoweit eine Rolle spielen, als die religiöse Identität einer Gesellschaft, die sich nach den bereits herausgearbeiteten Grundsätzen aus der Religiosität der Mitglieder der Gesellschaft speisen soll, nicht etwa durch eine rationa-

608 *Johnson/Millon*, 70 Bus. Law 1, 18 (2014).

609 So auch *Conring*, Korporative Religionsfreiheit in Europa, S. 356, in Bezug auf die Religionsfreiheit des Art. 9 EMRK.

610 *Storr*, Der Staat als Unternehmer, S. 212.

611 *Storr*, Der Staat als Unternehmer, S. 212.

le Mehrheitsentscheidung zustande kommen kann. Religiosität ist nicht verhandelbar und kann demnach auch nicht Gegenstand einer Mehrheitsentscheidung sein. Sie muss sich vielmehr, in Anlehnung an die Anerkennung der Religionsfreiheit von Religionsgemeinschaften und unter Rückgriff auf das personale Substrat als Begründungselement, auf der einstimmigen Überzeugung der Gesellschafter einer juristischen Person fußen.

b. Übertragung auf die Personengesellschaften

> *„Unternehmerische Tätigkeit hat offenbar eine höhere grundrechtliche Dignität, wenn sie vom Individuum als Handwerker, Krämer oder Bauer auf der eigenen Scholle allein oder allenfalls in einem engen persönlichen Verband ausgeübt wird, als im Kontext großer und komplexer unternehmerischer Organisation."*[612]

Die anerkannten Personengesellschaften sind die Gesellschaft bürgerlichen Rechts (GbR), die offene Handelsgesellschaft (OHG), die Kommanditgesellschaft (KG), die stille Gesellschaft (stG), die Partnerschaftsgesellschaft (PartG) sowie die Partnerschaftsgesellschaft mit beschränkter Berufshaftung (PartG mbB). Daneben bestehen Formen atypischer Personengesellschaften, wie die GmbH & Co. KG sowie Publikumspersonengesellschaften. Im Folgenden sollen die gängigsten Formen der Personengesellschaften, die GbR, OHG und KG untersucht werden. Die GbR stellt hierbei den Grundtypus der Personengesellschaft dar; die OHG und die KG bauen auf ihr auf.[613] Diese fallen allesamt unter den Begriff der juristischen Person im Sinne des Art. 19 Abs. 3 GG.[614] Demnach ist grundsätzlich davon auszugehen, dass sie grundrechtsberechtigt sind[615]; eine Grundrechts*un*fähigkeit im Hinblick auf ein einzelnes Grundrecht ist begründungsbedürftig.

Die Wertungen der Durchgriffstheorie und des Wesens der Religionsfreiheit sind auf die einzelnen Gesellschaftsformen zu übertragen. Anknüpfend an die Durchgriffstheorie als Begründungselement für die Grundrechtsträgerschaft juristischer Personen muss für die Bestimmung der Grundrechtsträgerschaft im Hinblick auf ein bestimmtes Grundrecht

612 *Ackermann*, JöR N.F. Bd. 65, 114 (141).
613 *Saenger*, Gesellschaftsrecht, § 2, Rn. 11.
614 Siehe hierzu bereits Kap. 2 Teil 1 IV. 3. b.
615 Siehe hierzu bereits Kap. 2 Teil 1 IV. 3. b.

der Schleier der Rechtsform gelüftet werden.[616] Die Grundrechtsfähigkeit der juristischen Person kann insoweit beschränkt sein, als sie sich nach dem jeweiligen Typus der Organisation richtet, so dass nicht alle grundsätzlich anwendbaren Grundrechte im Einzelfall auch tatsächlich jeder juristischen Person zustehen müssen.[617] Daher spielt auch das Wesen des jeweils in Frage stehenden Grundrechts nur zu einem Teil eine ausschlaggebende Rolle.[618]

Die Bestimmung des Art. 19 Abs. 3 GG ist Ausdruck des gesetzgeberischen Willens, eine Vergleichbarkeit der juristischen Person mit der natürlichen Person im Einzelfall herzustellen. Eine Grundrechtsträgerschaft erfordert daher, dass die juristischen Personen „mit ihrem Wesen die grundrechtlich geschützte Freiheit natürlicher Personen verkörpern“[619]. In diesem Zusammenhang wird die bereits zu Beginn der Arbeit dargestellte wertungs- und wesensmäßige Unterscheidung zwischen Personengesellschaften und juristischen Personen im Sinne des Privatrechts relevant.

Für die Bestimmung des Grades der „Menschlichkeit“ der juristischen Person unter Zugrundelegung des Kriteriums eines qualifizierbaren personalen Substrats sind folgende zwei Aspekte heranzuziehen: (1) Wie „persönlich“ ist die Mitgliedschaft? Meint, wie stark hängen die natürlichen Personen und die juristische Person zusammen? Darin kommt zum Ausdruck, wie sehr „das Wesen“ der rechtsfähigen Organisation vom Leben der natürlichen Personen geprägt wird und wie wichtig das Handeln der Organisationseinheit für das Leben/die tatsächliche und rechtliche Situation der natürlichen Personen ist. Und (2) Wie „stark“ ist die Position der natürlichen Person(en)? Meint, wie stark ist die Position aller Mitglieder bei der Willensbildung innerhalb der Gesellschaft? Hierin wiederum kommt zum Ausdruck, inwieweit die Entschließung der Gesellschaft – denn diese beruft sich ja auf das Grundrecht der Religionsfreiheit – die Meinung aller Gesellschafter/Mitglieder widerspiegelt, was Voraussetzung für den „Gleichklang“ von Gesellschaft und Mitgliedern ist.

---

616 *Gersdorf*, Öffentliche Unternehmen im Spannungsfeld, S. 113. *Gersdorf* spricht davon, „hinter die Kulissen der juristischen Person“ zu schauen.

617 Vgl. *Rüfner*, in: HStR Bd. IX, § 196, Rn. 70.

618 *Rüfner*, in: HStR Bd. IX, § 196, Rn. 71.

619 *Storr*, Der Staat als Unternehmer, S. 211.

aa. Die GbR

Bei der GbR handelt es sich nach § 705 BGB um einen Zusammenschluss mehrerer Gesellschafter, die sich durch einen Gesellschaftsvertrag verpflichten, die Erreichung eines gemeinsamen Zwecks zu fördern.[620] Der Betrieb muss nicht etwa, wie bei der OHG, auf ein Handelsgewerbe gerichtet sein, sondern kann jeglichen gemeinsamen Zweck zum Gegenstand haben.[621] Seit der „Weißes Ross" Entscheidung des BGH aus dem Jahr 2001 ist die Rechtsfähigkeit der (Außen-) GbR anerkannt.[622] Nach der früher herrschenden Auffassung handelte es sich bei der GbR um ein Schuldverhältnis der Gesellschafter auf vertraglicher Grundlage.[623] Hierunter war eine vermögensmäßige Zusammenfassung, die Gesamthand, zu verstehen.[624] Zuordnungssubjekt bestehender Rechte und Pflichten waren die einzelnen Gesellschafter. Der Gesellschaft selbst kam damit keine Rechtspersönlichkeit zu. Sofern es bei dieser Auffassung von der Rechtsnatur der BGB-Gesellschaft geblieben wäre, wäre es unproblematisch, dass sich die einzelnen Gesellschafter im Zusammenhang mit ihrer unternehmerischen Tätigkeit im Rahmen der Gesellschaft auf die Religionsfreiheit hätten berufen können. Zuordnungsobjekt blieben ja auch im Bezug auf die unternehmerische Tätigkeit die einzelnen Gesellschafter. Fraglich ist, ob sich aus der nunmehr vorherrschenden Gruppenlehre[625] und durch die Anerkennung der eigenen Rechtsfähigkeit der GbR ergibt, dass sich die GbR an sich nun nicht mehr auf die Religionsfreiheit berufen kann, da ihr insoweit ihre „Menschlichkeit" in bloß gesamthänderischer Verbundenheit genommen wurde.

620 § 705 BGB: Durch den Gesellschaftsvertrag verpflichten sich die Gesellschafter gegenseitig, die Erreichung eines gemeinsamen Zweckes in der durch den Vertrag bestimmten Weise zu fördern, insbesondere die vereinbarten Beiträge zu leisten.

621 *Koch*, Gesellschaftsrecht, § 3, Rn. 1.

622 BGHZ 146, 341.

623 *Koch*, Gesellschaftsrecht, § 3, Rn. 7.

624 *Koch*, Gesellschaftsrecht, § 3, Rn. 7.

625 Die nunmehr vorherrschende Gruppenlehre besagt, dass Rechte und Pflichten nicht mehr auf die Gesellschafter als Gruppenmitglieder, sondern auf die Gruppe (die GbR) als solche zu beziehen sind, die selbstständige Wirkungseinheit gegenüber Dritten im Rechtsverkehr ist., s. zu dieser Entwicklung Koch, Gesellschaftsrecht, § 3, Rn. 7 ff.

(1) Wie „persönlich" ist die Mitgliedschaft?

Die GbR dient einzig und allein dazu, den sie gründenden Gesellschaftern eine gemeinsame Zweckverfolgung zu ermöglichen. Die Gesellschaft ist in sämtlichen Organisationsbereichen eng mit den hinter der Gesellschaft stehenden natürlichen Personen verknüpft.

Dass das Wesen der GbR stark von den Gesellschaftern als natürliche Personen geprägt ist, zeigt sich beispielsweise darin, dass bereits der Austritt eines Gesellschafters, sei es durch Kündigung oder durch den Tod des Gesellschafters, zur Auflösung der Gesellschaft führt, vgl. §§ 723 ff. BGB. Diese Folge der Auflösung der Gesellschaft trägt dem Umstand Rechnung, dass es sich bei der GbR gerade nicht um ein reines Zweckbündnis handelt, bei dem die dem Bündnis zugrundeliegenden natürlichen Personen beliebig austauschbar sind, sondern vor allem um ein Gemeinschaftsverhältnis, das gerade vom „so sein" des Gründungsbestands lebt.

Ein weiterer Gesichtspunkt, der für den starken Persönlichkeitsbezug der GbR zu ihren Gesellschaftern spricht, ist, dass die Gesellschafter gem. § 128 HGB analog für die Gesellschaftsverbindlichkeiten auch persönlich haften. Eine Abspaltung der Haftung dergestalt, dass nur das vorhandene Gesellschaftsvermögen für die Erfüllung der Verbindlichkeiten der Gesellschaft beziehungsweise im Haftungsfall zur Verfügung steht, findet gerade nicht statt. Das Gesellschaftsvermögen ist gem. § 718 Abs. 1 BGB „gemeinschaftliches Vermögen der Gesellschafter". Die Gesellschafter als natürliche Personen verschwinden mithin nicht hinter der Rechtsform GbR, sondern sind in Bezug auf etwaige Gläubiger der Gesellschaft sichtbar und auf diese kann im Regelfall auch durchgegriffen werden. Die Durchgriffsdogmatik des Gesellschaftsrechts findet im Recht der Personengesellschaften keinen Platz. Der Einwand, der auch im amerikanischen Recht von den Gegnern der Hobby Lobby Entscheidung vielfach erhoben wurde, dass sich eine Gesellschaft nicht einerseits in Haftungsfragen darauf berufen könne, dass ein Durchgriff auf die Gesellschafter nicht möglich sei, in Fragen bezüglich der Religionsfreiheit dies dann aber tue[626], kann im Rahmen des Rechts der Personengesellschaften bereits aufgrund des andersartigen Wesens der Personengesellschaften nicht zum Tragen kommen. Dass die einzelnen Gesellschafter sichtbar und greifbar für das Gegenüber im Rechtsverkehr sind, macht die GbR ein Stück weit menschlich(er).

626 Siehe hierzu bereits Kap. 1 V. 1. b.

(2) Wie „stark“ ist die Position der natürlichen Person(en)?

Im Hinblick auf die Position der natürlichen Personen ist zu hinterfragen, inwieweit sich in der Entschließung / dem Willen der GbR der Wille der Gesellschafter widerspiegelt.

Beim gesetzlich vorgesehenen Grundtyp der GbR handelt es sich um eine Gesellschaft, in der die Geschäftsführungsbefugnis allen Gesellschaftern gemeinschaftlich, vgl. § 709 Abs. 1 BGB, und auch die Vertretung allen Gesellschaftern gemeinschaftlich obliegen soll, vgl. § 714 BGB. Für jedes von der Gesellschaft getätigte Geschäft ist die Zustimmung aller Gesellschafter erforderlich; es gilt das Prinzip der Einstimmigkeit, § 709 Abs. 1 2. HS BGB. In diesem Kontext ist auch das für alle Personengesellschaften geltende Prinzip der Selbstorganschaft zu nennen, wonach Geschäftsführung und Vertretung nur durch eigene Gesellschafter der Gesellschaft wahrgenommen werden dürfen.[627]

Der durch Einstimmigkeit zustande gekommene Beschluss einer GbR, der letztlich den Willen der GbR verlautbart, ist schlussendlich identisch mit der Auffassung sämtlicher Gesellschafter der GbR. Dennoch unterscheidet sich eine derartig zustande gekommene Willensbildung von einer rein „kollektiven Wahrnehmung gemeinsamer individueller Grundrechtspositionen der einzelnen Gesellschafter“[628], da sie ihren Ausdruck im Willen der GbR findet. Eine solche Erweiterung des Schutzbereichs der Religionsfreiheit von den Gesellschaftern der GbR ausgehend auf die Gesellschaft als solche entspricht dem Umstand, dass durch die Gründung neuer am Rechtsverkehr teilnehmender Gesellschaften neue Gefährdungssituationen entstehen, die sich auch im grundrechtsrelevanten Bereich abspielen. Die GbR als Organisationseinheit mit eigenständiger Rechtsfähigkeit kann gerade in anderen Bereichen und durch andere staatliche Regelungen in grundrechtsrelevanten Bereichen betroffen sein. Sofern man beispielsweise die im Fall Hobby Lobby relevante Regelung heranzieht, kann eine solche gesetzliche Regelung wie die Pflicht der Zahlung von Kranken-

627 Vgl. hierzu bereits die Ausführungen zu den Eigenheiten der juristischen Person im engeren Sinne in Kap. 2 Teil 1 IV. 3. b.

628 *Ackermann*, Grundrechte juristischer Personen im kartellrechtlichen Sanktionsverfahren: Ein Reformhindernis?, NZKart 2015, 17 (19), der einen Eigenwert der Grundrechte von juristischen Personen sieht, „soweit die juristische Person gegenüber den natürlichen Personen rechtlich verselbstständigt ist und über einen Mechanismus eigenständiger Willensbildung verfügt, der sie von der schlicht kollektiven Wahrnehmung gleichsinniger, individueller Grundrechtspositionen abhebt.“.

kassenbeiträgen für Arbeitnehmer in diesem Fall nur die GbR selbst treffen und nicht die Gesellschafter. Da aber die Gesellschaft aufs engste mit den Gesellschaftern verknüpft ist, muss in diesem Fall für die Religionsfähigkeit ausschlaggebend sein, was die Gesellschafter einstimmig im Hinblick hierauf beschließen. Ob die Berufung auf die Religionsfreiheit den Anforderungen von Plausibilität und Ernsthaftigkeit genügt, die das BVerfG an das Vorliegen einer Religion stellt, ist eine Frage des Einzelfalls und kann nicht zu einer grundsätzlichen Verneinung der Eröffnung des persönlichen Schutzbereichs für sich wirtschaftlich betätigende GbRs führen.

Die Willensbildung für die eigenständige GbR erfolgt anhand der nur über die Einstimmigkeit der Gesellschafter zustande kommenden Meinungsbildung. Die so erzielte Auffassung ist Auffassung der GbR. Ein Abstellen auf die Gesellschafter in diesem Bereich abzulehnen, wäre auch aus Sicht des Gesellschaftsrechts sinnwidrig, da gerade im Bereich des Rechts der GbR, wie gerade aufgeführt, die enge Verknüpfung zwischen Person und Gesellschaft Wesensmerkmal der GbR ist. Die enge Verknüpfung ist bereits dem Wort *Personengesellschaft* immanent. Die GbR stellt eine Gesellschaft aus Personen dar, die sich zusammenfinden, um einen gemeinsamen Zweck zu verfolgen ohne dass die Gesellschaft hierbei derart verselbstständigt würde, dass ein Bezug zu den natürlichen Personen nicht mehr herstellbar wäre. Dies entspricht auch der Rechtsprechung des BGH, wonach ausdrücklich die Personengesellschaft von der Persönlichkeit der Gesellschafter nicht zu trennen ist.[629] Wenn aber bereits das einfache Recht eine derartige Trennung nicht vorsieht, dann kann eine solche, die dazu dienen würde, den Grundrechtsschutz einzuschränken, im Hinblick auf das Verfassungsrecht und die damit zusammenhängenden grundrechtlichen Gewährleistungen erst Recht nicht angenommen beziehungsweise einer Begründung des Grundrechtsschutzes über die natürlichen Personen entgegengehalten werden.

bb. Die OHG

Die OHG ist im Handelsgesetzbuch (HGB) in den §§ 105 ff. geregelt. Es handelt sich um eine Gesellschaft, deren Zweck auf den Betrieb eines Han-

---

629 BGHZ 34, 293 (296) m.w.N.

delsgewerbes gerichtet ist.[630] Nach § 105 Abs. 3 HGB finden auf die OHG die Vorschriften des BGB über die GbR Anwendung, soweit in dem betreffenden Abschnitt des HGB nichts anderes geregelt ist. Bei der OHG handelt es sich mithin dem Grunde nach um eine GbR, die den Besonderheiten des Handelsverkehrs Rechnung trägt.[631] Grundsätzlich kann demnach davon ausgegangen werden, dass im Hinblick auf die OHG oben genannte Grundsätze gelten. Auch für die OHG gilt deshalb der Grundsatz der Selbstorganschaft. Sie stellt eine „Arbeits- und Haftungsgemeinschaft“[632] für alle Beteiligten dar.

(1) Wie „persönlich“ ist die Mitgliedschaft?

Im Gegensatz zur GbR reicht es für die Gründung einer OHG nicht aus, irgendeinen Zweck gemeinsam zu verfolgen. Der Zweck muss gemäß § 105 Abs. 1 HGB auf den Betrieb eines Handelsgewerbes unter gemeinschaftlicher Firma gerichtet sein. Darüber hinaus führt das Ausscheiden eines Gesellschafters, sei es durch Tod oder Kündigung, im Gegensatz zur GbR nicht automatisch zur Auflösung der Gesellschaft, vgl. § 131 HGB. So wird in diesem Bereich das Interesse an der Fortführung und dem Bestand der Gesellschaft höher bewertet, als das Interesse an dem der Gesellschaft zugrundeliegenden Gesellschafterbestand.[633] Dennoch ist und bleibt die OHG klar Personengesellschaft und damit dem Wesen einer auf die freie Entfaltung der natürlichen Personen ausgerichteten und mit diesen Personen eng verbundenen Gesellschaft verhaftet. Hierfür spricht auch, dass die Zuordnung der OHG zum Kreis der juristischen Personen unter Bezugnahme auf eben diese Gegebenheiten abgelehnt wurde.

(2) Wie „stark“ ist die Position der natürlichen Personen?

Wie weit diese persönliche Verknüpfung der Personengesellschaften mit ihren Gesellschaftern reicht, zeigt sich beispielhaft an einem Urteil des

630 § 105 Abs. 1 HGB: Eine Gesellschaft, deren Zweck auf den Betrieb eines Handelsgewerbes unter gemeinschaftlicher Firma gerichtet ist, ist eine offene Handelsgesellschaft, wenn bei keinem der Gesellschafter die Haftung gegenüber den Gesellschaftsgläubigern beschränkt ist.

631 Vgl. *Koch*, Gesellschaftsrecht, § 12, Rn. 1.

632 *Koch*, Gesellschaftsrecht, § 2, Rn. 8.

633 *Koch*, Gesellschaftsrecht, § 12, Rn. 4.

BGH, in welchem er grundlegende Aussagen zur rechtlichen Ausgestaltung der OHG und der KG macht.[634] Die Personengesellschaft sei hiernach von der Persönlichkeit der Gesellschafter nicht zu trennen. [...] Diese enge Verknüpfung der persönlich haftenden Gesellschafter einer Personengesellschaft mit der Gesellschaft und ihren Verbindlichkeiten wirke sich im Rechtsverkehr und im Wirtschaftsleben so aus, dass die Persönlichkeit der Gesellschafter den Kredit der Gesellschaft, ihr Ansehen und ihre Geltung im Geschäftsverkehr bestimmten und dass die persönlich haftenden Gesellschafter fast mit der Gesellschaft gleichgestellt würden. Das Vertrauen zu den Gesellschaftern bestimme den Kredit der Personengesellschaft und ihr Vermögen sowie ihre wirtschaftliche Kraft seien für den Abschluss aller Verträge von wesentlicher Bedeutung und für die Abwicklung aller Verbindlichkeiten maßgeblich.[635]

Auch wenn mithin Abweichungen des gesetzlichen Regelungsrahmens von der GbR bestehen, so sind diese dennoch nicht derart ausschlaggebend, dass sie eine andere Beurteilung als die im Rahmen der GbR getroffene rechtfertigen würden. Die Rechtsprechung des BGH stellt aufs deutlichste den personalen Bezug als das Wesen der Personengesellschaften heraus. Kredit, Ansehen und Geltung im Rechtsverkehr der Gesellschaft werden hiernach über die Gesellschafter geformt. Die Gesellschafter bestimmen demnach die Eigenschaften der Gesellschaft. Insoweit ist es nur konsequent, für die Religionsfreiheit der Gesellschaft auf die Gesellschafter abzustellen.

Demzufolge ist auch die Religionsfreiheit einer dem Grundtypus der gesetzlichen Regelungen entsprechenden OHG nach den bei der GbR genannten Grundsätzen zu behandeln. Das Vorliegen von den handelsrechtlichen Gegebenheiten Rechnung tragenden Abweichungen führt nicht zu einer anderen Bewertung der Gesellschaftsform im Hinblick auf die Religionsfreiheit.

cc. Die KG

Im Zusammenhang mit den gesetzlich normierten Grundtypen der Personengesellschaften stellt sich lediglich im Hinblick auf die Struktur der Kommanditgesellschaft ernsthaft die Frage, ob diese, auf Grund vorhande-

634 BGHZ 34, 293.
635 BGHZ 34, 293 (297 f.).

ner nicht persönlich haftender Kommanditisten, einer anderen Bewertung bezüglich der Berufung auf die Religionsfreiheit zuzuführen ist.

Bei der Kommanditgesellschaft handelt es sich gem. § 161 Abs. 1 HGB dem Grunde nach um eine offene Handelsgesellschaft, da der Zweck der Gesellschaft ebenso auf den Betrieb eines Handelsgewerbes gerichtet ist. Besonderheit bei der KG ist jedoch, dass bei mindestens einem Gesellschafter die Haftung gegenüber den Gläubigern auf eine bestimmte Vermögenseinlage begrenzt ist.[636] Diese Gesellschafter geben der Gesellschaft ihren Namen und werden Kommanditisten genannt. Im Rahmen der KG gibt es mithin zwei Arten von Gesellschaftern: die Gesellschafter, die mit ihrem gesamten Vermögen und damit auch persönlich haften, die Komplementäre, und eben jene Gesellschafter, bei denen die Haftung beschränkt ist, die Kommanditisten.[637] Die bereits im Zusammenhang mit der OHG erwähnte bestehende Arbeits- und Haftungsgemeinschaft besteht bei der KG nur für die Komplementäre. Die Kommanditisten sind, im Gegensatz zu den Komplementären, keine „Unternehmensgesellschafter".[638] Fraglich ist demnach, ob das Vorhandensein der Kommanditisten das Wesen der KG und damit insbesondere den personellen Bezug der Gesellschafter zur Gesellschaft gegenüber dem Wesen der GbR und OHG derart verändert, dass eine Berufung auf die Religionsfreiheit nicht mehr möglich ist.

Nach § 161 Abs. 2 HGB finden auf die KG die für die offene Handelsgesellschaft geltenden Vorschriften Anwendung, soweit in den §§ 161 ff. HGB nichts anderes geregelt ist. Die in den §§ 161 ff. HGB getroffenen Regelungen beschäftigen sich mit Besonderheiten in Bezug auf die Stellung des/der Kommanditisten, so dass für die Gesellschaft im Übrigen und damit im Hinblick auf Entstehung, Vertretung und Geschäftsführung die Grundsätze gelten, die auch für die OHG gelten. Nach § 164 HGB sind die Kommanditisten von der Führung der Geschäfte ausgeschlossen. Nach § 170 HGB sind sie darüber hinaus auch von der Vertretung ausgeschlossen. Vorhandenen Kommanditisten steht damit im Rahmen einer Kom-

---

636 § 161 Abs. 1 HGB: Eine Gesellschaft, deren Zweck auf den Betrieb eines Handelsgewerbes unter gemeinschaftlicher Firma gerichtet ist, ist eine Kommanditgesellschaft, wenn bei einem oder bei einigen von den Gesellschaftern die Haftung gegenüber den Gesellschaftsgläubigern auf den Betrag einer bestimmten Vermögenseinlage beschränkt ist (Kommanditisten), während bei dem anderen Teil der Gesellschafter eine Beschränkung der Haftung nicht stattfindet (persönlich haftende Gesellschafter).

637 Siehe Fn. 636.

638 *Koch*, Gesellschaftsrecht, § 20, Rn. 1.

manditgesellschaft nicht die Möglichkeit zu, die Gesellschaft unternehmerisch mitzugestalten, wie dies die Komplementäre können und sollen.[639] Dies könnte dafür sprechen, aufgrund der fehlenden Haftung und der fehlenden Mitbestimmung bei der Willensbildung der Kommanditisten im Rahmen der Gesellschaft einen derart starken Persönlichkeitsbezug zu den Gesellschaftern, wie er bei der GbR und der OHG vorhanden ist, abzulehnen. Das Wesen der KG ändert sich gegenüber der GbR und der KG durch den Beitritt minderberechtigter Mitglieder. Der Wille der Gesellschaft entspricht nicht mehr einstimmig dem Willen aller dahinter stehenden Gesellschafter in ihrer Gesamtheit.

Gegen eine andere Behandlung der KG im Verhältnis zur GbR und zur OHG spricht jedoch, dass sich die Gesellschafter in der Form der Kommanditisten bewusst dafür entscheiden, minderberechtigte Mitglieder einer von den „richtigen", maßgebenden, den Gesellschaftstyp prägenden Komplementären bestimmten Personengesellschaft zu sein und nicht beispielsweise „Voll"- Mitglieder einer GmbH oder AG. Vergleichbar mit dieser Argumentation ist auch die Auffassung des BVerfG in der Fraport AG Entscheidung zur Grundrechtsbindung gemischtwirtschaftlicher Unternehmen in Privatrechtsform, die von der öffentlichen Hand beherrscht werden. Im Hinblick auf die Rechte privater Anteilseigner bestünden nach Ansicht des Gerichts keine Bedenken bei der Bejahung einer Grundrechtsbindung derartiger Unternehmen, da es in der freien Entscheidung der privaten Anteilseigner liege, ob diese sich an einem derartigen Unternehmen beteiligen oder nicht.[640] Insoweit ist es durchaus gerechtfertigt, die Religionsfähigkeit der KG und den Grad des personellen Bezugs der Gesellschaft zu ihren Gesellschaftern und damit ihre Grundrechtsberechtigung allein anhand der Stellung ihrer Komplementäre zu ermitteln.

Wenn man sodann die Komplementäre in Bezug nimmt, so stellt sich die Realität der KG nicht anders dar, als die der OHG, ausgehend vom gesetzlichen Grundtyp in dem Einstimmigkeit herrscht. Auch die KG lebt mithin und erhält ihr Wesen durch die Komplementäre. Diese sind für die Gestaltung des Unternehmens zuständig und verantwortlich. Auch hier gilt sodann wieder, dass Entscheidungen, die einstimmig im Rahmen der KG durch die Komplementäre getroffen werden, Entscheidungen der Gesellschaft sind. Durch solche Entscheidungen kann dann aber eben auch der Religionsbezug einer Gesellschaft hergestellt werden.

---

639 Vgl. *Koch*, Gesellschaftsrecht, § 21, Rn. 1.
640 BVerfGE 128, 226 (247).

dd. Zwischenergebnis

Auch Personengesellschaften, die nicht schon im Rahmen ihres Gesellschaftsvertrags kenntlich gemacht haben, dass sie eine „religiöse Personengesellschaft“ sind, können sich dennoch auf das Grundrecht der Religionsfreiheit berufen. Den Personengesellschaften wird nicht etwa dadurch, dass sie ein eigenes Zuordnungsobjekt von Rechten und Pflichten im Rechtsverkehr darstellen, die Möglichkeit genommen, sich auf die Religionsfreiheit zu berufen. Unstreitig stellen die Personengesellschaften zwar eigenständige Zuordnungsobjekte dar, etwaige getroffene Entscheidungen und Beschlüsse sind jedoch gerade im Hinblick auf die genannten Personengesellschaften nicht mehr als die Summe der Entscheidungen der einzelnen Gesellschafter. Der Grundsatz der Selbstorganschaft sowie die, zumindest im gesetzlichen Grundfall vorgeschriebene Einstimmigkeit im Rahmen der Willensbildung, Gesamtgeschäftsführungsbefugnis und -vertretung, sorgen dafür, dass ein einheitlicher Wille in sämtlichem Wirken der Gesellschaft zu Tage tritt, der von allen Gesellschaftern getragen wird.

Sinn und Zweck der Personengesellschaften ist gerade die gemeinsame Zweckverfolgung. Hierin spiegelt sich die individuelle Grundrechtsverwirklichung der einzelnen Gesellschafter wider, die durch die Gründung einer dem Individuum übergeordneten Funktionseinheit dem Wirtschaftsverkehr angemessene Formen annimmt. Im Gegensatz zur juristischen Person verschwindet hier aber das Individuum nicht vollständig in der Gesellschaft, sondern stellt ein wesensprägendes Merkmal dar. Gerade bei den Personengesellschaften zeigt sich, dass sie Ausdruck der Bildung und Betätigung der freien Entfaltung der natürlichen Personen sind und dass ein „Durchgriff“ auf die Gesellschafter zur Begründung der Religionsfreiheit der Personengesellschaft „sinnvoll und erforderlich“ ist. Insoweit können die Personengesellschaften von ihrer Wesensart her mit den Religionsgemeinschaften verglichen werden. Die Religionsgemeinschaften stellen einen Zusammenschluss von natürlichen Personen dar, die als gemeinsames Merkmal eine Religionszugehörigkeit/einen bestimmten Glauben haben. Dennoch ist es die Religionsgemeinschaft als solche, die sich, unabhängig von ihrer Rechtsform, auf die Religionsfreiheit beruft.

Wie das Beispiel des Einzelkaufmanns zeigt, kann die Religionsfreiheit im Bereich des wirtschaftlichen/unternehmerischen Tätigwerdens nicht aufhören, nur weil sich die Form der Wahrnehmung dieser unternehmerischen Tätigkeit ändert.

Sofern mithin die natürlichen Personen indirekt für die Begründung der Religionsfreiheit der Personengesellschaft herangezogen werden, erübrigt sich auch die Frage, ob diese Berufung nur für einzelne Schutzbereichselemente der Religionsfreiheit möglich ist. Der Vorwurf, eine Gesellschaft sei „bekenntnisfremd", ist dann nicht haltbar. Wie bereits zuvor erwähnt, ist es der Gesellschaft sehr wohl möglich, zu glauben und diesen Glauben auch zu bekennen. Eben nur vermittelt über andere Ebenen. In diesem Zusammenhang gehen auch etwa *G. Dannecker* und *C. Dannecker* davon aus, dass Unternehmen fähig sind, selbst Strafe zu empfinden. Man dürfe in diesem Zusammenhang lediglich nicht von einem psychologischen Verständnis des Begriffs des Empfindens ausgehen, sondern müsse das Unternehmen als das wahrnehmen, was es ist: ein „soziales Subjekt, das durch seine Mitglieder und Organe ein mit Leben erfülltes Gebilde darstellt".[641] Die Strafe werde, vermittelt durch die dahinter stehenden Personen, vom Unternehmen selbst empfunden.[642]

Es ist nicht mit der Bedeutung der Religionsfreiheit für das Leben des Einzelnen und deren Ausgestaltung im Rahmen der Verfassung vereinbar, die Religionsfreiheit des einzelnen Gesellschafters, die sich im wirtschaftlichen Tätigwerden der Personengesellschaft niederschlägt, auszublenden und die Personengesellschaft als leere Hülle anzusehen, die keiner Religiosität fähig ist. Eine solche Ansicht geht an der Realität der Personengesellschaft, wie sie sich auch und gerade in den Regelungen des Gesellschaftsrechts zeigt, vorbei. Der Ansicht waren auch die Beschwerdeführer in einem bereits im Jahr 1996 von der Europäischen Kommission für Menschenrechte entschiedenen Fall, die sich gegen die Zahlung von Kirchensteuern unter Berufung auf ihre negative Religionsfreiheit beriefen. Sie nannten den Ansatz, juristische Personen allein aufgrund ihrer Rechtsformwahl aus dem Schutzbereich der Religionsfreiheit auszunehmen, einen „excessively formalistic approach", der die natürlichen Personen lediglich deshalb aus dem Schutzbereich der Religionsfreiheit ausklammern würde, weil sie entschieden hätten, einige ihrer wirtschaftlichen Tätigkeiten im Rahmen der juristischen Person fortzuführen.[643]

Es ist durchaus verständlich, dass bestimmten Einrichtungen wie Religionsgemeinschaften, religiösen Vereinen sowie selbstständigen Einrichtungen der Kirche eine Stellung zukommt, die die besondere Bedeutung dieser Einrichtungen für die Religionsfreiheit hervorhebt. Dies ist sowohl vor dem geschichtlichen Hintergrund der Unterdrückung der Religionsfrei-

---

641 *Dannecker/Dannecker*, Europäische und verfassungsrechtliche Vorgaben für das materielle und formelle Strafrecht, NZWiSt, 2016, 162 (173).

642 *Dannecker/Dannecker*, NZWiSt, 2016, 162 (173).

643 EKMR, *Kustannus oy vapaa ajattelija AB u.a. v. Finland*, Appl. No. 20471/92.

heit sowie der Bedeutung derartiger Einrichtungen auch für die Entfaltung der Religionsfreiheit des Einzelnen einleuchtend. Dies kann aber nicht bedeuten, dass im Umkehrschluss andere juristische Personen, die nicht einzig und allein dem Zweck dienen, einen religiösen Auftrag zu erfüllen, pauschal aus dem Schutzbereich ausgenommen sein sollten. Dass eine unternehmerische Tätigkeit kein Ausschlusskriterium für eine Berufung auf die Religionsfreiheit sein kann, zeigt sich bereits in dem eingangs erläuterten Beispiel des Einzelkaufmanns.[644]

Die Gegenauffassung erscheint nur erklärbar, wenn man sich ihr von einer ergebnisorientierten Seite annähert: Die Zulassung der Berufung auf die Religionsfreiheit gerade auch im unternehmerischen Bereich berge immer die Gefahr der Einschränkung der Grundrechte anderer. Dieses Argument bringen auch die Gegner der Entscheidung des Supreme Court im Fall Hobby Lobby vor. In den meisten Fällen werden die Betroffenen etwa Arbeitnehmer und Arbeitnehmerinnen sein.[645]

Für die Klärung derartiger Interessenskollisionen im Einzelfall ist aber nicht der Schutzbereich die richtige Prüfungsebene. Vielmehr können solche Konfliktlagen auf der Rechtsfertigungsebene im Rahmen einer am Verhältnismäßigkeitsprinzip ausgerichteten richterlichen Abwägung aufgefangen und bewertet werden. Die Angst vor der Schaffung neuer Konfliktlagen kann mithin nicht Ausgangspunkt sein, um die Schutzbereichseröffnung abzulehnen. Dies entspräche gerade nicht dem verfassungsrechtlich gewollten effektiven Schutz der Religionsfreiheit. Tendenzen, bestimmte Handlungen oder in diesem Fall bestimmte „Personen" bereits aus dem Schutzbereich auszunehmen, sind nicht zielführend. Sie stellen sich nicht dem Problem, sondern umgehen eine Auseinandersetzung damit. Wie Professor *Ronald J. Colombo* in einem Aufsatz zutreffend formuliert: „Recognition of such rights only permits the corporate claimant his day in court: it grants to the corporate claimant the right to have its Free Exercise argument adjudicated by an impartial judge."[646]

644 Siehe hierzu bereits Kap. 2 Teil 4 II. 2.

645 Vgl. hierzu bereits Kap. 1 V. 1. c.

646 *Colombo*, 51 Hous. L. Rev. 1, 81 (2013); so auch *Gaylord*, 91 Wash. U. L. Rev. 589, 604 (2014).

c. Übertragung auf die juristischen Personen im engeren Sinne

> „*A corporation is an artificial being, invisible, intangible, and existing only in the contemplation of the law.*“[647]

> “*Corporations are a tool. They are a means for pursuing the ends chosen by their creators*”.[648]

Neben den Personengesellschaften bestehen die Körperschaften oder auch die juristischen Personen im engeren Sinne.[649] Diese lassen sich wiederum in nichtkapitalistische und kapitalistische Körperschaften unterteilen. Zu den nichtkapitalistischen gehören der eingetragene Verein (e.V.), der nichtrechtsfähige Verein (nrfV), die Stiftung, die Genossenschaft (eG) sowie der Versicherungsverein auf Gegenseitigkeit (VVaG). Zu den kapitalistischen Körperschaften oder auch Kapitalgesellschaften genannt, gehören die Aktiengesellschaft (AG), die Kommanditgesellschaft auf Aktien (KGaA) sowie die Gesellschaft mit beschränkter Haftung (GmbH). Für die folgende Betrachtung werden die gängigsten Formen juristischer Personen, die AG und die GmbH herangezogen. Die AG sowie die GmbH gründen auf dem Verein, der den Grundtypus einer Körperschaft darstellt.[650] Diese fallen allesamt unter den Begriff der juristischen Person im Sinne des Art. 19 Abs. 3 GG. Demnach ist grundsätzlich davon auszugehen, dass sie grundrechtsberechtigt sind[651]; eine Grundrechts*un*fähigkeit im Hinblick auf ein einzelnes Grundrecht ist mithin begründungsbedürftig.

aa. Trennungsprinzip und Durchgriff nach dem Recht juristischer Personen

Der Begriff der juristischen Person im engeren Sinn ist vor allem mit der daraus folgenden vollständigen Verselbstständigung der Körperschaft von den Gesellschaftern verknüpft; die juristische Person tritt als Rechtssubjekt

---

647 *Chief Justice John Marshall*, *Trustees of Dartmouth College v. Woodward*, 17 U.S. 518, 636 (1819).

648 *Meese/Oman*, 127 Harv. L. Rev. F. 273, 295 (2013-2014).

649 Zu der Gegenüberstellung von Personengesellschaften und Körperschaften bzw. juristischen Personen siehe bereits Kap. 2 Teil 1 IV. 3. b.

650 *Saenger*, Gesellschaftsrecht, § 2, Rn. 11.

651 BVerfGE 21, 362 (368 f.); 68, 193 (205).

neben die natürliche Person.[652] Auf dieser Grundlage fußt das im Gesellschaftsrecht angesiedelte Trennungsprinzip: Durch die Anerkennung der juristischen Person als eigenständiges Rechtssubjekt findet rechtlich eine nahezu vollständige Trennung zwischen der juristischen Person und den natürlichen Personen, den Gesellschaftern bzw. Aktionären etc., statt.[653] Im Grundsatz ist davon auszugehen, dass die Gesellschafter einer juristischen Person nach außen hin nicht in Erscheinung treten. Die Gesellschaft ist rechtlich vollkommen verselbstständigt. Sämtliche Rechte und Pflichten treffen die Gesellschaft. Nur in Ausnahmefällen darf der „Schleier der juristischen Person" gelüftet und auf die Gesellschafter durchgegriffen werden.[654] Hierbei kann man zwischen dem sog. Zurechnungsdurchgriff[655] und dem Haftungsdurchgriff[656] unterscheiden.

Genau in diesem Grundsatz sehen Kritiker ein Hindernis dafür, im Hinblick auf die Grundrechtsberechtigung juristischer Personen auf die Gesellschafter, mithin die hinter der juristischen Person stehenden natürlichen Personen, abzustellen.[657] Wenn die natürlichen Personen - für sie vorteilhaft - in Haftungsfragen hinter der juristischen Person verschwinden, soll dies auch in Fällen der Grundrechtsberechtigung der Fall sein. Ansonsten könne sich die natürliche Person immer auf die für sie gerade günstigste Gegebenheit berufen.[658]

Die Ausgestaltungen des einfachen Rechts könnten demnach eine wertungsmäßige Sperrwirkung für derartige Rückbindungen an das Individuum im Rahmen der Grundrechtsberechtigung einer juristischen Person begründen. Ob dies so ist, wird anhand der Organisationsformen der AG und der GmbH sowie atypischer Konstellationen dieser Gesellschaftsformen im Folgenden untersucht.

652 *Mansel*, in: Jauernig BGB Kommentar, Vor §§ 21, Rn. 1; vgl. hierzu aber bereits die Nachweise in Kap. 2 Teil 1 IV. 3. b.

653 *Koch*, in: Hüffer/Koch AktG Kommentar, § 1, Rn. 4; vgl. hierzu aber bereits die Nachweise in Kap. 2 Teil 1 IV. 3. b.

654 *Raiser/Veil*, Recht der Kapitalgesellschaften, § 39, Rn. 1.

655 Im Rahmen des Zurechnungsdurchgriffs werden Eigenschaften, Kenntnisse, Erklärungen oder Verhaltensweisen eines Gesellschafters der Gesellschaft zugerechnet., *Raiser/Veil*, Recht der Kapitalgesellschaften, § 39, Rn. 1.

656 Im Rahmen des Haftungsdurchgriffs geht es darum, ausnahmsweise eine persönliche Haftung des Gesellschafters zu konstruieren., *Raiser/Veil*, Recht der Kapitalgesellschaften, § 39, Rn. 1.

657 Vgl. Kap. 1 V. 1.

658 Vgl. Kap. 1 V. 1.

bb. AG

Die Aktiengesellschaft dient dazu, im Gegensatz zu dem vom Grundsatz her nicht wirtschaftlich ausgerichteten Verein, im Rechts- und Wirtschaftsverkehr große und auf wirtschaftliche Ziele ausgerichtete, eigenständige Organisationseinheiten zu ermöglichen. Sie dient insbesondere als „Kapitalsammelbecken“[659] für die Verwirklichung unternehmerischer Vorhaben sowie dazu, ein Mindestkapital aufzubringen, abzusichern und zu erhalten.[660] Die Organisationsform der AG ist mithin nicht an einer persönlichen Ausgestaltung zu ihren Mitgliedern interessiert. Sinn und Zweck liegen in der Anhäufung und Verwendung von Kapital am Markt. Hierin liegt auch ein großer Unterschied, der die Aktiengesellschaft von der GmbH unterscheidet, da die GmbH nicht auf derartig große Zusammenschlüsse und die Inanspruchnahme des Kapitalmarktes ausgelegt ist. Unterschiede ergeben sich darüber hinaus insbesondere aus der Organisationsstruktur und dem Maß an verbleibender privatautonomer Gestaltungsmacht.[661]

§ 1 AktG beschreibt das Wesen der Aktiengesellschaft als eine Gesellschaft mit eigener Rechtspersönlichkeit, für deren Verbindlichkeiten den Gläubigern nur das Gesellschaftsvermögen haftet und die ein in Aktien zerlegtes Grundkapital hat.[662] Durch die eigene Rechtspersönlichkeit und die Begrenzung der Haftung der Gesellschafter wird der Charakter der Aktiengesellschaft als juristische Person im Sinne des Gesellschaftsrechts deutlich. Neben den in § 1 AktG genannten „Wesensmerkmalen“ bestehen jedoch noch weitere, die den Grundtypus der Aktiengesellschaft prägen. Weitere Wesensmerkmale sind beispielsweise die organschaftliche Ausgestaltung sowie die Bedeutung der Satzung.

(1) Wie persönlich ist die Mitgliedschaft?

Bereits angesprochenes wichtiges Wesensmerkmal der Aktiengesellschaft ist die Satzung. Diese wird im Rahmen des Gründungsvorgangs der Gesell-

---

659 *Koch*, Gesellschaftsrecht, § 29, Rn. 1.
660 *Koch*, Gesellschaftsrecht, § 29, Rn. 3.
661 Vgl. zur GmbH aber sogleich unter Kap. 2 Teil 4 III. 1. c. cc.
662 § 1 AktG: (1) Die Aktiengesellschaft ist eine Gesellschaft mit eigener Rechtspersönlichkeit. Für Verbindlichkeiten der Gesellschaft haftet den Gläubigern nur das Gesellschaftsvermögen. (2) Die Aktiengesellschaft hat ein in Aktien zerlegtes Grundkapital.

schaft formuliert und gem. § 23 Abs. 1 S. 1 AktG durch notarielle Beurkundung festgestellt. Die Satzung dient, wie bei jeder körperschaftlich organisierten Einheit, dazu, den Beitritt weiterer Gesellschafter unproblematisch zu ermöglichen, ohne dass es einer Zustimmung bereits vorhandener Mitglieder bedarf.[663] Die Aktiengesellschaft ist mithin allem voran beitrittsoffen organisiert und auf den Beitritt einer Vielzahl von neuen Gesellschaftern ausgelegt. Sie zeigt sich demnach bereits in ihrer körperschaftlichen Struktur als Fiktion, die dazu dient, als Gruppe zu funktionieren, wobei diese Gruppe heterogen zusammengesetzt ist. Wie *Sepper* schreibt: „Walmart is Walmart, even when Sam Walton resigns".[664]

Ein Beitritt erfolgt mithin nicht aufgrund einer persönlichen Auswahl eines neuen Gesellschafters, sondern losgelöst von der Person durch den Erwerb einer Aktie bereits bei Gründung der Gesellschaft oder danach im Rahmen einer Kapitalerhöhung.[665]

Daneben zeigt sich ein wesentlicher Unterschied auch zu den Personengesellschaften in der organschaftlichen Ausgestaltung der Aktiengesellschaft. Die Organe sind der Vorstand §§ 76 ff. AktG, der Aufsichtsrat §§ 95 ff. AktG und die Hauptversammlung §§ 118 ff. AktG. Nach § 76 Abs. 1 AktG obliegt dem Vorstand die Leitung der Gesellschaft unter eigener Verantwortung. Er wird durch den Aufsichtsrat gewählt, § 84 Abs. 1 AktG. Primäre Aufgabe des Aufsichtsrates ist es gem. § 111 Abs. 1 AktG, die Geschäftsführung und damit den Vorstand zu überwachen. Die Mitglieder des Aufsichtsrates werden durch die Aktionäre in der Hauptversammlung gewählt, § 101 Abs. 1 AktG. Die Hauptversammlung ist das Organ, in der die Aktionäre ihre Rechte ausüben können, § 118 Abs. 1 AktG. Vorstand und Aufsichtsrat können nach dem bei juristischen Personen geltenden Prinzip der Fremdorganschaft durch Dritte besetzt werden. Die Dreiteilung der Organe der Aktiengesellschaft ist durch die Satzung und gesetzlich festgelegt. Ein Gestaltungsspielraum besteht nicht.

Im Hinblick auf den Persönlichkeitsbezug der Gesellschaft zu ihren Mitgliedern zeigt sich deutlich, dass ein solcher nahezu kaum besteht. Die Erfüllung des Zwecks der Kapitalaufbringung und -erhaltung steht im Vordergrund. Hierfür stellt die Aktiengesellschaft als Gesellschaftsform die beste Möglichkeit dar, unter Ermöglichung eines einfachen Erwerbs von Aktien und damit Beitritts zur Gesellschaft. Das Mitglied an sich in seiner

663 Vgl. *Koch*, Gesellschaftsrecht, § 29, Rn. 2.

664 *Sepper*, Contraception and the Birth of Corporate Conscience, 22 Am. U. J. Gender Soc. Pol'y & L. 303, 317 f. (2014).

665 *Koch*, Gesellschaftsrecht, § 31, Rn. 2.

persönlichen Stellung tritt vollkommen in den Hintergrund und hat für die Gesellschaft keinerlei Bedeutung. Ebenso wenig hat das Handeln der Gesellschaft große Bedeutung für das persönliche Leben eines Aktionärs. Das Leben und mit ihm das Wesen der Gesellschaft wird damit auch nicht durch die natürlichen Personen geprägt, sondern durch den in der Satzung festgelegten Sinn und Zweck der AG.

Eine Wesensprägung durch die natürlichen Personen entspricht nicht der Struktur der AG. Zwischen einer Gesellschaft, die auf den ständigen Wechsel beziehungsweise Beitritt von neuen Mitgliedern angelegt ist, und eben jenen Mitgliedern kann keine Einheit dergestalt hergestellt werden, dass sie ein einheitliches Bild abgeben, nach dem die Gesellschaft und ihr Handeln untrennbar von den natürlichen Personen wäre. Zwar sind es auch hier letztlich immer natürliche Personen, die für die juristische Person handeln, dennoch dient dieses Handeln der Herstellung und Umsetzung eines von den natürlichen Personen losgelösten, übergeordneten Ziels. Die Mitgliedschaft in einer AG ist nicht persönlich ausgeprägt, sondern auch für das einzelne Mitglied mehr nüchterne Kapitalanlage als Mittel zur Selbstverwirklichung. Individuelle Überzeugungen in Bezug auf etwaige Religionen oder Weltanschauungen sind von vorneherein derart vielfältig, dass sie nicht in der Lage wären, ein einheitliches Wesen der Gesellschaft durch eine einheitliche personale Identität herzustellen.[666]

(2) Wie stark ist die Mitgliedschaft?

Diese Losgelöstheit vom einzelnen Mitglied beziehungsweise das aus der Organisationsstruktur folgende Desinteresse an der Herstellung eines einheitlichen Willens schlägt sich auch darin nieder, dass Entscheidungen in der Hauptversammlung nicht einstimmig ergehen, wie etwa bei den gesetzlich geregelten Normaltypen der Personengesellschaften, sondern nach dem Prinzip der Mehrheit.[667] Es ist folglich nahezu unvorstellbar, dass Entschließungen der Gesellschaft die Meinung aller Aktionäre wiedergeben. Nur dies könnte aber einen wirklichen Gleichklang der Gesellschafter

---

666 Vgl. insoweit auch *Kingreen/Möslein*, JZ, 2, 2016, 57 (64), die aber im Gegensatz zur der hier vertretenen Ansicht eher von einer gänzlichen Religions*un*fähigkeit juristischer Personen ausgehen.

667 § 133 Abs. 1 AktG: Die Beschlüsse der Hauptversammlung bedürfen der Mehrheit der abgegebenen Stimmen (einfache Stimmmehrheit), sofern nicht Gesetz oder Satzung eine größere Mehrheit oder weitere Erfordernisse bestimmen.

mit der Gesellschaft herstellen und einen Durchgriff rechtfertigen. Bei der AG ist mithin in Bezug auf die Religionsfreiheit insofern eine Bekenntnisfremdheit gegeben, als die rechtliche Verselbstständigung der Gesellschaft und die teilweise gegebene Menge an Aktionären und diversen Meinungen ein einheitliches Bekenntnis der Gesellschaft unmöglich machen. Im Rahmen einer AG ist aufgrund des gewollten und tatsächlich stattfindenden ständigen Wechsels der Mitglieder ein beständiges Meinungsbild nicht feststellbar. Die Mitgliedschaft, gerade auch die der Aktionäre, ist im Hinblick auf die Einflussmöglichkeit schwach ausgeprägt. Ein Bezug der Gesellschaft zu den natürlichen Personen, der Voraussetzung für die Begründung der Berufung auf die Religionsfreiheit wäre, ist nur schwer herstellbar. Die Gründung der AG führt im wahrsten Sinne des Wortes zu einer neuen Person, auch wenn diese nicht natürlich ist. Daraus folgt sodann aber, dass diese sich auch nur auf diejenigen Grundrechte berufen kann, die sie selbst in ihrer Eigenart als juristische Person und in ihrer spezifischen Situation betreffen.

(3) Zwischenergebnis

Im Gegensatz zu den Personengesellschaften kann sich die AG – unter Zugrundelegung der Durchgriffstheorie – nicht auf die Religionsfreiheit berufen. Eine Berufung auf eben diese erfordert, aufgrund der Anknüpfung der Religionsfreiheit an die religiöse Identität der natürlichen Person, einen hinreichenden Bezug zu den natürlichen Personen, mit denen die Gesellschaft verknüpft ist.[668] Dieser Bezug ist bei den soeben behandelten Personengesellschaften grundsätzlich herstellbar, im Rahmen der Aktiengesellschaft dagegen nicht.

Die körperschaftliche Struktur sowie die vollkommene Verselbstständigung gegenüber den Gesellschaftern als juristische Person geben der Gesellschaftsform ein Wesen, das hinsichtlich ihres personellen Bezugs reduziert ist auf die (fremd)organschaftliche Wahrnehmung der Gesellschaftsinteressen, die sich wiederum an der Mehrheit ausrichten. Sinn und Zweck der Aktiengesellschaft liegen in einer Förderung von eigenen Interessen dieser; in diesem Geflecht eine Förderung von Interessen der natürlichen Personen auszumachen, ist mit zunehmender Verselbstständigung nahezu unmöglich.[669] Diese Förderung individueller Interessen durch die

668 So auch für die amerikanische Seite: *Garett*, 163 U. Pa. L. Rev. 95, 138 (2014).
669 *Kulick*, JöR N.F. Bd. 65, S. 77.

juristische Person ist aber gerade Anknüpfungspunkt für die Grundrechtsberechtigung. Wo eine solche fehlt, beziehungsweise nicht in qualifizierbarer Weise auszumachen ist, kann die juristische Person nicht Träger des Grundrechts sein.

Somit bleibt es der AG auch grundsätzlich verwehrt, sich auf die Religionsfreiheit zu berufen, da das Wesen der Gesellschaft nicht derart ausgestaltet ist, dass es mit dem Wesen der Religionsfreiheit vereinbar wäre. Der Wesensvorbehalt des Art. 19 Abs. 3 GG steht bei der AG mithin einer Berufung auf die Religionsfreiheit entgegen.

cc. GmbH

Die GmbH ist ebenso wie die AG juristische Person, Körperschaft und Kapitalgesellschaft. Sie stellt jedoch insoweit eine alternative Rechtsform zur AG dar, als sie nicht auf die Inanspruchnahme des Kapitalmarkts ausgerichtet ist und im Hinblick auf ihre Gesellschafter durch eine stärkere Beständigkeit geprägt ist.[670] 70% der GmbHs sind heutzutage personalistisch strukturierte GmbHs, die aus drei bis fünf Gesellschaftern zusammengesetzt sind und in denen jedenfalls einige Gesellschafter selbst mitarbeiten.[671] In dieser personalistischen Struktur zeigt sich das Bild der GmbH als „Typenmischung".[672] Im Gegensatz zu den meisten anderen Verbandsformen, die ohne gesetzliche Regelung entstanden und erst hinterher auf rechtliche Füße gestellt worden sind, entstand die GmbH aus der Erkenntnis heraus, dass die vorhandenen Personengesellschaftsformen sowie die Rechtsform der Aktiengesellschaft nicht ausreichend sind, vorhandene Bedürfnisse nach Organisationsformen zu befriedigen.[673]

Zweck der Gesellschaft mit beschränkter Haftung kann gem. § 1 GmbHG jeder gesetzlich zulässige sein.[674] Er kann erwerbswirtschaftlicher und nicht erwerbswirtschaftlicher Art sein.[675] Die Gründung erfolgt, ver-

---

670 *Koch*, Gesellschaftsrecht, § 33, Rn. 45.

671 *Grziwotz*, in: MünchHdBGesellR Bd. 3, § 1, Rn. 32.

672 *Schmidt*, Gesellschaftsrecht, S. 987.

673 *Schmidt*, Gesellschaftsrecht, S. 987 unter Verweis auf die Gesetzesbegründung zum GmbHG 1891.

674 § 1 GmbHG: Gesellschaften mit beschränkter Haftung können nach Maßgabe der Bestimmungen dieses Gesetzes zu jedem gesetzlich zulässigen Zweck durch eine oder mehrere Personen errichtet werden.

675 *Schmidt*, Gesellschaftsrecht, S. 992; *Riemenschneider/Freitag*, in: MünchHdBGesellR Bd. 3, § 4, Rn. 3.

gleichbar mit der AG, durch Abschluss eines notariellen Gesellschaftsvertrags, § 2 GmbHG, und Aufbringung des Stammkapitals. Sacheinlagen sind zu leisten sowie die Gesellschaft zur Eintragung ins Handelsregister anzumelden, §§ 7, 8 GmbHG. Aus dem Status als Körperschaft folgt auch für die GmbH, dass sie sich eine Satzung zu geben hat sowie, dass eine Fremdorganschaft möglich ist, vgl. §§ 35, 6 Abs. 3 GmbHG. Die Gesellschafter sowie der Geschäftsführer sind zwei Organe, die die GmbH mindestens und notwendigerweise haben muss.[676] Hierbei sind die Gesellschafter oberstes Willensbildungsorgan und ist der Geschäftsführer Handlungsorgan.[677] Der Geschäftsführer ist an Weisungen der Gesellschafter gebunden, vgl. § 36 Abs. 1 S. 2 GmbHG. Die Gesellschafter sind bei der GmbH mithin das mächtigste Organ. Die Macht über die Ausrichtung der GmbH liegt bei ihnen.[678] So unterliegen Grundlagenentscheidungen immer der Entscheidung durch die Gesellschafter.[679] Das zusätzliche Organ des Aufsichtsrates ist nur dann zwingend, wenn auf die Gesellschaft ihrer Größe nach die Mitbestimmungsgesetze Anwendung finden.[680] Die Willensbildung im Rahmen der GmbH erfolgt, wie in der AG, durch Mehrheitsentscheidung nach Kapitalanteilen, vgl. § 47 GmbHG. Die Organisation der GmbH kann weitestgehend im Gesellschaftsvertrag bestimmt werden. Insoweit steht der GmbH eine wesentlich größere Gestaltungsfreiheit zu, als der AG, die dem Prinzip der formellen Satzungsstrenge unterliegt.[681]

Aufgrund der bei der Rechtsform der GmbH vorhandenen Typenvermischung weist diese Elemente sowohl aus dem Bereich der Personengesellschaften als auch aus dem Bereich der Körperschaften auf. Indem die Gesellschafterversammlung wichtigstes Organ ist, liegt die Hauptverantwortlichkeit für die Gesellschaft bei den Gesellschaftern. Auch bei der GmbH kann jedoch, aufgrund der geltenden Möglichkeit einer Fremdorganschaft, die Führung der Gesellschaft an Dritte ausgelagert werden. Insoweit kann es auch bei der Rechtsform der GmbH, vergleichbar mit den bei der AG bestehenden Regelungen, zu einer Diversifizierung der in der Gesellschaft erscheinenden natürlichen Personen und demnach auch der vorhandenen religiösen Einstellungen kommen.

676 *Schmidt*, Gesellschaftsrecht, S. 994.
677 *Schmidt*, Gesellschaftsrecht, S. 994.
678 *Schmidt*, Gesellschaftsrecht, S. 1068.
679 *Schmidt*, Gesellschaftsrecht, S. 1069.
680 *Grziwotz*, in: MünchHdBGesellR Bd. 3, § 2, Rn. 18.
681 *Schmidt*, Gesellschaftsrecht, S. 1004.

Im Vordergrund der Rechtsform der GmbH steht, ungeachtet der Tatsache, dass es sich des Öfteren um persönlichere Zusammenschlüsse handeln kann, die Verselbstständigung gegenüber den einzelnen Personen. Auch bei der GmbH soll, vergleichbar mit der Aktiengesellschaft, ein Ein- und Austritt in die und aus der Gesellschaft unproblematischer möglich sein, als dies beispielweise bei den Personengesellschaften der Fall ist. Insofern sind für die Rechtsform der GmbH als juristische Person im engeren Sinne grundsätzlich die gleichen Ansätze zugrunde zu legen, wie für die AG. Eine Berufung auf die Religionsfreiheit ist dieser damit grundsätzlich nicht möglich.

dd. Sonderfälle

(1) Einmann-GmbH

> *Can it be said, that a professional person who incorporates a sole professional corporation loses all constitutional rights because of the incorporation? Such a result would be absurd.*[682]

Einen Sonderfall stellt im Recht der GmbH allerdings die Einmann-GmbH dar. Ausweislich des § 1 GmbHG kann eine Gesellschaft mit beschränkter Haftung bereits durch eine Person errichtet werden. Die Einmann-GmbH stellt mit einem Anteil von 25 bis 30% die zweitwichtigste Erscheinungsform der GmbH dar.[683]

Dem Grundtypus der Einmann-GmbH nach nimmt die natürliche Person zugleich die organschaftlichen Funktionen innerhalb der GmbH wahr. Das Prinzip der fehlenden Personennähe der Gesellschafter zur Gesellschaft und die Unmöglichkeit des Zustandekommens eines homogenen Gesellschafs(meinungs)bildes auf das vorwiegend soeben eine Ablehnung der Religionsfreiheit juristischer Personen gestützt wurde, kann hier mithin nicht zum Tragen kommen. Man könnte sagen, der Gesellschafter ist die Gesellschaft. Natürlich findet abstrakt die Loslösung der Gesellschaft von der natürlichen Person in Form der juristischen Person statt, dennoch ist hier die Situation eher mit dem Fall des Einzelkaufmanns vergleichbar, der auf der einen Seite natürliche Person ist und auf der anderen

---

682 *Chief Justice Popovich* dissenting, in: *Blanding v. Sports & Health Club*, Inc., 373 N.W. 2d 784, 789 (Minn. Ct. of App. 1985).

683 *Grziwotz*, in: MünchHdBGesellR Bd. 3, § 1, Rn. 32.

Seite in seiner Funktion als Kaufmann tätig wird. Dennoch handelt es sich auch bei der Einmann-GmbH weiterhin um eine juristische Person, so dass einer Berufung der Einmann-GmbH auf die Religionsfreiheit wiederum die Verselbstständigung der Gesellschaft gegenüber ihrem Gesellschafter entgegengehalten werden könnte.

Auch für die Einmann-GmbH wurde aber bereits frühzeitig vom BGH entschieden, dass eine derart formalisierte Durchführung des Trennungsprinzips nicht immer haltbar ist und, im Gegenteil, die realen Gegebenheiten negieren würde. Zu nennen ist hier eine Entscheidung, in der es darum ging, ob der Alleingesellschafter einer GmbH einen Schaden geltend machen kann, der am Sondervermögen der GmbH entstanden ist.[684] Das OLG als Berufungsinstanz lehnte einen solchen Anspruch ab, da der Schaden nicht beim Gesellschafter persönlich, sondern bei der GmbH entstanden sei.[685] Anders sah es der BGH. Er betont zwar die rechtliche Verschiedenheit zwischen der GmbH und ihrem Alleingesellschafter und den Umstand, dass über die Rechtsfigur der juristischen Person nicht leichtfertig und schrankenlos hinweggegangen werden dürfe.[686] Abzustellen sei aber bei Einmanngesellschaften auf die tatsächlichen Gegebenheiten, die sich so darstellen, dass die Gesellschaft durch ihren einzigen Gesellschafter beherrscht sei und der alleinige Gesellschafter unmittelbar wirtschaftlich berührt sei, wenn seine Gesellschaft Verluste erleide.[687] Was der Gesellschafter in seiner GmbH erarbeite oder einbüße treffe ihn, den Alleingesellschafter, unmittelbar; der Schaden an dem Sondervermögen der GmbH sei ein Schaden, der ihn persönlich treffe.[688]

Bei der Einmanngesellschaft wird mithin die Trennung zwischen Alleingesellschafter und Gesellschaft nicht immer konsequent durchgehalten. Dies trägt aber nur der auch rechtlichen Wirklichkeit Rechnung, die gerade bei der Einmanngesellschaft, in welcher der Alleingesellschafter kein Fremdorgan ist, zu Tage tritt: Die Gesellschaft und juristische Person ist letztlich, nimmt man ihr ihr personales Substrat, nichts mehr. Bestehen bleibt die natürliche Person. Wenn aber ein Durchgriff derart möglich ist, dass im Einzelfall das Sondervermögen der Gesellschaft, als Vermögen des Alleingesellschafters angesehen wird, dann sollte es auch möglich sein, die Religionsfreiheit der Einmann-GmbH unter Rückgriff auf die Religions-

684 BGHZ 61, 380.
685 BGHZ 61, 380 (383).
686 BGHZ 61, 380 (383).
687 BGHZ 61, 380 (383).
688 BGHZ 61, 380 (384).

freiheit des Alleingesellschafters begründen zu können. Eine andere Bewertung würde wiederum dazu führen, dass allein die wirtschaftliche Tätigkeit, zu deren Wahrnehmung sich die natürliche Person einer rechtlichen Möglichkeit bedient, in gewisser Weise auch die individuelle Religionsfreiheit der natürlichen Person im Zusammenhang mit der Ausübung seiner wirtschaftlichen, beruflichen Tätigkeit beschneiden würde. Dies aber ist nicht Sinn und Zweck der Religionsfreiheit des Grundgesetzes.

(2) Einpersonen-AG

Neben der Möglichkeit, eine Einmann-GmbH zu gründen, besteht seit 1994 durch das „Gesetz für kleine Aktiengesellschaften und zur Deregulierung des Aktienrechts"[689] die Möglichkeit, eine Einpersonen-AG zu gründen. Sie findet im Gesetz in § 42 AktG Erwähnung, der dem Alleinaktionär aufgrund der geringeren Kontrolldichte in einer Einpersonen-AG[690] gewisse Mitteilungspflichten auferlegt. Hiernach handelt es sich um eine Einpersonen-AG, wenn alle Aktien allein oder neben der Gesellschaft einem Aktionär gehören.[691] Sie ist juristische Person, sodass auch hier das im Recht der Kapitalgesellschaften geltende Trennungsprinzip Anwendung findet. Die Gesellschaft ist kein Sondervermögen des Alleinaktionärs.[692]

Während die Gründung einer Einpersonen-Gesellschaft in der Rechtsform der GmbH und der GmbH & Co.KG im Rechtsverkehr keine Seltenheit ist, sind Einpersonen-AGs von eher geringer Relevanz. Lange Zeit handelte es sich beispielsweise bei der Bertelsmann AG sowie der Axel Springer AG um, wenn auch nicht ganz typische, Einpersonen-AGs.[693] Hier wurden die Aktien aber mittlerweile aufgeteilt und auf Holdinggesellschaften übertragen.[694] Größere praktische Relevanz kommt der Ein-

---

689 Gesetz für kleine Aktiengesellschaften und zur Deregulierung des Aktienrechts vom 2.8.1994, BGBl. 1994 I, 1961.

690 *Koch*, in: Hüffer/Koch AktG Kommentar, § 42, Rn. 1.

691 § 42 AktG: Gehören alle Aktien allein oder neben der Gesellschaft einem Aktionär, ist unverzüglich eine entsprechende Mitteilung unter Angabe von Name, Vorname, Geburtsdatum und Wohnort des alleinigen Aktionärs zum Handelsregister einzureichen.

692 *Pentz*, in: MüKo AktG, § 42, Rn. 12.

693 *Raiser/Vail*, Recht der Kapitalgesellschaften, § 4, Rn. 33.

694 *Raiser/Vail*, Recht der Kapitalgesellschaften, § 4, Rn. 33.

personen-AG heute noch im Bereich des Konzernrechts zu.[695] Alleinaktionär ist in diesem Zusammenhang aber wiederum eine juristische Person und keine natürliche. Derartige Fälle sind mithin für die vorliegende Betrachtung nicht von Bedeutung.

Die Einpersonen-AG wird durch eine Person errichtet.[696] Dem alleinigen Aktionär gehört die Aktiengesellschaft; er kann somit grundsätzlich alleine nach seinem Belieben feststellen und beschließen.[697] Zwar gelten für die Einpersonen-AG grundsätzlich die gleichen rechtlichen Regelungen, wie für eine mehrgliedrige AG.[698] Insbesondere bestehen hinsichtlich der organisationsrechtlichen Anforderungen an die Gesellschaft keine Unterscheide. So braucht auch die Einpersonen-AG die zwingenden Organe Vorstand, Hauptversammlung und Aufsichtsrat.[699] Der alleinige Aktionär kann aber Alleinvorstand sein. Dies folgt aus § 76 Abs. 2 AktG, wo es heißt, dass der Vorstand aus *einer oder mehreren* Personen bestehen kann. Die Leitung des Unternehmens liegt mithin in seiner alleinigen Verantwortung. Im Hinblick auf Einberufung und Abhaltung der Hauptversammlung gelten für die Einpersonen-AG zudem vereinfachte Regelungen.

Vom Grundsatz her lässt sich auch hier zunächst feststellen, dass das Privatrecht zwar die Möglichkeit einer Einpersonen-AG eröffnet, hierbei aber keinesfalls die für die mehrgliedrige Aktiengesellschaft bzw. die für Kapitalgesellschaften im Allgemeinen geltenden Grundsätze aufweichen möchte. Betont wird auch in diesem Zusammenhang die Selbstständigkeit der Gesellschaft gegenüber dem alleinigen Aktionär.

Im Zusammenhang mit der Grundrechtsberechtigung derartiger Organisationsformen muss man sich dennoch fragen – insbesondere unter Zugrundelegung der in Bezug auf die Einmann-GmbH getroffenen Bewertung – ob nicht auch die Einpersonen-AG sich auf Grundrechte berufen können muss, unter Rückgriff auf die Grundrechte des alleinigen Aktionärs und Inhabers der Gesellschaft. Und so kann auch hier die Antwort folgerichtig nur lauten, dass eine Berufung auf die Religionsfreiheit der Einpersonen-AG, legt man die Durchgriffstheorie zugrunde, möglich sein muss. Insoweit müssen dieselben Argumente greifen, die auch bei der Einmann-GmbH angeführt wurden.

---

695 *Koch*, in: Hüffer/Koch AktG Kommentar, § 42, Rn. 1.
696 *Solveen*, in: Hölters Aktiengesetz, § 2, Rn. 8.
697 *Terbrack*, L'etat c'est moi, RNotZ 2012, 221 (221).
698 *Müller*, in: Drinhausen/Eckstein Beck'sches HdB der AG, § 1, Rn. 36.
699 *Pentz*, in: MüKo AktG, § 42, Rn. 14.

(3) Familiengeführte/einheitlich geführte juristische Personen im engeren Sinne

Als eine weitere atypische Gestaltungsform ließe sich auch der in den USA entschiedene Fall Hobby Lobby einordnen. Zwar handelte es sich hier nicht um eine Einmanngesellschaft, dennoch lag eine atypische Konstellation vor, da die Gesellschafter Mitglieder einer Familie waren, die allesamt Anhänger eines Glaubens waren. Das Bild der profitorientierten Kapitalgesellschaft ist bei der Gesellschaft Hobby Lobby mithin insoweit atypisch, als ein vollständig homogenes Meinungsbild innerhalb der Gesellschaft zustande kommen kann und transportiert wird und die Familienmitglieder die einzigen Gesellschafter sind. Ebenso bildet der bereits im Rahmen dieser Arbeit angesprochene Fall der muslimischen Metzgerei in der Rechtsform einer GmbH einen solchen Sonderfall.[700] Meinungsbildung und Geschäftsführung erfolgen auf einheitlicher und übereinstimmender Grundlage.[701]

ee. Zwischenergebnis

Das Grundrecht der Religionsfreiheit kann mithin nach der hier vertretenen Ansicht auch juristischen Personen im engeren Sinne nicht in jedem Fall versagt werden. So trifft eine Ablehnung der Religionsfreiheit auf all jene juristischen Personen im engeren Sinne zu, in denen das Individuum derart stark in den Hintergrund tritt, dass es für die gesellschaftliche Entwicklung nahezu bedeutungslos wird und der Sinn und Zweck der Gesellschaft außerhalb jeglicher Förderung individueller Interessen im grundrechtrelevanten Bereich liegt.

Ausnahmen können aber dort notwendig sein, wo zwar formal eine juristische Person im engeren Sinne vorliegt, diese aber eine derart atypischen Struktur aufweist, dass sie im Hinblick auf die Verknüpfung der Individuen mit der Gesellschaft eher einer personalistischen Struktur folgt. Derartige Konstellationen bedürfen einer anderen Beurteilung im Hinblick auf die Religionsfreiheit.

Eine derartige Argumentationsstruktur ist auch dem BVerfG in Bezug auf die Anwendbarkeit von Grundrechten auf juristische Personen durch-

700 Vgl. hierzu bereits die Ausführungen unter Teil 4 III. 1.

701 So auch *Meese/Oman*, 127 Harv. L. Rev. F. 273, 277 (2013-2014); *Gaylord*, 91 Wash. U. L. Rev. 589, 655 (2014).

aus nicht fremd. So arbeitete es beispielsweise im Hinblick auf die Vereinigungsfreiheit des Art. 9 Abs. 1 GG mit der unterschiedlichen organisatorischen Ausgestaltung der Gesellschaften. Je nach vorliegender Gesellschaft könne eine größere Nähe zum Kern der Vereinigungsfreiheit bestehen.[702]

Dass eine Einmann-GmbH sich nicht auf die Religionsfreiheit berufen können soll, folgt daher einem formalistischen Ansatz, dem sich noch nicht einmal der BGH in seiner Rechtsprechung unterwirft, wenn er anerkennt, dass das Trennungsprinzip hier zu relativieren ist.[703] Insoweit ist auch *Gans* nicht zuzustimmen, der sich auch für Organisationsformen wie die Einmann-GmbH dafür ausspricht, diesen eine Berufung auf die Religionsfreiheit zu versagen, da „even when you're dealing with the smallest unit , which would be a corporation with a single shareholder, the fundamental point of incorporation is to disassociate the individual from the company, to recognize that there's a separate legal entity with separate rights, duties and obligations."[704]

2. Konstruktion der grundrechtstypischen Gefährdungslage

Teilweise wird die natürliche Person als Bezugspunkt für die Grundrechtserstreckung auf juristische Personen völlig außen vor gelassen. Da die juristische Person eigenständiger Rechtsträger ist, soll es gar nicht auf die hinter der juristischen Person stehenden natürlichen Personen ankommen, sondern lediglich auf die Einhaltung der auf die juristische Person Anwendung findenden Regelungen. Nach diesem Verständnis bildet die grundrechtstypische Gefährdungslage den maßgeblichen Anknüpfungspunkt für die Grundrechtsfähigkeit juristischer Personen.[705]

Die juristische Person muss sich dem Staat gegenüber in einem vergleichbaren Außenrechtsverhältnis befinden, wie die natürliche Person. Dies ist beispielsweise dann grundsätzlich nicht der Fall, wenn es sich um juristische Personen des öffentlichen Rechts handelt, da diese der staatlichen Sphäre zuzuordnen sind und insoweit dem Staat nicht in einer vergleichbaren Art und Weise gegenüberstehen wie die natürliche Person.[706]

702 BVerfGE 50, 290 (359).

703 BGHZ 61, 380.

704 *Gans*, in: Religious Liberties for Corporations?, S. 36.

705 Vgl. hierzu bereits Kap. 2 Teil 3 I. 2.

706 Seit dem Vattenfall-Urteil des BVerfG wird die grundsätzliche Ablehnung der Grundrechtberechtigung juristischer Personen des öffentlichen Rechts aber wieder in Frage gestellt, s. hierzu *Ludwig/Friedmann*, NVwZ 2018, 22.

Juristische Personen des Privatrechts können dies aber durchaus. *Ludwig* und *Friedmann* gehen unter Rückgriff auf die grundrechtstypische Gefährdungslage davon aus, dass hiernach eine Grundrechtsberechtigung juristischer Personen des Privatrechts grundsätzlich anzunehmen sei; die Rechtsform „indiziert eine grundrechtstypische Gefährdungslage".[707]

Überall dort, wo in grundrechtlich geschützte Belange der juristischen Person von Seiten des Staates eingegriffen wird, steht sie diesem wie eine natürliche Person gegenüber. Die juristische Person ist dabei nur partieller Grundrechtsträger; sie genießt den Schutz nur derjenigen Grundrechte, hinsichtlich derer sie sich in einer vergleichbaren Gefährdungslage befindet.[708] Dies sind bei juristischen Personen typischerweise die allgemeine Handlungsfreiheit, die Berufsfreiheit sowie die Eigentumsfreiheit.[709]

Was aber unterscheidet diesen Ansatz von der Durchgriffstheorie? Befürworter gehen davon aus, dass es sich um eine Alternative hierzu handelt und es nicht auf das personale Substrat ankommt. Auch *Huber* und *Remmert* sind der Ansicht, dass sich die Anknüpfungspunkte nicht zwingend ausschließen.[710] Überhaupt befindet sich die Gesellschaft ja erst in einer grundrechtstypischen Gefährdungslage, weil die Gesellschafter sich für eine bestimmte Organisationsform zur Verwirklichung ihrer Ziele entschieden haben. Dennoch vermag das Kriterium der grundrechtstypischen Gefährdungslage gerade und insoweit eine Erweiterung für den Schutz juristischer Personen darstellen, als solche Gefährdungslagen ohne hinreichendes personales Substrat entstehen können und sollen, etwa über die spezifische Zwecksetzung der Gesellschaft.

a. Aufgrund gesetzlicher Anordnung

Derartige Gefährdungslagen können zum einen durch gesetzliche Regelungen entstehen, die an persönliche Eigenschaften der Gesellschafter anknüpfen, hieraus aber auch Konsequenzen für die juristische Person ent-

---

707 *Ludwig/Friedmann*, NVwZ 2018, 22 (27), die auch von einer Grundrechtsberechtigung juristischer Personen des öffentlichen Rechts ausgehen, aufgrund der fehlenden „Indizfunktion der Rechtsform" aber einen höheren Begründungsaufwand sehen.

708 *Dannecker/Dannecker*, NZWiSt, 2016, 162 (174).

709 *Dannecker/Dannecker*, NZWiSt, 2016, 162 (174).

710 *Huber*, in: von Mangoldt/Klein/Starck, Art. 19, Rn. 205; *Remmert*, in: Maunz/Dürig, Art. 19 Abs. 3, Rn. 28.

stehen.[711] So kann sich etwa der Familienstand der Ehe steuerlich nachteilig auf die Gesellschaft auswirken, beispielsweise durch eine steuerliche Nichtanerkennung von Arbeitsverhältnissen, die zwischen der Gesellschaft und einem Ehegatten eines Gesellschafters bestehen.[712] In diesem Zusammenhang wird von *Kingreen* und *Möslein* vertreten, dass sodann konsequenterweise auch Art. 6 Abs. 1 GG unmittelbar auf die juristische Person anwendbar sein müsste, da das einfache Recht das personale Rechtsverhältnis der Ehe als für die juristische Person relevanten Tatbestand erhebe und insoweit eine grundrechtstypische Gefährdungslage schaffe.[713]

Ein weiteres Beispiel für eine grundrechtstypische Gefährdungslage, die durch Gesetz entsteht, ist der Fall der badischen Ortskirchensteuer, in der auch bekenntnisneutrale juristische Personen zur Abgabe der Kirchensteuer staatlich verpflichtet wurden. Die juristische Person wird durch Gesetz zur Abgabe einer Steuer angehalten, die sich normalerweise auf die Zugehörigkeit zu einer Kirche beziehen sollte. Das BVerfG hatte in seinem Beschluss zwar eine Verletzung der allgemeinen Handlungsfreiheit und nicht der Religionsfreiheit angenommen. Naheliegender wäre es aber gewesen, eine Verletzung der negativen Religionsfreiheit der betroffenen juristischen Personen anzunehmen, da die betroffene juristische Person offensichtlich nicht religiös war und es sich auch nicht um eine Religionsgemeinschaft oder einen religiösen Verein gehandelt hat, die Regelung zur Erhebung der Kirchenbausteuer aber eigentlich religionsbezogen war. Hiernach müsste sich auch eine Aktiengesellschaft zumindest auf die negative Religionsfreiheit berufen können, sollte sie zu religionsbezogenem Verhalten gesetzlich veranlasst werden. Davon, dass die negative Religionsfreiheit auf alle juristischen Personen Anwendung finden soll, wird vielfach in der Literatur, wie bereits erörtert, auch ausgegangen.[714]

Derartige Gefährdungslagen können in vielfältiger Weise auftreten, da die juristische Person in vergleichbar umfangreicher Weise am Wirtschafts- und Rechtsverkehr teilnimmt, wie die natürliche Person. Neben

711 *Dannecker/Dannecker*, NZWiSt, 2016, 162 (173); *Kingreen/Möslein*, JZ, 2016, 57 (65).

712 *Kingreen/Möslein*, JZ, 2, 2016, 57 (65).

713 *Kingreen/Möslein*, JZ, 2, 2016, 57 (65).

714 Siehe hierzu die Nachweise in Fn. 378; anderer Ansicht sind in dieser Frage hingegen die schweizerischen Gerichte sowie dem folgend die Europäische Menschenrechtskommission, wonach juristische Personen nicht Träger der negativen Religionsfreiheit sein und demnach auch nicht von der Kirchensteuerpflicht befreit werden könnten. S. hierzu EKMR, *Company X vs. Schweiz*, Appl. 7865/77.

den bereits erwähnten Beispielen könnte hierüber auch die Frage einer Lösung zugeführt werden, ob juristischen Personen das Recht zusteht, sich nicht selbst einer Straftat bezichtigen zu müssen. Dies wird in den USA und in Deutschland abgelehnt, da die juristische Person sich im Hinblick hierauf nicht in einer vergleichbaren Gefährdungs- bzw Zwangslage wie die natürliche Person befinden kann. Sobald aber der Gesetzgeber ein Unternehmensstrafrecht einführen würde, wäre auch die juristische Person in einer Situation, in der ihr dieses Recht zustehen müsste, da das Gesetz sie in eine vergleichbare Gefährdungslage bringen würde.

b. Aufgrund eigener Zwecksetzung

> *„As creatures of positive law, corporate persons exist to pursue the purposes chosen by their human founders. State law specifies the purposes for which corporations may be organized. Importantly, it does little to limit the organizer´s choices.“*[715]

Über gesetzlich veranlasste Gefährdungslagen hinaus können sich derartige Gefährdungslagen auch aus der eigenen Zwecksetzung der juristischen Person ergeben. Der Gesellschaftszweck ist definiert als „das gemeinsame Ziel der Gesellschafter, zu dessen Erreichung sie sich zusammenschließen“.[716] Der Zweck ist maßgeblich für das Verhältnis der Gesellschafter zueinander.[717] Abzugrenzen ist der Unternehmenszweck vom Unternehmensgegenstand. Dieser beschreibt das Mittel, d.h. die Art und Weise, wie die Gesellschaft den Unternehmenszweck verwirklicht.[718] Im Gegensatz zum Unternehmensgegenstand muss der Unternehmenszweck nicht zwingend im Gesellschaftsvertrag angegeben werden.[719] Es ist aber unproblematisch zulässig, dass sich eine Kapitalgesellschaft im Rahmen ihrer Satzung zu einem bestimmten nichtwirtschaftlichen oder ideellen Zweck verpflichtet. Zu derartigen Zwecken zählen auch religiöse Zwecke.[720] Sofern Gesellschaften ihre Einstellungen kommunizieren oder sich zu bestimm-

---

715 *Johnson/Millon*, 70 Bus. Law. 1, 8 (2014).
716 *Riemenschneider/Freitag*, in: MünchHdBGesellR Bd.3, § 4, Rn. 1.
717 *Riemenschneider/Freitag*, in: MünchHdBGesellR Bd.3, § 4, Rn. 1.
718 *Riemenschneider/Freitag*, in: MünchHdBGesellR Bd.3, § 4, Rn. 1.
719 *Riemenschneider/Freitag*, in: MünchHdBGesellR Bd.3, § 4, Rn. 1.
720 So auch *Riemenschneider/Freitag*, in: MünchHdBGesellR Bd.3, § 4, Rn. 3.

ten Werten bekennen wollen, so erfolgt dies außenwirksam über die Satzung.[721]

Juristische Personen sind mithin nicht grundsätzlich und notwendig bekenntnisfremd, sondern benutzen lediglich andere Formen als natürliche Personen, um Einstellungen und dem Unternehmen zugrundeliegende Werte zu kommunizieren.[722] Eine Verlautbarung kann etwa über Beschlüsse oder zuvor im Rahmen des Gesellschaftsvertrags oder der Satzung erfolgen. Dass sich ein Unternehmen zu bestimmten Werten „bekennen“ und diese seiner Unternehmensphilosophie/- einstellung zugrunde legen kann, zeigt sich bereits am Beispiel der Corporate Social Responsibility. So können sich Unternehmen etwa im Rahmen der OECD-Leitlinien für multinationale Unternehmen[723] oder des UN Global Compact[724] dazu verpflichten, im Kontext des internationalen Tätigwerdens, verantwortungsvoll unternehmerisch zu handeln. Hierbei handelt es sich jeweils um die freiwillige Übernahme von Verantwortung in diesem Bereich. Dass sich ein Unternehmen zu bestimmten menschenrechtlichen, ethischen und umweltrechtlichen Grundanschauungen freiwillig verpflichten kann, ist allgemein anerkannt und erwünscht, heißt aber nichts anderes, als dass es sich über die öffentliche Kundgabe dieser Selbstverpflichtung nach außen zu einer bestimmten Auffassung bekennt.[725] Genauso muss es aber auch möglich sein, der juristischen Person nicht etwa eine ethische oder umweltfreundliche, sondern eine religiöse Prägung zu verleihen.[726] In diesem Sinne könnte sich eine juristische Person bspw. verpflichten, bestimmte

721 Vgl. *Meese/Oman*, 127 Harv. L. Rev. F. 273, 281 (2013-2014): The most obvious vehicle for imposing shareholders views on the corporation is the corporate charter.“.

722 So auch *Iuliano*, 90 Ind. L. J. 47, 48 (2015).

723 Abrufbar unter: https://mneguidelines.oecd.org/48808708.pdf (zuletzt besucht am 23.3.2020).

724 Abrufbar unter: https://www.unglobalcompact.org/what-is-gc/mission/principle s (zuletzt besucht am 23.3.2020).

725 Vgl. auch *Meese/Oman*, Hobby Lobby, Corporate Law, and the Theory oft he Firm: Why For-Profit Corporations are RFRA Persons, 127 Harv. L. Rev. R: 273 (291 f.), die die eben genannte unstreitige Möglichkeit eines Unternehmens, freiwillig Verantwortung in bestimmten Bereichen zu übernehmen, anführen und argumentieren, dass die Übernahme bestimmter Einstellungen auch im religiösen Bereich zwar zu innergesellschaftlichen Konflikten führen, aber kein Argument gegen eine Berufung auf die Religionsfreiheit sein kann.

726 *Nadel* vertritt in diesem Zusammenhang die These, dass der Versuch, die Religionsfreiheit von juristischen Personen im engeren Sinne zu verneinen, einhergehen würde mit dem Zunichtemachen der Möglichkeit, als Gesellschaft derartige moralische oder ethische Unternehmensgrundsätze aufzustellen, wie es mit der

Produkte nicht zu kaufen oder zu verkaufen, festzulegen, in welchen Ländern sie produziert oder nicht, an welchen Tagen sie arbeitet oder nicht oder eben auch, dass die Geschäfte in einer Weise geführt werden, die im Einklang mit bestimmten religiösen Wertvorstellungen stehen.[727]

In der amerikanischen Literatur prägt *Colombo* in diesem Zusammenhang den Begriff der „religious business corporation" als „for-profit entity that embraces a particular religious identity. Its pursuit of profit is tempered by an articulated commitment to a set of religiously based principles and teachings."[728]

Der Satzungszweck bestimmt den Grund, zu dem die juristische Person geschaffen wurde.[729] Er determiniert die grundlegenden Wesenseigenschaften der juristischen Person, sodass sie sich in Bezug auf ihre verfolgten Zwecke in einer grundrechtstypischen Gefährdungslage befinden kann. Speziell auf die Satzung abzustellen, erscheint bereits deshalb konsequent, da dem Sinn und Zweck der Gesellschaft gerade auch in der bisherigen Rechtsprechung zu nichtwirtschaftlichen juristischen Personen insoweit ein hoher Stellenwert zuteil wird, als er ausschlaggebender Indikator dafür ist, dass sich eine Gemeinschaft auf die Religionsfreiheit berufen kann. So mag der Zweck der meisten juristischen Personen im engeren Sinne darin bestehen, gewinnbringend zu arbeiten. Dennoch könnte auch die Aktiengesellschaft im Rahmen ihrer Satzung festlegen, dass sie Gewinne erwirtschaften möchte, dies aber unter Zugrundelegung und Anwendung religiöser Werte und unter Berücksichtigung dieser bei der Auswahl der zu tätigenden Geschäfte. Insoweit könnte die zweckbezogene Gefährdungslage den Schutzbereich der Religionsfreiheit für juristische Personen mit religiöser Satzung noch einmal erweitern.

aa. Bisheriger Satzungsbezug

Die Einrichtungen, die in der Rechtsprechung als Träger der Religionsfreiheit anerkannt sind, dienen unmittelbar und überwiegend religiösen Ziel- und Zwecksetzungen. Maßgeblich ist immer, was im Vordergrund der Tä-

---

Corporate Social Responsibility möglich ist, 50 Colum. J.L. & Soc. Probs. 417, 436 (2017).

727 *Meese/Oman*, 127 Harv. L. Rev. F. 273, 282 (2013-2014); *Checketts*, 41 J. Corp. L. 971, 990 (2015-2016).

728 *Colombo*, 17 J. Int'l. Bus. & L. 25, 27 (2017).

729 So auch *Johnson/Millon*, 70 Bus. Law. 1, 7 f. (2014).

tigkeit des Unternehmens steht. Anerkannte konfessionelle Einrichtungen sind beispielsweise die Caritas, Jugendverbände der Kirchen, kirchliche Pfadfindergruppen und Freidenkerverbände sowie konfessionelle Krankenhäuser. Voraussetzung hierfür ist jedoch, dass die Kirche ein gewisses Maß an Einflussmöglichkeit hat und sich dadurch beispielsweise das religiöse Krankenhaus als selbstständige Einrichtung in den religiösen Auftrag der Kirche eingliedert.[730] Nach der momentanen Rechtslage sind tatsächlich (noch) nicht sämtliche juristische Personen grundrechtsberechtigt im Hinblick auf Art. 4 Abs. 1 und 2 GG, die in der Satzung oder dem Gesellschaftsvertrag eine religiöse Tendenz beschreiben, sondern tatsächlich nur jene, die auch einer Religionsgemeinschaft/Kirche zuzuordnen sind.

bb. Notwendigkeit der Erweiterung dieser Rechtsprechung

Derartige religiöse Ziel- und Zwecksetzungen kommen aber nicht nur bei den genannten anerkannten Fallgruppen der Träger der Religionsfreiheit in Betracht. Ganz im Gegenteil. Was also ist der Unterschied zu den Gesellschaften, die sich laut Rechtsprechung auf die Religionsfreiheit berufen können? Der Vorschlag, all jene juristischen Personen in den Schutzbereich der Religionsfreiheit einzubeziehen die, unabhängig von ihrer Rechtsform, einen religiösen Bezug der Gesellschaft über ihre Satzung herstellen, geht mithin über die bisher geltende Rechtslage hinaus. Vorherrschend ist noch die Ansicht, dass das Nebeneinander von Religion und gewinnbringender Tätigkeit, bei fehlender Eingliederung in eine Kirche, eine Berufung auf die Religionsfreiheit ausschließt.[731]

Warum aber ist das so? Ist eine Gruppe, die sich zusammenschließt, gerade um gemeinsam ihre Religion zu leben/auszuüben und darin ihre einzige Zweckbestimmung sieht, schutzwürdiger als eine Gruppe, die sich zusammenschließt, um einer wirtschaftlichen Tätigkeit nachzugehen, ihre Unternehmensphilosophie und -tätigkeit dabei aber erkennbar an beispielsweise christlichen Grundsätzen ausrichtet?

Der Zweck der Gründung einer Gesellschaft kann jeder zulässige sein.[732] Er kennzeichnet die finale Ausrichtung von Gesellschaft und Gesellschaftern.[733] In diesem Zusammenhang sind weitaus mehr Fälle denk-

730 BVerfGE 46, 73; 53, 355; 173, 273.
731 Siehe Kap. 2 Teil 4 II. 1.
732 So ausdrücklich § 1 GmbHG.
733 *Roth*, in: Roth/Altmeppen GmbHG Kommentar, § 1, Rn. 4.

bar, in denen sich ein Religionsbezug der Gesellschaft, unabhängig davon ob es sich um eine Personengesellschaft oder eine juristische Person handelt, aus der Satzung oder dem Gesellschaftsvertrag ergeben und demnach die juristische Person in eine grundrechtstypische Gefährdungslage bringen kann.

Die nach der Rechtsprechung als Träger der Religionsfreiheit anerkannten religiösen Vereinigungen sind von Beginn an dazu bestimmt, religiösen Zwecken zu dienen. Dies ergibt sich bereits aus ihrem Gründungsakt. Auch eine Kapitalgesellschaft kann jedoch bereits zum Gründungszeitpunkt in ihrer Satzung festhalten, dass sie ihre Geschäfte im Einklang mit bestimmten Glaubenslehren führen möchte. Gerade bei der Kenntlichmachung im Rahmen der Satzung oder des Gesellschaftsvertrages erfolgt eine Verlautbarung nach außen und es wird ausdrücklich und für alle Gesellschafter/Mitglieder bindend herausgestellt, dass die gewählte Rechtsform – das gewählte „Wesen" der Rechtsform im Sinne des Art. 19 Abs. 3 GG – der Grundrechtsgeltung nicht entgegenstehen soll. Sowohl die Personengesellschaft, die ihren Willen und ihren gemeinschaftlichen Zweck über den Gesellschaftsvertrag definiert, als auch die juristische Person, die sich eine verbindliche Satzung gibt, macht ihre Einstellung dadurch nach außen kenntlich; formt dadurch folglich ihr Wesen und stellt den Religionsbezug her. Die in diesem Sinne religiöse Gesellschaft selbst wird Subjekt eines etwaigen Grundrechtseingriffs[734] und kann sich, aufgrund ihrer eigenen religiösen Zwecksetzung, in einer grundrechtstypischen Gefährdungslage befinden.[735]

cc. Unerheblichkeit eines personalen Substrats

In den soeben aufgeführten Konstruktionen knüpft die Begründung der Grundrechtsfähigkeit juristischer Personen nicht etwa explizit an das vorhandene personale Substrat an. Vielmehr wird die Grundrechtsfähigkeit auch solcher juristischer Personen, die sich nach der hier vertretenen Ansicht mangels hinreichendem personalen Substrat nicht auf die Religionsfreiheit berufen können, über eine vorhandene grundrechtstypische Gefährdungslage begründet. Eine solche kann sich durch Gesetz oder durch den Gesellschaftszweck ergeben. Die Grundrechtsträgerschaft soll sich auf

734 Vgl. für die amerikanische Rechtsprechung *Rosenberg*, The Corporate Paradox of Citizens United and Hobby Lobby, 11 N.Y.U. J. L. & Liberty 308, 317 (2017).

735 So auch *Kingreen/Möslein*, JZ, 2, 2016, 57 (65).

diejenigen Grundrechte erstrecken, die nach Gesetz und der geltenden Satzung eröffnet sind.[736] Der Überlegung, auch denjenigen juristischen Personen, insbesondere wohl auch Aktiengesellschaften, im Fall der religiösen Zwecksetzung eine Berufung auf die Religionsfreiheit zu gestatten, liegen folgende Erwägungen zugrunde:

Die Satzung kommuniziert im übertragenen Sinn die Einstellung der juristischen Person. Sie ist insoweit relevant als sie bei juristischen Personen, bei denen das Individuum derart in den Hintergrund tritt, dass die juristische Person lediglich als Kapitalsammelbecken am Markt auftritt, in der Lage ist, qualifizierbar auszumachen, welchen Werten sich die juristische Person als solche verpflichtet fühlt.

Gerade wenn man die Überlegung einer grundrechtstypischen Gefährdungslage zugrunde legt, sprechen Gründe dafür, all jenen juristischen Personen, unabhängig von einem qualifizierbar auszumachenden personalen Substrat eine Berufung auf die Religionsfreiheit zu erlauben, wenn sie ihrem Satzungszweck nach einem bestimmten Glauben zumindest auch zu dienen bestimmt sind. Vergleichbar mit der Rechtsprechung des BVerfG zur juristischen Person des öffentlichen Rechts könnte die Satzung dazu führen, dass die juristische Person „unmittelbar dem durch die Grundrechte geschützten Lebensbereich zuzuordnen ist".[737] Ausdrücklich bejaht wurde dies bisher nur für die Kirchen im Hinblick auf die Religionsfreiheit, die Rundfunkanstalten im Hinblick auf die Rundfunkfreiheit und bei Universitäten im Hinblick auf die Freiheit von Forschung und Lehre.[738]

Bei anderen juristischen Personen des öffentlichen Rechts, den Innungen, hat das BVerfG jedoch weitere Ausnahmen mit Hinblick auf die Zwecksetzung der juristischen Person des öffentlichen Rechts vorgenommen. Sofern die Innungen nicht in Wahrnehmung ihrer öffentlichen Aufgaben, sondern in ihrer Funktion als Interessensvertretung ihrer Mitglie-

---

736 *Tettinger*, in: HBG Bd. II, § 51, Rn. 29, der im Weiteren davon ausgeht, dass unter anderem die AG „angesichts ihres deutlichen personellen Substrats für ihre satzungs- oder gesellschaftsvertraglich näher konturierten Aktivitäten Grundrechtsschutz verlangen kann" und insoweit im Gegensatz zu der hier vertretenen Ansicht auch bei der Aktiengesellschaft als Anknüpfungspunkt noch ein hinreichend quantifizierbares personales Substrat als gegeben sieht.

737 Zu dieser Rechtsprechung siehe die neuere Entscheidung BVerfGE 143, 246 m.w.N.

738 Für die Rundfunkanstalten bspw. BVerfGE 31, 314; für die Universitäten BVerfGE 15; 256; 95, 83; für die Kirchen vgl. bereits Kap. 2 Teil 3 II. dieser Arbeit.

der tätig sind, können sie Grundrechtsschutz in diesem Bereich beanspruchen. Die Rechtsprechung des BVerfG zu den Innungen[739] wird in einem aktuellen Urteil des BGH aufgegriffen. Hierin wird einmal mehr deutlich, welche Bedeutung dem Zweck einer Vereinigung zukommt und welche Auswirkung dieser Zweck auf ihre Grundrechtsfähigkeit im Einzelfall haben kann.[740] Das Urteil trifft Aussagen über die Meinungsfreiheit einer juristischen Person des öffentlichen Rechts, genauer, der Bundesinnung für Hörgeräteakustiker (biha). Der BGH stellt nicht etwa darauf ab, dass die Bundesinnung als atypische juristische Person des öffentlichen Rechts letztlich doch aus Individuen besteht, die sich zu einer gemeinsamen Zweckverfolgung zusammen geschlossen haben, sondern auf die Funktion derartiger Organisationseinheiten nach dem Gesetz zur Ordnung des Handwerks (HwO).

Die Klägerin ist Hörgeräteakustikerin und vertreibt Hörhilfen auf dem sog. „verkürzten Versorgungsweg".[741] Die Beklagte zu 1) ist Bundesinnung der Hörgeräteakustiker und als Körperschaft des öffentlichen Rechts organisiert. Mitglieder der Beklagten zu 1) sind überwiegend öffentlich niedergelassene Hörgeräteakustiker. Nach § 54 Abs. 1 S. 1 HwO ist es Aufgabe der Handwerksinnung, die gemeinsamen gewerblichen Interessen ihrer Mitglieder zu fördern. Auch ausweislich des § 1 der Satzung der biha erfolgt der Zusammenschluss zur Förderung gemeinsamer gewerblicher Interessen.[742] Die Etablierung des verkürzten Versorgungswegs wird von der Bundesinnung öffentlich kritisiert. Es werde für schlechte Qualität gutes Geld ausgegeben, da der Arzt nie gelernt habe, ein Hörgerät einzustellen. Die Klägerin hat Klage auf Unterlassung derartiger Äußerungen erhoben. Nach Ansicht der Klägerin handelt es sich bei den von der Beklagten getätigten Äußerungen um eine unlautere Herabsetzung im Sinne des UWG. Die Unzulässigkeit der Äußerungen ergäben sich schon aus der Organisationsform als Körperschaft des öffentlichen Rechts. Auf das Grundrecht der Meinungsfreiheit könne sich die Beklagte als juristische Person des öffentlichen Rechts nicht berufen.[743]

---

739 BVerfGE 70, 1; 75, 192.

740 BGH, 1.3.2018 – I ZR 264/16 = BeckRS 2018, 5606.

741 Hierbei nimmt der HNO-Arzt eine Vielzahl von Leistungen, die im Rahmen des klassischen Versorgungswegs vom Hörgeräteakustiker vorgenommen werden, bereits selbst in seiner Praxis vor.

742 Einsehbar unter https://www.biha.de/pages/biha/satzung.php (zuletzt besucht am 23.3.2020).

743 BGH, 1.3.2018 – I ZR 264/16 = BeckRS 2018, 5606, Rn. 2 f.

Dies sieht der BGH anders. Er ist der Ansicht, das Grundrecht der Meinungsfreiheit finde auf die biha seinem Wesen nach Anwendung. Bezugnehmend auf die Durchgriffstheorie des BVerfG geht der BGH zunächst davon aus, dass danach juristische Personen des öffentlichen Rechts, die üblicherweise öffentliche Aufgaben wahrnehmen, keinen Grundrechtsschutz gegen staatliches Handeln beanspruchen könnten. Laut BGH ist dafür aber nicht die Rechtsform als solche ausschlaggebend.

> „Maßgebend ist vielmehr, ob und inwieweit in der Rechtsstellung als juristische Person des öffentlichen Rechts eine Sach- und Rechtslage Ausdruck findet, welche nach dem „Wesen" der Grundrechte deren Anwendung auf juristische Personen entgegensteht. Dabei kommt es namentlich auf die Funktion an, in der eine juristische Person des öffentlichen Rechts von dem beanstandeten Akt der öffentlichen Gewalt betroffen wird. [...] Die Doppelnatur von Berufsverbänden [...] führt dazu, dass Grundrechtsfähigkeit in Betracht kommt, soweit nicht die Funktion als Teil der öffentlichen Verwaltung, sondern die Wahrnehmung der gemeinsamen berufsständischen und wirtschaftlichen Interessen der in den Verbänden zusammengeschlossenen Berufsträger betroffen sind."[744]

Der BGH begründet die Grundrechtsfähigkeit der biha mithin in diesem Zusammenhang nicht mit den repräsentierten natürlichen Personen, obwohl bei derartigen atypischen juristischen Personen des öffentlichen Rechts natürliche Personen dahinterstehen. Vielmehr stellt er darauf ab, dass die biha selbst und unabhängig von ihren Mitgliedern in diesem Bereich grundrechtsfähig ist, soweit ihre Aufgabe sowie Funktion und Zwecksetzung die Grundrechtsausübung ist (vorliegend die der Interessenvertretung/Meinungskundgabe). Dies erlaubt nicht nur eine Grundrechtsfähigkeit im Hinblick auf derartige atypische juristische Personen des öffentlichen Rechts zuzulassen, sondern auch solcher juristisch ähnlichen Rechtsformen, die unabhängig von ihren Mitgliedern bestehen und auf ständigen Wechsel angelegt sind.

Nach der zugrundeliegenden Rechtsprechung des Bundesverfassungsgerichts ist

> „ausschlaggebend nicht die Rechtsform als solche, sondern, ob und inwieweit in der Rechtsstellung als juristische Person des öffentlichen Rechts eine Sach- und Rechtslage Ausdruck findet, welche nach dem

744 BGH, Urt. v. 1.3.2018 – I ZR 264/16 = BeckRS 2018, 5606.

> Wesen der Grundrechte deren Anwendung auf juristische Personen entgegensteht."[745]

Dieses Argument ist auch auf private Körperschaften übertragbar. So muss eine Aktiengesellschaft, die sich im Rahmen ihrer Satzungsautonomie einen religiösen Zweck gibt, zumindest bei Wahrnehmung dieser Funktion grundrechtsfähig sein. Sofern die Grundrechtsfähigkeit für eine (zwar atypische) aber dennoch juristische Person des öffentlichen Recht über ihre in ihrer Satzung zum Ausdruck kommenden Funktion begründet werden kann, so kann nichts anderes für juristische Personen des Privatrechts gelten.

Die grundrechtstypische Gefährdungslage erfordert eine Situation, in der die juristische Person sich dem Staat gegenüber in einer Situation befindet, in der sie, vergleichbar mit einer natürlichen Person, des Schutzes durch die Grundrechte bedarf.[746] Nimmt man die juristische Person in diesem Szenario ernst, so ist sie es selbst, die einen möglichen Anknüpfungspunkt für die Berufung auf die Religionsfreiheit durch einen religiös geprägten Satzungszweck determiniert. Wie dem Menschen die Entscheidung darüber, religiös zu sein, zusteht, so steht sie auch der juristischen Person zu. Sofern in diesem Zusammenhang aber Anforderungen an die juristische Person gestellt werden, die mit einer kenntlich gemachten religiösen Einstellung kollidieren, befindet sich die juristische Person in einer Situation, in der sie, vergleichbar mit der natürlichen Person, des Schutzes gegenüber Eingriffen des Staates bedarf.

Der juristischen Person stünden damit, parallel zu den natürlichen Personen, die Mittel zur Verfügung, die es braucht, um sich auf das Grundrecht der Religionsfreiheit berufen zu können. Insoweit ist der Kenntlichmachung der Religiosität im Rahmen der Satzung auch eine andere Bedeutung beizumessen, als beispielsweise die Kenntlichmachung im Rahmen eines Statements auf der Homepage des Unternehmens oder eines Infobriefs an alle Gesellschafter/Aktionäre etc. Der wertungsmäßige Unterschied liegt darin, dass die Äußerung zur Religiosität der Gesellschaft im Rahmen des Gesellschaftsvertrags oder der Satzung in einem Zusammenhang erfolgt, in dem die Gesellschaft sich sozusagen ihre konstitutiven Merkmale gibt und vereinbart, was verbindlich gelten soll. Erfolgt ein solches religiöses Bekenntnis beispielsweise im Rahmen der Satzung einer Körperschaft, so ist von Beginn an klargestellt, dass die Körperschaft die in

745 BVerfGE 70, 1 (20); 75, 192 (196 f.).
746 BVerfGE 106, 28 (42 f.).

der Satzung enthaltene kenntlich gemachte Einstellung hat. Die Satzung ist dann verbindlich und Mitglieder können auf ihrer Grundlage beitreten, ohne dass es einer weiteren Entscheidung bedarf. Der Inhalt der Satzung wird mit Entstehung der eigenen Rechtspersönlichkeit der Körperschaft zum „objektiven Normsystem“ und löst sich vom zugrundeliegenden Willen der natürlichen Personen.[747] Die Satzung wird damit zur „Verfassung“[748] der Gesellschaft. Sie

> „objektiviert fortan das rechtliche Wollen des Vereins als der Zusammenfassung seiner Mitglieder. Gründerwillen und -interessen treten zurück; an ihrer Stelle gewinnen der Vereinszweck und die Mitgliedsinteressen die rechtsgestaltende Kraft, auf die es alleine noch ankommen kann.“[749]

Wenn diese korporative Verfassung aber aussagt, dass die Gesellschaft religiös ist oder sich auch im Rahmen ihrer unternehmerischen Tätigkeit einem Glauben verpflichtet fühlt und sich dies insbesondere auch in ihrer Tätigkeit niederschlägt, dann erscheint nicht nachvollziehbar, aus welchen Gründen derartigen Gesellschaften eine Berufung auf die Religionsfreiheit versagt sein sollte.

Was die Gesellschafter in ihrer Satzung als Unternehmenszweck vereinbaren, obliegt ihnen. Demnach ist es den Gesellschaften aber auch erlaubt, neben der Verfolgung wirtschaftlicher und gewinnorientierter Zwecke, religiöse Zwecke beziehungsweise den Hauptzweck der Gewinnerzielung im Einklang mit religiösen Werteentscheidungen zu verfolgen. Dies spricht nicht nur dafür, dass die Satzung entscheidendes Kriterium sein kann, sondern auch dafür, dass alleine das Vorliegen einer gewinnorientierten Tätigkeit nicht ausschlaggebend sein darf, einer Gesellschaft die Berufung auf die Religionsfreiheit zu versagen.[750] Der Gesellschaft sollte mithin der Grundrechtsschutz zukommen, der es ihr ermöglicht, ihren legitimen Zweck zu verwirklichen.[751] In diesem Sinne enthält beispielsweise das

---

747 *Koch*, in: Hüffer/Koch AktG Kommentar, § 23, Rn. 7.

748 BGHZ 21, 370 (374 f.) „[...] und seine Satzung [die des nichtrechtsfähigen Vereins] verliert ihren Vertragscharakter und wird kraft Korporationsrechts zur Verfassung sobald der Verein ins Leben tritt.“; BGHZ 47, 172 (179 f.).

749 BGHZ 47, 172 (179 f.).

750 Vgl. für die amerikanische Seite bspw. *Meese/Oman*, 127 Harv. L. Rev. 273, 281 f. (2013-2014); *Sepinwall*, 5 Harv. Bus. L. Rev. 173, 182 (2015).

751 Für das amerikanische Recht vgl. *Greenfield*, Boston College of Law 366, 309, 322 (2015), der sich im Weiteren dann jedoch dafür ausspricht, die Religions-

„statement of purpose“ des klagenden amerikanischen Unternehmens Hobby Lobby folgenden Passus:

> „We are committed to: Honoring the Lord in all we do by operating the company in a manner consistent with Biblical principles“.[752]

Durch die autonome Zwecksetzung im Rahmen der Satzung ergibt sich für die juristische Person eine mit der natürlichen Person vergleichbare grundrechtstypische Gefährdungslage. Die Grundrechtsträgerschaft folgt aus der grundrechtsspezifischen Zwecksetzung.[753]

(1) Missbrauchsargument

Einer derartigen Auslegung steht auch nicht das oftmals in diesem Zusammenhang vorgebrachte Missbrauchsargument entgegen, wonach man mit der Anerkennung der Religionsfreiheit Gefahr läuft, dass sämtliche große Wirtschaftsunternehmen sich auf einmal auf die Religionsfreiheit berufen, um etwaigen ihnen auferlegten Zahlungen zu entgehen.[754] Diese Praxis wäre zum einen schon viel zu umständlich und zum anderen verbleibt in jedem Einzelfall die Prüfung der Ernsthaftigkeit des Glaubens. Auch im Fall von Hobby Lobby wurde geprüft, ob die Einwände gegen die Regelungen von Obamacare ernsthaft glaubensgeleitet waren und festgestellt, dass es sich dabei eben nicht um eine gezielte Maßnahme handelte, um Geld zu sparen, sondern, dass es sich um eine einzelne einer Vielzahl von Maßnahmen handelte, welche die religiöse Unternehmenspolitik prägen.

(2) Möglichkeit der Änderung des Satzungszwecks mit qualifizierter Mehrheit

Daneben könnte einem in den Sinn kommen, dass eine derartige am Satzungszweck orientierte Auslegung die Erkenntnis, die die über die Durch-

---

freiheit nicht auf juristische Personen anzuwenden, da diese es beinhalte, ein Gewissen zu haben und ein solches nur natürliche Personen haben könnten.

752 Siehe https://www.hobbylobby.com/about-us/our-story (zuletzt abgerufen am 23.3.2020).

753 So auch *Kingreen/Möslein*, JZ 2, 2016, 57 (65).

754 So wohl aber die Kritiker einer Religionsfreiheit juristischer Personen, die in der „Durchbrechung“ des Trennungsprinzips die Gefahr des Rosinenpickens sehen.

griffstheorie begründete Grundrechtsfähigkeit juristischer Personen gebracht hat, dass es nämlich auf die Grundrechtsausübung der hinter der juristischen Person stehenden natürlichen Personen ankommt, konterkariert. Den Satzungszweck zum relevanten Kriterium zu erheben, legt die Entscheidung über die Religiosität der Gesellschaft in die Hände derjenigen, die im Gründungsstadium befugt sind, den Satzungszweck zu bestimmen sowie später in die Hände derjenigen, die befugt sind, eine Satzungsänderung vorzunehmen. Letztlich würde dies jedoch darauf hinauslaufen, für die Grundrechtsfähigkeit juristischer Personen auf die Entscheidung der entscheidungsbefugten Organe innerhalb der Gesellschaft abzustellen und insoweit in Kauf zu nehmen, dass die Entscheidung über die religiöse Einstellung einer juristischen Person letztlich eine Mehrheitsentscheidung sein kann. Für eine Satzungsänderung sowohl bei der GmbH als auch der AG wird nämlich lediglich eine dreiviertel Mehrheit benötigt.[755] Es könnte sich oftmals gerade nicht, wie bei den religiösen Vereinigungen, die bereits durch ihren Gründungsakt dazu bestimmt sind, religiöse Zwecke zu verfolgen, um eine „originäre Prägung“[756] der Identität der Gesellschaft handeln. Vielmehr kann die Prägung mit jedem Gesellschafterbeschluss wechseln.

Wenn man jedoch allein auf das Kriterium der grundrechtstypischen Gefährdungslage abstellt und zulässt, dass eine solche über die autonome Zwecksetzung entsteht, so ist es irrelevant, dass diese Zwecksetzung nicht durch einstimmige Entscheidungsprozesse zustande kommt, da die Homogenität der Willensbildung etwaiger natürlicher Personen gerade nicht relevantes Kriterium ist.[757] Eine konsequente Anwendung der grundrechtstypischen Gefährdungslage nimmt die juristische Person als vollständig eige-

755 § 53 GmbHG: (1) Eine Abänderung des Gesellschaftsvertrags kann nur durch Beschluss der Gesellschafter erfolgen. (2) Der Beschluss muss notariell beurkundet sein, derselbe bedarf einer Mehrheit von drei Vierteilen der abgegebenen Stimmen.; § 179 AktG: (1) Jede Satzungsänderung bedarf eines Beschlusses der Hauptversammlung. [...] (2) Der Beschluss der Hauptversammlung bedarf einer Mehrheit, die mindestens drei Viertel des bei der Beschlussfassung vertretenen Grundkapitals umfasst.

756 Diesen Begriff verwenden *Kingreen/Möslein*, JZ 2, 2016, 57 (65).

757 Vgl. *Checketts*, 41 J. Corp. L. 971, 990 (2015-2016), der sich sogar für eine Religionsfreiheit von „publicly held corporations“ ausspricht und in diesem Zusammenhang zu Mehrheitsentscheidungen sagt, dass „there is a greater likelihood that a minority of shareholders of a publicly held corporation will have their beliefs silenced by those of the majority. But the reality is that minorities [...] have their beliefs and preferences overridden by that of the majority on a regular basis.“.

nes und selbstständiges Rechtssubjekt in jeglicher Hinsicht ernst und entspricht insoweit *Gierkes* Auffassung von der juristischen Person. Die hinter der juristischen Person stehenden natürlichen Personen sind gänzlich irrelevant und mithin auch ihre individuellen Einstellungen. Die juristische Person im engeren Sinne kann hiernach ohne weiteres eine religiöse Einstellung haben, die sich von der der Gesellschafter unterscheidet.[758]

Ausschlaggebend ist allein der objektive Inhalt der Satzung, der der Gesellschaft eine bestimmte Richtung vorgibt. Inwieweit sich eine religiöse Zwecksetzung ernsthaft auch in der Gesellschaftsführung niederschlägt, ist eine nächste Prüfungsebene, die das Gericht in jedem Fall vorzunehmen haben wird, wenn sich eine in diesem Sinne religiöse juristische Person auf die Religionsfreiheit beruft.

So sah es auch der Richter, der in dem vor dem schweizerischen Bundesgericht geführten Verfahren Buchdruckerei Elgg AG die abweichende Meinung geschrieben hat. Er ist der Ansicht, dass die Verweigerung der Berufung einer juristischen Person auf die, zumindest negative, Religionsfreiheit, eine „Rechtsungleichheit" darstellt. Er knüpft an die Organe der juristischen Rechtsperson an und erläutert, dass diese für die juristische Person jegliche Entscheidungen treffen können, die damit verbunden sind, einen Willen zu bilden.[759] Nachvollziehbar sei, dass juristische Personen keinen Militärdienst oder Ähnliches leisten müssten, da sie hierfür keine „Hände und Füße hätten". Dieser Unterschied zwischen den juristischen Personen und den natürlichen trete aber gerade bei der Willensbildung nicht derart maßgebend zu Tage, da die Willensbildung der juristischen Person über die Organe der Gesellschaft erfolge.[760]

Unabhängig von der Rechtsform muss mithin unter Anwendung des Kriteriums der grundrechtstypischen Gefährdungslage für solche juristischen Personen im engeren Sinne das Grundrecht der Religionsfreiheit Anwendung finden, die sich ihm Rahmen ihrer Satzung an Werte einer bestimmten Religion binden und ihr Handeln danach ausrichten.

---

758 Vgl. für das amerikanische Recht *Iuliano*, 90 Ind. L. J. 47, 62 (2015).

759 Abweichende Meinung eines Bundesrichters im Fall Buchdruckerei Elgg AG, abgedruckt in: ZBl. 1977, 172 (173 f.).

760 Abweichende Meinung eines Bundesrichters im Fall Buchdruckerei Elgg AG, abgedruckt in: ZBl. 1977, 172 (173 f.); vergleichbar hiermit ist auch die von *Johnson* und *Millon* geäußerte Ansicht, dass sich, stellt man auf die entscheidungsbefugten Organe ab, die juristische Person ohne weiteres auch auf die Religionsfreiheit berufen könne, *Johnson/Millon*, 70 Bus. Law 1, 17 (2014), vgl. hierzu bereits. Fn. 606 ff.

3. Zwischenergebnis

Grundsätzlich können sich juristische Personen im engeren Sinne ihrem Wesen nach nicht auf die Religionsfreiheit berufen. Dem steht nicht nur das Wesen der juristischen Person, sondern auch das Wesen der Religionsfreiheit sowie das Wesen der Grundrechte im Allgemeinen entgegen. Zwar sollen dem Wesen der Religionsfreiheit nach nicht nur natürliche Personen von ihr geschützt werden, sondern durchaus auch Vereinigungen und Korporationen. Doch stellt sich die Religionsfreiheit als ein Grundrecht dar, das letztlich immer an die religiöse Integrität des Einzelnen als Ausgangspunkt anknüpft. Insoweit muss auch im Rahmen der Grundrechtsberechtigung einer Gesellschaft ein gewisses Mindestmaß an personeller Verknüpfung zum Willensbild der Gesellschaft herstellbar sein.

Dies ist zwar auch bei juristischen Personen im engeren Sinn irgendwie herstellbar, da auch hier natürliche Personen als Organe für die juristische Person handeln, so dass letztlich auch die juristische Person im engeren Sinne immer Ausdruck der freien Entfaltung der natürlichen Personen ist. Im Unterschied zu den Personengesellschaften ist es bei den juristischen Personen im engeren Sinn jedoch nahezu ausgeschlossen, ein einheitliches Willensbild herzustellen oder zu transportieren. Das Wesen der juristischen Personen im engeren Sinne zeichnet sich letztlich durch eine heterogen zusammengesetzte Funktionseinheit aus, die gerade im Bereich der AG völlig losgelöst vom Leben und Wirken der einzelnen Mitglieder ist.

Daneben bestehen jedoch auch im Bereich der juristischen Personen atypische Konstellationen wie beispielsweise die gesetzlich zulässige Einpersonengesellschaft sowie familiengeführte juristische Personen im engeren Sinne. Obwohl es sich hierbei um juristische Personen im engeren Sinne handelt, ist in diesen Fällen aufgrund der personellen Identität zwischen Gesellschaft und Gesellschaftern und dem daraus folgenden Gleichklang des Willens und Wirkens der Gesellschaft mit demjenigen der Gesellschafter die Möglichkeit der Berufung auf die Religionsfreiheit zu bejahen.

Eine solche wertenden Betrachtung im Einzelfall entspricht bewährter gesellschaftsrechtlicher Betrachtungsweise in Rechtsprechung und Schrifttum. Es ist anerkannt, dass für die Anwendung von einerseits für Personengesellschaften und andererseits für Körperschaften geltender Grundsätze und Grundregeln, der konkreten Struktur der jeweiligen juristischen Person maßgebendes Gewicht für eine Entscheidung im Einzelfall zukommt: Bei der Auslegung etwa von Gesellschaftsverträgen und Satzungen wird zwischen subjektiver Auslegung bei Personengesellschaften und objektiver Auslegung bei juristischen Personen im engeren Sinne unterschieden.[761] Die subjektive Auslegung ist angelehnt an die Vertragsauslegung, d. h., eine Auslegung des Gesellschaftsvertrags kann grundsätzlich auch gegen den Wortlaut erfolgen, wenn ein davon abweichender übereinstimmender Wille der Gesellschafter festgestellt werden kann. Bei juristischen Personen im engeren Sinne kann es jedoch aufgrund der dort typischerweise vorherrschenden Mitgliederfluktuation nicht auf die subjektive Vorstellung der (welcher?) Mitglieder ankommen, sodass eine objektive Auslegung, wie bei Gesetzen, erfolgt.[762]

Von diesem Grundsatz kann aber dann abgewichen werden - und wird vom BGH auch abgewichen - wenn eine atypische Gesellschaftsform vorliegt. So hat der BGH in einem aktuellen Urteil entschieden, dass der Beschluss einer Publikumsgesellschaft wegen des fehlenden personalen Bezugs nach seinem objektiven Erklärungsbefund auszulegen ist.[763] Bei Gesellschaftsverträgen einer Körperschaft bedarf es laut BGH wegen der körperschaftlichen Struktur mit einer Vielzahl von persönlich nicht miteinander verbundenen Gesellschaftern und einem wechselnden Mitgliederbestand grundsätzlich einer einheitlichen objektiven Auslegung, um den Inhalt von Beschlüssen oder dem Gesellschaftsvertrag auch für später beitretende Gesellschafter verlässlich zu bestimmen.[764]

Das lässt sich für die Frage der Grundrechtsfähigkeit verwerten: Einerseits können hiernach Personengesellschaften mit körperschaftlicher Struktur, wie beispielsweise eine als GbR organisierte Publikumsgesellschaft mit vielen und wechselnden Mitgliedern, wegen des fehlenden personalen Bezugs nicht Träger des Grundrechts der Religionsfreiheit sein. Andererseits kann ein konkret vorhandener personaler Bezug bei einer Körperschaft, wie beispielsweise die Anteile einer AG in fester und dauerhafter Hand weniger Familienmitglieder, die Grundrechtsfähigkeit der Gesellschaft im Hinblick auf die Religionsfreiheit wegen des vorhandenen personalen Substrats rechtfertigen. Der BGH würde wohl in so einem Fall die Satzung der Familien-AG subjektiv auslegen.

Dieses Argument kann nicht nur als Anhaltspunkt dafür herangezogen werden, auf die jeweilige Situation abzustellen und insbesondere atypische

---

761 *Riemenschneider/Freitag*, in: MünchHdBGesellR, § 5, Rn. 7; *Schmidt*, Gesellschaftsrecht, S. 87 f.

762 *Riemenschneider/Freitag*, in: MünchHdBGesellR, § 5, Rn. 7.

763 *BGH*, Urt. v. 6.3.2018 – II ZR 1/17, Leitsatz; so auch bereits *BHG*, NJW 1979, 419; 1979, 2102; 1982, 877.

764 *BGH*, Urt. v. 6.3.2018 – II ZR 1/17, *juris* Rn. 16 f.

juristische Personen im engeren Sinne gegebenenfalls einer anderen Bewertung zuzuführen, sondern auch dafür, es gerade bei Kapitalgesellschaften wie der AG zuzulassen, den autonomen Satzungszweck zum relevanten Kriterium im Hinblick auf die Religiosität einer Gesellschaft zu erklären.

Wendet man neben dem Kriterium eines hinreichenden personalen Substrats mithin das Kriterium der grundrechtstypischen Gefährdungslage als Begründungselement für die Grundrechtsfähigkeit juristischer Personen an, besteht eine Religionsfähigkeit derjenigen juristischen Personen im engeren Sinne, die sich aufgrund ihrer autonomen Zwecksetzung oder aufgrund gesetzlicher Vorgaben in einer grundrechtstypischen Gefährdungslage befinden.

IV. Mittelbarer Grundrechtseingriff für die natürlichen Personen

1. Vorüberlegung

Für die juristischen Personen, denen eine Berufung auf die Religionsfreiheit als Gesellschaft nach den aufgeführten Begründungsansätzen nicht möglich ist, kann man sich darüber hinaus die Frage stellen, ob über die Konstruktion des mittelbaren Grundrechtseingriffs weitergehender Grundrechtsschutz zumindest für die dahinterstehenden natürlichen Personen hergestellt werden kann. Damit wäre es einzelnen Gesellschaftern/Mitgliedern der Gesellschaft möglich, gegen Regelungen, die die Gesellschaft treffen und den Einzelnen seiner Meinung nach in der eigenen Religionsfreiheit verletzten, unter Berufung auf die individuelle Religionsfreiheit vorzugehen.

2. Die Konstellation des mittelbaren Grundrechtseingriffs

Grundsätzlich handelt es sich bei Eingriffen in Grundrechte um Einschränkungen von in den Schutzbereich eines Grundrechts fallendem Verhalten seitens des Staates.[765] Zwischen dem Schutzbereichsgehalt und dem Eingriff besteht eine Wechselwirkung dahingehend, dass nur in Verhalten eingegriffen werden kann, das in den Schutzbereich eines Grundrechts

765 *Peine*, in: HBG Bd. III, § 57, Rn. 31; *Herdegen*, in: Maunz/Dürig, Art. 1 Abs. 3, Rn. 40; *Lang*, in: Epping/Hillgruber BeckOK GG, Art. 2, Rn. 23.

fällt.[766] Nach dem klassischen Eingriffsbegriff greift der Staat imperativ, unmittelbar und final, also zielgerichtet, in das grundrechtlich geschützte Verhalten ein.[767] Beispiele für derartige Grundrechtseingriffe stellen vor allem Ge- und Verbote dar, die einseitig eine Verhaltensanordnung gegenüber dem Adressaten aussprechen sowie rechtsgestaltende Regelungen, die ein Verhalten, das in den Schutzbereich eines Grundrechts fällt, einschränken oder unmöglich machen.[768]

Neben derartigen klassischen Grundrechtseingriffen kommt es aufgrund der vielfältigen Möglichkeiten staatlichen Handelns daneben zu weiteren Konstellationen, in denen ein Grundrechtseingriff vorliegen kann, ohne dass die dem klassischen Grundrechtseingriff eigenen Merkmale erfüllt sind. Eingriffe können etwa auch als unbeabsichtigte Nebenfolge staatlichen Handeln, als Folge schlichten Verhaltungshandelns oder mittelbar, als zwar vom Staat hervorgerufene, aber nicht durch Zwang herbeigeführte Beeinträchtigung, entstehen.[769] Anerkannte Beispiele im Zusammenhang mit mittelbaren Eingriffen in die Religionsfreiheit sind etwa staatliche Warnungen vor Jugendsekten, die Dritte davon abhalten sollen, mit dieser Jugendsekte in Kontakt zu treten.[770] Derartigen Warnungen fehlt sowohl die Rechtsförmigkeit als auch die Unmittelbarkeit. Aber auch unmittelbar an Dritte gerichtete oder neutrale Regelungen können mittelbare Eingriffe in die Grundrechte des Einzelnen darstellen, wenn ihre Auswirkungen die Schwelle eines Grundrechtseingriffs erreichen.[771] Klassische Beispiele hierfür sind der Verwaltungsakt mit Drittwirkung aus dem Bereich des Baurechts und die sog. Konkurrentenklagen. Nach dem modernen Eingriffsbegriff ist damit ein Eingriff „jedes staatliche Handeln, das dem Einzelnen ein Verhalten, das in den Schutzbereich eines Grundrechts fällt, ganz oder teilweise unmöglich macht, dieses sanktioniert oder nicht unerheblich erschwert.“[772] Ein mittelbarer Eingriff entsteht nach den Worten des BVerfG „aus einem komplexen Geschehensablauf, bei dem Folgen grundrechtserheblich werden, die indirekt mit dem eingesetzten Mittel oder dem verwirklichten Ziel zusammenhängen.“[773]

---

766 *Hillgruber*, in: HStR Bd. IX, § 200, Rn. 77.
767 Vgl. BVerfGE 105, 279 (300).
768 *Sachs*, in: Sachs GG Kommentar, Art. 1, Rn. 80.
769 *Peine*, in: HBG, Bd. III, 2009, § 57, Rn. 29 ff.; *Bethge*, in: HBG Bd. III, 2009, § 58, Rn. 16; *Mann*, in: Sachs GG Kommentar, Art. 12, Rn. 95.
770 BVerfGE 105, 279.
771 *Di Fabio*, in: Maunz/Dürig, Art. 2, Rn. 49.
772 *Peine*, in: HGR, Bd. III, 2009, § 57, Rn. 31.
773 BVerfGE 105, 279 (304).

Der zu Anfang der Arbeit geschilderte Fall Hobby Lobby kann herangezogen werden, um das Bedürfnis der Anerkennung derartiger mittelbarer Grundrechtseingriffe nachzuvollziehen: In besagtem Fall hatten nicht nur die Unternehmen, Conestoga Wood Specialties und Hobby Lobby, Klage erhoben, sondern auch die natürlichen Personen, die Familien Green und Hahn. Der Third Circuit Court wies die von den Hahns als natürliche Personen vorgebrachten Anträge zurück, da die zugrundeliegende Regelung den Hahns selbst keinerlei Verpflichtungen auferlege.[774] An dieser Stelle könnte man im deutschen Recht nunmehr prüfen, ob die an das Unternehmen gerichtete Verpflichtung zur Zahlung von Krankenkassenbeiträgen, nicht zumindest einen mittelbaren Grundrechtseingriff in die Religionsfreiheit der Familienmitglieder, die zugleich Gesellschafter sind, darstellt.

Ausgangspunkt für die Bestimmung des Vorliegens eines Eingriffs ist mithin nicht mehr die Ausgestaltung des staatlichen Handelns an sich, sondern der grundrechtliche Schutzgehalt des einschlägigen Grundrechts.[775] Der Blick wechselt von Form und Ziel staatlichen Handelns zum Vorliegen einer Beeinträchtigung des Schutzgehaltes des Grundrechts.[776] Die Verantwortlichkeit des Staates besteht nicht nur für zielgerichtetes, grundrechtsbeschränkendes Handeln, sondern darüber hinaus für jeden ihm zurechenbaren und die gleiche Wirkung habenden Erfolg.[777]

Aus der Anerkennung derartiger Grundrechtseingriffe folgt jedoch nicht zugleich, dass jegliche den Grundrechtsträger irgendwie belastende Maßnahme als rechtfertigungsbedürftiger Grundrechtseingriff angesehen werden kann. Insoweit darf auch nicht jede mittelbare Grundrechtsbeeinträchtigung als Eingriff qualifiziert werden.[778] Bei Nichtvorliegen der konstitutiven Merkmale des klassischen Eingriffsbegriffs ist ein mittelbarer Grundrechtseingriff jedenfalls dann gegeben, wenn das staatliche Handeln nicht nur unerhebliche Auswirkungen auf die Grundrechtsausübung des Grundrechtsträgers hat; die Beeinträchtigung muss eine gewisse Erheblichkeit aufweisen.[779] Bei nicht auf eine Beeinträchtigung der Religionsfreiheit des Betroffenen zielenden Regelungen muss eine religionsbeeinträchtigen-

---

774 *Conestoga Wood Specialties Corporation v. Secretary of the U.S. Department of HHS* No. 13-1144 (3rd Circuit, 2014).

775 *Hillgruber*, in: HStR IX, § 200, Rn. 91.

776 *Hillgruber*, in: HStR IX, § 200, Rn. 91.

777 *Hillgruber*, in: HStR Bd. IX, § 200, Rn. 91.

778 *Bethge*, in: HGR, Bd. III, 2009, § 58, Rn. 21.

779 *Germann*, in: Epping/Hillgruber BeckOK GG, Art. 4, Rn. 44; *Manssen*, in: von Mangoldt/Klein/Starck, Art. 12, Rn. 73.

de Wirkung der Maßnahme zumindest als „notwendige oder typische Folge des staatlichen Handelns“ vorhersehbar sein.[780] Bei Regelungen, die an Dritte gerichtet sind, ist die durch das Handeln des Dritten bewirkte und mittelbar auf den Staat zurückzuführende Wirkung ausschlaggebend.[781] Auch das BVerfG erkennt die Kategorie des mittelbaren Grundrechtseingriffs in seiner Rechtsprechung an. Nach Auffassung des BVerfG hat das Grundgesetz den Schutz von Grundrechtsbeeinträchtigungen nicht an den Begriff des Eingriffs gebunden. Vielmehr sind hiernach auch mittelbar faktische Wirkungen relevant.[782] Eine eingriffsgleiche Wirkung sei verfassungsrechtlich bedeutsam, wenn zwar keine unmittelbare Beeinträchtigung erfolge, die mittelbar und faktisch belastende Maßnahme aber nach Wirkung und Zielrichtung einer solchen Beeinträchtigung gleichkomme.[783] Es fehlt nach Ansicht des BVerfG an der für die Grundrechtsbindung maßgebenden eingriffsgleichen Wirkung einer staatlichen Maßnahme, wenn mittelbare Folgen bloßer Reflex einer nicht entsprechend ausgerichteten gesetzlichen Regelung sind.[784]

Es lässt sich Folgendes festhalten: Die Konstruktion des mittelbaren Grundrechtseingriffs ist Reaktion auf die vielfältigen Handlungsmöglichkeiten des Staates. Er erkennt an, dass der Einzelne des Schutzes durch die Grundrechte grundsätzlich nicht nur in Situationen bedarf, in denen der Staat zielgerichtet und rechtsförmig in ein von einem Grundrecht geschütztes Verhalten eingreift. Nicht jede irgendwie geartete Auswirkung auf ein grundrechtlich geschütztes Verhalten ist jedoch als mittelbarer Grundrechtseingriff zu qualifizieren. Die Maßnahme muss vielmehr eine gewisse Erheblichkeit aufweisen und nicht nur unerhebliche Auswirkungen auf die Grundrechtsausübung haben. Wirkung und Zielrichtung der faktisch belastenden Maßnahme müssen einer unmittelbaren Beeinträchtigung gleichkommen.[785]

Fraglich ist in Bezug auf die natürlichen Personen, die mit der Gesellschaft verbunden sind, welche Konstellationen denkbar sind, in denen ein mittelbarer Eingriff in ihre persönliche Religionsfreiheit vorliegen könnte.

---

780 *Germann*, in: Epping/Hillgruber BeckOK GG, Art. 4, Rn. 44.
781 BVerfGE 105, 279 (300); *Germann*, in: Epping/Hillgruber BeckOK GG, Art. 4, Rn. 44.
782 BVerfGE 105, 279 (300 f.).
783 BVerfGE 105, 252 (273).
784 BVerfGE 106, 275 (299); 116, 202 (222).
785 BVerfGE 105, 252 (279).

a. Mittelbarer Eingriff durch eine neutrale oder unmittelbar an einen Dritten gerichtete Regelung

Wie bereits im Zusammenhang mit dem mittelbaren Grundrechtseingriff angedeutet, hätte sich der Third Circuit Court im Fall Hobby Lobby nach deutschem Eingriffsverständnis die Frage stellen können, ob nicht ein mittelbarer Eingriff in die Religionsfreiheit der Familienmitglieder und gleichzeitig Gesellschafter der Unternehmen angenommen werden kann. Die Verpflichtung an die juristische Person, anteilig Krankenkassenbeiträge für ihre Angestellten abzuführen, wäre eine – zumindest auf den ersten Blick – neutrale und unmittelbar an einen Dritten, nämlich die Gesellschaft, gerichtete Regelung. Ein unmittelbarer Eingriff in die Religionsfreiheit der Gesellschafter liegt demzufolge durch diese gesetzliche Regelung nicht vor. Der Staat greift weder unmittelbar in das Verhalten einer bestimmten Person ein noch richtet sich die Regelung gezielt gegen ein von der Religionsfreiheit geschütztes Verhalten.

Vergleichbar könnte man sich auch im Fall der GmbH der muslimischen Metzger die Frage stellen, ob nicht die Regelung, die der Metzgerei das Schächten verbietet, einen mittelbaren Eingriff in die Religionsfreiheit der einzelnen Metzger darstellt, wenn man nicht bereit ist, die Religionsfreiheit der Gesellschaft selbst anzuerkennen. Jedenfalls im Hinblick auf die Kunden der Metzgerei wird ein mittelbarer Eingriff in die Religionsfreiheit in der Literatur bereits befürwortet.[786]

In diesem Zusammenhang denkt *Conring* im Hinblick auf die in der Schweiz in einzelnen Kantonen bestehende Pflicht zur Zahlung der Kirchensteuer von religiös neutralen Wirtschaftsunternehmen darüber nach, ob derartige Besteuerungen bei Ablehnung einer negativen Religionsfreiheit des Unternehmens selbst, nicht zumindest mittelbar die Religionsfreiheit der mit der juristischen Person verbundenen Individuen verletzen.[787]

Das schweizerische Bundesgericht greift diese Fragestellung auf und empfindet die Konstruktion eines mittelbaren Eingriffs zumindest bei großen Erwerbsgesellschaften als „gekünstelt und rein theoretisch".[788] Unter Bezugnahme auf die Organisationsform von Aktiengesellschaften sieht das Gericht eine Betroffenheit in der persönlichen Glaubensfreiheit durch eine Belastung der Aktiengesellschaft mit Kirchensteuern als „schlechthin aus-

786 *Germann*, in: Epping/Hillgruber BeckOK GG, Art. 4, Rn. 46.4.
787 *Conring*, Korporative Religionsfreiheit in Europa, S. 210.
788 ZBl. 1977, 163 (167).

geschlossen".[789] Es sieht jedoch die Möglichkeit eines mittelbaren Eingriffs bei kleineren Unternehmen, etwa in Form der Familienaktiengesellschaft oder Einmann-Aktiengesellschaft.[790] Die Inkorporierung könne in diesem Fall dazu führen, dass ein Konfessionsloser, der als natürliche Person keine Kirchensteuer zahlen müsse, durch die Gründung einer Gesellschaft mittelbar zur Abgabe der Kirchensteuer verpflichtet werde. Dem könne er nur entgehen, wenn er keine juristische Person gründe.[791] Dies sei jedoch, so das Gericht, im Hinblick auf die mit der Inkorporierung einhergehenden Vorteile hinnehmbar.[792]

Der Blick des schweizerischen Bundesgerichts wendet sich bei der Bestimmung eines mittelbaren Eingriffs in die Grundrechte der Individuen einer organisationsrechtlichen Ausrichtung zu. Auch in diesem Zusammenhang scheint der Fokus demzufolge nicht so sehr auf der Frage nach der Ausgestaltung der Maßnahme zu liegen, sondern mehr auf der Organisationsform und der in diesem Zusammenhang bestehenden Trennung oder Nichttrennung des Unternehmens vom Individuum. Es ist hiernach wiederum die Organisationsform, die Anhaltspunkt für die Intensität des mittelbaren Eingriffs ist. Das Vorliegen einer Beeinträchtigung grundrechtlich geschützten Verhaltens hängt mithin auch von der Eigenart der juristischen Person ab.

Nichtsdestotrotz ist im Einzelfall ebenso fraglich, ob nicht auch bestimmte Maßnahmen eher einen mittelbaren Eingriff darstellen können als andere.

aa. Anforderungen an die Ausgestaltung der Regelung

In Bezug auf das Vorliegen von mittelbaren Eingriffen in die Berufsfreiheit stellt das BVerfG beispielsweise folgende Grundsätze auf: Art. 12 Abs. 1 GG entfalte seine Schutzwirkung nur gegenüber solchen Normen und Akten, die sich entweder unmittelbar auf die Berufsfreiheit beziehen oder die zumindest eine objektiv berufsregelnde Tendenz hätten.[793] Eine derartige berufsregelnde Tendenz liegt dann vor, wenn die Regelungen „infolge ihrer Gestaltung in einem engen Zusammenhang mit der Ausübung eines

789 ZBl. 1977, 163 (167).
790 ZBl. 1977, 163 (167).
791 ZBl. 1977, 163 (167).
792 ZBl. 1977, 163 (167).
793 BVerfGE 13, 181 (185 f.); 110, 226 (254).

Berufes stehen und daher - objektiv - eine berufsregelnde Tendenz deutlich erkennen lassen".[794] Hierbei ist nicht die Zielsetzung, sondern sind die tatsächlichen Auswirkungen maßgeblich.[795] Im Zusammenhang mit der Berufsfreiheit und der Anforderung einer objektiv berufsregelnden Tendenz geht es oftmals um Abgabepflichten, die auferlegt werden. In Bezug auf die Religionsfreiheit könnte man mithin überlegen, ob Voraussetzung dafür, dass die Regelung einen mittelbaren Eingriff in die Religionsfreiheit der mit der Gesellschaft in Verbindung stehenden natürlichen Personen darstellt, ist, dass sie eine „objektiv religionsregelnde Tendenz" aufweist. Die Regelung müsste dann, um einen mittelbaren Eingriff darstellen zu können, infolge ihrer Gestaltung in einem engen Zusammenhang mit der Ausübung einer Religion stehen und daher – objektiv – eine religionsregelnde Tendenz deutlich erkennen lassen.

Auch *Walter* setzt sich mit den Anforderungen an religiös neutrale staatliche Regelungen auseinander.[796] Er möchte Auswirkungen, die durch religiös neutrale staatliche Regelungen entstehen und in ihrer Wirkung nur eine sehr mittelbare Beeinträchtigung darstellen, bereits auf der Ebene des Schutzbereichs aus dem durch die Religionsfreiheit geschützten Verhalten ausklammern. Nur dann, wenn zwischen dem in Rede stehenden staatlichen Ge- oder Verbot und dem religiös motivierten Verhalten des Einzelnen „Konnexität" bestehe, sei der Schutzbereich eröffnet.[797] Das geforderte Verhalten oder Unterlassen müsse mit einem dem Gläubigen auferlegten Glaubenssatz kollidieren.[798]

Da es Hintergrund dieses Lösungsansatzes ist, einer Praxis der zu ausufernden Annahme von Grundrechtsbeeinträchtigungen bereits auf Schutzbereichsebene entgegenzuwirken, kann das von *Walter* vorgeschlagene „Konnexitätsgebot"[799] für die Ausgestaltung der neutralen Regelungen herangezogen werden. Sofern beispielsweise nur wirtschaftliche Interessen oder die allgemeine Handlungsfreiheit berührt und keinerlei Bezug zu einem religiösen Gebot nachzuweisen ist, fehlt es an der Konnexität der Regelung und ein mittelbarer Eingriff in die Religionsfreiheit durch sie ist abzulehnen.[800]

---

794 BVerfGE 37, 1 (17).
795 BVerfGE 110, 226 (254).
796 *Walter*, Religionsverfassungsrecht, S. 512 f.
797 *Walter*, Religionsverfassungsrecht, S. 512.
798 *Walter*, Religionsverfassungsrecht, S. 512.
799 *Walter*, Religionsverfassungsrecht, S. 512.
800 So auch *Germann*, in Epping/Hillgruber BeckOK GG, Art. 4, Rn. 46.

Greift man nunmehr das Beispiel der Regelung wieder auf, welche die Gesellschaft zur Zahlung von Krankenkassenbeiträgen verpflichtet, die auch Verhütungsmittel umfassen, muss man sich konkret also folgende Fragen stellen: Führt die Regelung faktisch dazu, dass die natürliche Person einem ihr durch ihre Religion auferlegten Glaubenssatz zuwiderhandeln muss und ist diese Pflicht zur Zuwiderhandlung zumindest objektiv in der Regelung angelegt?

bb. Bewertung

(1) Kein mittelbarer Eingriff bei organschaftlicher Betroffenheit

Bevor der Einzelfall einer Bewertung zugeführt werden kann, muss grundsätzlich geklärt werden, auf welche natürliche Person im Rahmen des personellen Geflechts einer Gesellschaft abzustellen ist. Hierbei stellt sich bei juristischen Personen im engeren Sinne das Problem, dass die natürlichen Personen zunächst immer nur in der ihr in diesem Kontext zugewiesenen Funktion erscheinen. Die juristische Person im engeren Sinne handelt nicht durch natürliche Personen, sondern durch ihre Organe. Zwar sind diese Organwalter wiederum natürliche Personen. Für die Frage ob und bei wem ein Eingriff vorliegt, muss hier jedoch strikt getrennt werden. Das Handeln, zu dem das Organ veranlasst wird, kann nicht der mittelbare Eingriff an sich sein, sondern nur die Grundlage für einen mittelbaren Eingriff in die Religionsfreiheit der natürlichen Person bilden, da dieses Handeln letztlich aufgrund der bestehenden Zurechnung das Handeln der Gesellschaft ist. Die Perspektive kann mithin nicht die der juristischen Person zur handelnden Person sein. Sie muss vielmehr handelnde Person zu handelnder Person sein. Die natürliche Person zeigt sich in dieser Konstellation als Zwitter: Das durch die gesetzliche Regelung veranlasste Handeln der natürlichen Person in der Funktion als Organ der Gesellschaft könnte gleichzeitig einen mittelbaren Eingriff in die Religionsfreiheit des Organwalters als die natürliche Person darstellen.

(2) Übertragung auf die genannten Fälle

Ausgehend von der Konstellation im Fall Hobby Lobby muss die Familie Hahn als entscheidungsbefugtes Organ der Gesellschaft entsprechende Zahlungen veranlassen. Dies müsste eine faktische Beeinträchtigung ihrer individuellen Religionsfreiheit darstellen, die sie in ihrer Eigenschaft als natürliche Person trifft. Ebenso müsste das Schächtungsverbot eine mittelbare Beeinträchtigung der individuellen Religionsfreiheit der einzelnen Metzger darstellen.

Durch das Schächtungsverbot wird dem muslimischen Metzger eine Tätigkeit verboten, die ihm sein Glaube gebietet zu tun. Eine Konnexität im Sinne *Walters* zwischen dem Verbot und dem religiös gebotenen Verhalten wäre hier gegeben. Auch enthält das Schächtungsverbot eine objektiv religionsregelnde Tendenz, wenn man annimmt, dass das Schächten Teil der Religionsausübung ist.[801]

Eine derartige objektive religionsregelnde Tendenz kann am Beispiel der Verpflichtung zur Zahlung von Krankenkassenbeiträgen nur schwer konstruiert werden. Die reine Verpflichtung zur Zahlung von Krankenkassenbeiträgen knüpft inhaltlich nicht daran an, religiöses Verhalten zu regeln. Wendet man hingegen das Konnexitätsprinzip an, so reicht es aus, dass das religiös motivierte Verhalten mit dem Gebot kollidiert. Dies wäre vorliegend nach Aussage der Kläger eindeutig der Fall. Als Korrektiv muss hier jedoch die nur unerhebliche und nicht mit einem klassischen Eingriff vergleichbare Wirkung dienen. Zur Bewertung der Wirkung kann wiederum die einschlägige Gesellschaftsform herangezogen werden, so dass durch die Trennung der juristischen Person im engeren Sinne und den Umstand, dass die juristische Person nur Organe hat, die für sie handeln, eine mit einem klassischen Eingriff vergleichbare Wirkung bei der natürlichen Person nicht anzunehmen wäre.

b. Zwischenergebnis

Die Anerkennung eines mittelbaren Grundrechtseingriffs ist eine Antwort auf die Vielfältigkeit staatlichen Handelns und seiner möglichen Auswirkungen auf die Freiheitsbetätigung des Einzelnen. Damit jedoch die Annahme rechtfertigungsbedürftiger mittelbarer Grundrechtseingriffe nicht überhand nimmt, sind erhöhte Anforderungen an das Vorliegen eines sol-

801 Im Hinblick darauf, das Schächten als Teil der Religionsausübung anzusehen, ist das BVerfG zurückhaltend, siehe hierzu BVerfGE 104, 337 und BVerfG NJW 2002, 1485. Kritisch in Bezug auf diese Rechtsprechung auch *Höfling*, Kopernikanische Wende rückwärts?, in: Festschrift für Rüfner, S. 331; Anders hingegen der EGMR, der das Schächten als Teil der Religionsausübung im Sinne des Art. 9 EMRK ansieht, s. hierzu EGMR Urt. v. 27.6.2000, Cha'are Shalom Ve Tsedek, RJD 2000-VII, Ziff. 73 ff.

chen Grundrechtseingriffs zu stellen. Im Zusammenhang mit der Religionsfreiheit kann dies beispielsweise sein, auf der Seite der staatlichen Maßnahme einen objektiven Religionsbezug dieser zu fordern sowie eine Konnexität zwischen staatlichem Ge- oder Verbot und dem veranlassten Verhalten. Auch sofern diese Voraussetzungen erfüllt sind, ist aber nur dann ein mittelbarer Eingriff anzunehmen, wenn die Wirkung mit einem unmittelbaren Grundrechtseingriff vergleichbar ist. Wann dies der Fall ist, ist immer eine Entscheidung des Einzelfalls. Grundsätzlich lässt sich jedoch auch hier wieder das Argument eines personalen Bezugs verwerten: Ist die Gesellschaft letztlich sinnbildlich ein Äquivalent der hinter ihr stehenden natürlichen Personen, so ist, bei Verneinung eines Grundrechtseingriffs bei der Gesellschaft, ein mittelbarer Grundrechtseingriff bei den Gesellschaftern wahrscheinlich. Hat sich der Einzelne jedoch entschieden, Gesellschafter einer am Kapitalmarkt agierenden Aktiengesellschaft zu werden, so betrifft ihn eine wie im Beispiel genannte Regelung in seiner Eigenschaft als Träger der individuellen Religionsfreiheit grundsätzlich in zu entfernter Weise, als dass sie in ihrer Wirkung einem unmittelbaren Eingriff gleichkäme.

V. Ergebnis Teil 4

Die Organisationsformen, die dem Menschen zur Verwirklichung seiner Freiheiten zustehen, sind vielfältig. Eine Entscheidung für jede einzelne dieser Organisationsformen kann im Rahmen dieser Arbeit nicht getroffen werden. Festhalten lässt sich aber, dass eine jede Form der überindividuellen Organisation gewisse Anhaltspunkte dafür bietet, um zu bestimmen, ob die juristische Person im Einzelfall Träger der Religionsfreiheit sein kann.

Zwar entscheidet weder die Rechtsformwahl als solche noch eine wirtschaftliche Betätigung für sich genommen unmittelbar und abschließend über die Religionsfreiheitsberechtigung. Ausschlaggebend ist aber der Grad der personellen Verknüpfung der Gesellschaft mit ihren Gesellschaftern und/oder, inwieweit die Religiosität der Gesellschafter auf die Gesellschaft als einheitliches Ganzes „durchschlägt", etwa in satzungsgemäßen Zweckauflegungen. Grundsätzlich können daher Personengesellschaften Träger der Religionsfreiheit sein, juristische Personen im engeren Sinne hingegen nicht, es sei denn, sie haben sich in ihrer Verfassung religiös „bekannt". Von dem Grundsatz sind jedoch Ausnahmen zu machen, sofern eine atypische Konstellation vorliegt.

Wenn eine Prüfung ergibt, dass sich eine juristische Person nicht auf die Religionsfreiheit berufen kann, verbleibt die Möglichkeit der Prüfung eines mittelbaren Eingriffs in die Religionsfreiheit des Individuums.

Ergebnis Kapitel 2

Die Annäherung an die Religionsfreiheit juristischer Personen muss zwei Anforderungen genügen: Sie hat zum einen der einfachrechtlichen Wirklichkeit der juristischen Personen gerecht zu werden, ohne auszublenden, dass letztlich immer menschliches Handeln für die Entstehung eben dieser juristischen Personen verantwortlich ist und zum anderen hat die Beantwortung der Frage nach der Eröffnung des Schutzbereichs nicht mit Blick auf mögliche kollidierende Rechte Dritter oder die Gefahr eines Missbrauchs durch die juristische Person zu erfolgen.

Letztlich handelt es sich bei der Frage nach der Religionsfreiheit um eine verfassungsrechtliche und so müssen auch die Wertungen des Verfassungsrechts von ausschlaggebendem Gewicht sein. Das Gesellschaftsrecht bietet die Grundlage für verschiedene Gesellschaftsformen, das Verfassungsrecht bestimmt den Sinn und Zweck einer möglichen Grundrechtserstreckung. Dass die Grundrechte in erster Linie für den Menschen gemacht sind, ist unstreitig. Die Gesellschaftsformen bieten den natürlichen Personen vielfältige Möglichkeiten, sich zu entfalten, angepasst an die Realität des Wirtschafts- und Rechtsverkehrs. Durch das Tätigwerden der natürlichen Person im grundrechtsrelevanten Bereich, entstehen weitere potentielle Grundrechtsadressaten und neue grundrechtstypische Gefährdungslagen für eben diese. Diesen Gegebenheiten trägt die mögliche Grundrechtsfähigkeit juristischer Personen Rechnung und lässt überall dort eine Grundrechtsträgerschaft juristischer Personen zu, wo die „Bildung und Betätigung Ausdruck der freien Entfaltung der natürlichen Personen ist“ und insbesondere der „Durchgriff auf die hinter den juristischen Personen stehenden Menschen die Grundrechtsträgerschaft der juristischen Person als sinnvoll und erforderlich erscheinen lässt“[802].

Vor diesem Hintergrund kann gerade bei den Personengesellschaften die Zuerkennung von Religionsfreiheit nicht lediglich unter Berufung auf eine gewinnorientierte Tätigkeit abgelehnt werden, da ein enger Bezug zu den natürlichen dahinterstehenden Personen gegeben ist. Dagegen fehlt es bei juristischen Personen im engeren Sinne und insbesondere bei kapitalo-

---

802 BVerfGE 21, 362 (369).

rientierten und den Kapitalmarkt in Anspruch nehmende Gesellschaften, wie der AG, regelmäßig an einem personalen Substrat. Dennoch zeigen die Beispiele der Einmann-GmbH sowie der „einheitlich" geführten juristischen Person im engeren Sinne, dass es auch in diesem Bereich atypische Gestaltungsformen gibt, die eine andere Bewertung rechtfertigen. Gerade der besprochene Fall des BverfG über die Religionsfreiheit der muslimischen Metzger, die in einer GmbH organisiert waren, führt das geltende Konzept der Grundrechtsberechtigung juristischer Personen im Hinblick auf die Religionsfreiheit ad absurdum.

Dass die Organisationsform in vielen Fällen nicht mehr als eine Hülle ist, derer sich natürliche Personen bedienen, um im Wirtschaftsverkehr in einer für sie vorteilhaften Art und Weise zu agieren, sie aber auch das Einzige ist, was die zu einer Gruppe zusammengeschlossenen Individuen in diesem Fall von einer Einzelperson unterscheidet, kann wohl nicht deutlicher zu Tage treten, als in diesem Fall. Hier die Anwendung der Religionsfreiheit zu verneinen und dies auch noch vor dem Hintergrund, dass es laut der Rechtsprechung des BverfG für die Grundrechtsberechtigung juristischer Personen auf ein hinreichend vorhandenes personales Substrat ankommt, ist nicht nachvollziehbar.

Dass der Grundrechtsschutz der juristischen Personen, also die Eröffnung des persönlichen Schutzbereichs der Religionsfreiheit, wertungsabhängig erfolgt und – je nach personalem Substrat oder grundrechtstypischer Gefährdungslage – im Einzelfall unterschiedlich ausfallen kann, steht im Einklang mit Art. 19 Abs. 3 GG, der eben nur einen partiellen und dreifach wesensbezogenen Grundrechtsschutz normiert.

Anhaltspunkt für das Ausmaß und die Intensität eines vorhandenen personalen Substrats einer Gesellschaft sind grundsätzlich die gesetzlich zur Verfügung gestellten Gesellschaftsformen. Aufgrund ebenso möglicher Typenverformungen und Typenvermischungen ist jedoch immer auf die konkrete Ausgestaltung im Einzelfall abzustellen. Entscheidend kann mithin letztlich nur sein, ob die Organisation der Gesellschaft ihren Mitgliedern zur Wahrnehmung ihrer grundrechtlich geschützten Freiheiten dient. Dort wo sich die natürlichen Personen der juristischen lediglich als „fiktiven Rechtsträger" zur Wahrnehmung eigener Interessen bedienen, die juristische Person lediglich geeignetes Mittel zur eigenen Interessenwahrnehmung darstellt, wie dies regelmäßig bei Personengesellschaften der Fall ist, überall dort muss die Religionsfreiheit auch auf juristische Personen anwendbar sein. Dort hingegen, wo die juristische Person ein Gebilde ist, das, einmal in die Welt gesetzt, unabhängig von bestimmten natürlichen Personen existiert und auch bei regelmäßigem und vollständigem

Personenwechsel dasselbe bleibt, kann die Religionsfreiheit grundsätzlich keine Anwendung finden.

Sofern die Berufung einer juristischen Person auf die Religionsfreiheit danach abzulehnen ist, ist im Einzelfall ein mittelbarer Grundrechtseingriff in die individuelle Religionsfreiheit der mit der Gesellschaft verbundenen natürlichen Personen zu erwägen. An das Vorliegen eines solchen Eingriffs sind jedoch erhöhte Anforderungen zu stellen.

Kapitel 3: Die Religionsfreiheit juristischer Personen aus europäischer Perspektive

> *„Were the organisational life of the community not protected by Art. 9 of the Convention, all other aspects of the individual's freedom of religion would become vulnerable."*[803]

> *"[...] a limited liability company given the fact that it concerns a profit-making corporate body, can neither enjoy nor rely on the rights referred to in Art. 9, paragraph 1 of the Convention."*[804]

Das 3. Kapitel der vorliegenden Arbeit beschäftigt sich mit der europäischen Rechtslage im Hinblick auf die Religionsfreiheit juristischer Personen. Sowohl die Europäische Grundrechtecharta als auch die Europäische Menschenrechtskonvention enthalten ein Recht auf Gedanken-, Gewissens- und Religionsfreiheit. In der Europäischen Grundrechte Charta ist dies in Art. 10 verankert, in der Menschenrechtskonvention in Art. 9. Eine dem Art. 19 Abs. 3 GG vergleichbare Regelung zur Anwendbarkeit der Grundrechte auf juristische Personen enthält keiner der beiden Vertragstexte.

I. Die Religionsfreiheit des Art. 10 GRCh

Art. 10 Abs. 1 der GRCh lautet wie folgt:

> „(1) Jede Person hat das Recht auf Gedanken-, Gewissens- und Religionsfreiheit. Dieses Recht umfasst die Freiheit, die Religion oder Weltanschauung zu wechseln, und die Freiheit, seine Religion oder Weltanschauung einzeln oder gemeinsam mit anderen öffentlich oder privat durch Gottesdienst, Unterricht, Bräuche und Riten zu bekennen."

---

803 EGMR (GK), Hasan u. Shaush/Bulgarien, Urt. v. 26.10.2000, Nr. 30985/96, Rn. 62.

804 EKMR, *Firma X v. Schweiz*, Appl. No. 7865/77, S. 87.

Art. 10 Abs. 1 GRCh entspricht dem in Art. 9 EMRK garantierten Recht auf Religionsfreiheit.[805] Ausweislich des Art. 52 Abs. 3 GRCh haben die Rechte der Charta, soweit sie den in der EMRK garantierten Rechten entsprechen, die gleiche Bedeutung und Tragweite, wie sie ihnen in der Konvention verliehen wird. Ebenso erklärt Art. 6 Abs. 3 EUV die in der EMRK gewährleisteten Rechte als allgemeine Grundsätze zum Bestandteil des Unionsrechts. Das Verständnis und die Reichweite des Schutzes des Art. 10 GRCh werden daher maßgeblich durch die Rechtsprechung des EGMR zu Art. 9 EMRK bestimmt.[806] Da der Union darüber hinaus keine ausdrücklichen Kompetenzen im Bereich des Staatskirchenrechts oder Religionsrechts in den Mitgliedstaaten zustehen[807] und Art. 51 GRCh nur Organe und Einrichtungen der Union sowie die Mitgliedstaaten bei der Durchführung von Unionsrecht bindet, ist der Anwendungsbereich der Religionsfreiheit des Art. 10 GRCh sehr beschränkt.[808] Äußerst selten hat der EuGH sich daher mit Fragestellungen auseinanderzusetzen, in denen es unmittelbar um die Durchsetzung des Grundrechts auf Religionsfreiheit geht.[809] Insoweit wird im Vorliegenden das Augenmerk auf die Rechtsprechung des EGMR, beziehungsweise die Verfahren vor der ehemals existierenden Europäischen Kommission für Menschenrechte (EKMR) gerichtet, die sich mit der Religionsfreiheit juristischer Personen beschäftigt hat.

II. Die Religionsfreiheit des Art. 9 EMRK

1. Regelungsgehalt

Art. 9 Abs. 1 EMRK lautet wie folgt:

> „(1) Jede Person hat das Recht auf Gedanken-, Gewissens- und Religionsfreiheit; dieses Recht umfasst die Freiheit, seine Religion oder Weltanschauung zu wechseln, und die Freiheit, seine Religion oder Weltanschauung einzeln oder gemeinsam mit anderen öffentlich oder privat durch Gottesdienst, Unterricht oder Praktizieren von Bräuchen und Riten zu bekennen."

---

805 *Muckl*, in: Stern/Sachs GRCh, Art. 10, Rn. 2; *Frenz*, Handbuch Europarecht, Bd. 4, § 7, Rn. 1543.

806 *Muckl*, in: Stern/Sachs GRCh, Art. 10, Rn. 6.

807 *Weber*, Religionsrecht und Religionspolitik der EU, NVwZ 2011, 1485 (1486).

808 *Krimphove*, EuR 2009, 330 (332).

809 *Krimphove*, EuR 2009, 330 (342).

Ebenso wie das Grundrecht auf Religionsfreiheit aus Art. 4 Abs. 1 und 2 GG umfasst Art. 9 EMRK den Schutz des *forum internum*, d.h. den Schutz, religiöse Überzeugungen zu bilden, sowie den Schutz des *forum externum*, d.h. sich zu den religiösen Überzeugungen zu bekennen und diese auszuüben.[810] Im Rahmen einer Entscheidung zur Religionsfreiheit aus dem Jahr 1993 hat der EGMR die Gedanken-, Gewissens- und Religionsfreiheit des Art. 9 als „one of the foundations of a democratic society" und als „in its religious dimension one of the most vital elements that make up the identity of believers and their conception of live [...]"[811] bezeichnet.

2. Juristische Personen als Träger des Rechts aus Art. 9 EMRK

Dem Wortlaut der Vorschrift nach kommt dieser zunächst individualschützender Charakter zu. Eine korporative Komponente ist, zumindest ausdrücklich, nicht in Art. 9 EMRK enthalten.[812] Auch enthält die EMRK keine dem Art. 19 Abs. 3 GG vergleichbare Regelung, die eine Grundlage für die Anwendbarkeit der Rechte der EMRK auf juristische Personen schaffen würde. Versuche, aus der Verwendung des neutralen Wortes „Person" im Gegensatz zur Verwendung des Wortes „Mensch" Rückschlüsse auf den persönlichen Anwendungsbereich der Norm zu ziehen, sind mit Vorsicht zu genießen, da sich eine solche sprachliche Unterscheidung nur in der deutschen Fassung der EMRK wiederfindet.[813] Ausdrücklich Erwähnung findet die juristische Person lediglich in der Eigentumsgarantie des Art. 1 des 1. Zusatzprotokolls der EMRK.[814] Ebenso wenig enthält sie eine

---

810 *Meyer-Ladewig/Schuster*, in: Meyer-Ladewig/Nettesheim/von Raumer EMRK, Art. 9, Rn. 3 ff.; *Grabenwarter/Pabel*, in: Grabenwarter/Pabel EMRK, Art. 9, Rn. 113 f.

811 EGMR, Urt. v. 25.05.1993, Nr. 14307/88, Kokkinakis/Griechenland, Serie A Nr. 260 A, S. 18 Zif. 31.

812 *Grabenwarter/Pabel* EMRK, Art. 9, Rn. 109; *Grabenwarter*, Die korporative Religionsfreiheit nach der Menschenrechtskonvention, in: Festschrift für Rüfner, S. 147f; *Conring*, Korporative Religionsfreiheit in Europa, S. 334; *Hillgruber*, DVBl. 1999, 1155 (1176); *Robbers*, in: HStKiR Bd. I, § 9, S. 316.

813 *Gundel*, in: Enzyklopädie Europarecht Bd. 2, § 2, Rn. 3; *Goldhammer/Sieber*, JuS 2018, 22 (23).

814 Hier heißt es in Abs. 1: Jede natürliche oder juristische Person hat das Recht auf Achtung ihres Eigentums. Niemandem darf sein Eigentum entzogen werden, es sei denn, dass das öffentliche Interesse es verlangt, und nur unter den durch Gesetz und durch die allgemeinen Grundsätze des Völkerrechts vorgesehenen Bedingungen.

mit dem deutschen Recht vergleichbare Regelung, die eine Besserstellung von Religionsgemeinschaften gegenüber sonstigen Vereinigungen verlangen würde.[815]

Darüber, dass Art. 9 EMRK auch die korporative Religionsfreiheit schützt, besteht jedoch weitestgehend Einigkeit.[816] Die Berechtigung juristischer Personen zur Berufung auf die Religionsfreiheit folgt aus Art. 34 EMRK.[817] Hier heißt es in S. 1:

> „Der Gerichtshof kann von jeder natürlichen Person, nichtstaatlichen Organisation oder Personengruppe, die behauptet, durch eine der hohen Vertragsparteien in einem der in dieser Konvention oder den Protokollen dazu anerkannten Rechte verletzt zu sein, mit einer Beschwerde befasst werden."

Hiernach sind ausdrücklich auch „nichtstaatliche Organisationen oder Personengruppen" beschwerdebefugt im Hinblick auf die in der Konvention und den Protokollen enthaltenen Rechte. Die meisten Entscheidungen im Hinblick auf die korporative Religionsfreiheit sind aber auch auf europäischer Ebene, vergleichbar mit der in Deutschland aufgezeigten Rechtslage, zu juristischen Personen ergangen, die eine Religionsgemeinschaft darstellen.[818]

Hintergrund für den Schutz der korporativen Religionsfreiheit ist nach der Rechtsprechung des EGMR, dass der Ausübung des Glaubens in den meisten Fällen ein gemeinschaftlicher Charakter innewohnt und damit letztlich der Schutz der Vereinigung dem Schutz der individuellen Religionsfreiheit dient. Der EGMR formuliert dies wie folgt: „Were the organisational life of the community not protected by Art. 9 of the Convention, all other aspects of the individual's freedom of religion would become vulnerable." [819] Die Anerkennung des Schutzbedürfnisses von Vereinigungen

---

815 Vgl. *Ottenberg*, Der Schutz der Religionsfreiheit im internationalen Recht, S. 108.

816 *Frenz*, Handbuch Europarecht, § 7, Rn. 1650; *Meyer-Ladewig/Schuster*, in: Meyer-Ladewig/Nettesheim/von Raumer EMRK, Art. 9, Rn. 22; *Grabenwarter/Pabel* EMRK, Art. 9, Rn. 4; *Grabenwarter*, Die korporative Religionsfreiheit nach der Menschenrechtskonvention, in: Festschrift für Rüfner, S. 148; *Walter*, in Dörr/Grote/Marauhn EMRK/GG, Kap. 17, Rn. 103.

817 So auch *Grabenwarter/Pabel*, EMRK, § 17, Rn. 5; *Röben*, in: Dörr/Grote/Marauhn EMRK/GG, Kap. 5, Rn. 40.

818 Ein Überblick hierzu findet sich bei *Conring*, Korporative Religionsfreiheit in Europa, S. 339 ff.

819 EGMR (GK), Hasan u. Shaush/Bulgarien, Urt. v. 26.10.2000, Nr. 30985/96, Rn. 62.

folgt aus der Anerkennung des Schutzbedürfnisses der individuellen Religionsfreiheit der Mitglieder der Vereinigung.

Konstellationen, in denen sich neutrale juristische Personen auf die Religionsfreiheit berufen wollten, sind insbesondere im Zusammenhang mit der bereits erwähnten und in einigen Kantonen der Schweiz geltenden Praxis, juristische Personen zur Leistung von Kirchensteuer heranzuziehen, aufgetreten.

a. Entscheidungen der Europäischen Kommission für Menschenrechte (EKMR) zu Religionsgemeinschaften

aa. Application No. 3798/68 – Scientology v. United Kingdom

In der Entscheidung *Scientology v. United Kingdom* wandte sich Scientology gegen Regelungen, welche die britische Regierung im Zusammenhang mit Scientology sowie deren Anhängern erlassen hatte. In diesem Rahmen wurde Scientology zum einen der Status als Bildungseinrichtung aberkannt sowie zum anderen kein Studentenstatus und keine Arbeitserlaubnisse mehr für Ausländer erteilt, die angaben, mit Scientology in Verbindung zu stehen. Scientology als Vereinigung berief sich unter anderem auf eine Verletzung der Religionsfreiheit des Art. 9 Abs. 1 EMRK. In diesem Zusammenhang war die EKMR noch strikt der Ansicht, „that a corporation being a legal and not a natural person is incapable of having or exercising the right mentioned in Art. 9, paragraph 1".[820]

bb. Application No. 7805/77 – X and Church of Scientology v. Sweden

In einer späteren Entscheidung der Kommission aus dem Jahr 1979 entschied sie, auch im Zusammenhang mit der Scientology-Kirche, anders. Ein Pastor der Kirche sowie die Kirche selbst wandten sich gegen das Urteil eines schwedischen Gerichts, das im Zusammenhang mit dem Vertrieb des sog. „Hubbard-Elektrometers" gegen Scientology ergangen war. Nach der nunmehrigen Auffassung der Kommission sei die Organisation selbst von Art. 9 Abs. 1 EMRK geschützt. Dieser Schutz leite sich aus den individuellen Rechten der Mitglieder nach Art. 9 Abs. 1 EMRK ab.[821] Die bishe-

820 EKMR, *Scientology v. United Kingdom*, Appl. No. 3798/68.
821 EKMR, *X and Church of Scientology v. Sweden*, Appl. No. 7805/77.

rige Sichtweise sei „essentially artificial“ gewesen.[822] Die kirchliche Einrichtung sei fähig, die in Art. 9 Abs. 1 EMRK enthaltenen Rechte selbst zu besitzen und geltend zu machen, in ihrer Funktion als Repräsentant der Rechte ihrer Mitglieder.[823] Diese Aussage „in its own capacity as representative of its members“ wandelte die Kommission in einer späteren Entscheidung dahingehend ab, dass eine Organisation Rechte aus Art. 9 Abs. 1 EMRK *„either* in its own capacity *or* as a representative of its members“ geltend machen könne.[824]

b. Entscheidungen der Europäischen Kommission für Menschenrechte (EKRM) zu neutralen juristischen Personen

aa. Application No. 7865/77 – Firma X v. Schweiz

Beschwerdeführerin in dem Fall *Firma X v. Schweiz* war die Buchdruckerei Elgg AG, die nach dem geltenden Recht des Kantons Zürich zur Zahlung von Kirchensteuern verpflichtet wurde. Hiergegen hatte sich die juristische Person zunächst vor dem Verwaltungsgericht des Kantons Zürich unter Berufung auf ihre Religionsfreiheit aus Art. 9 EMRK gewendet. Das Verwaltungsgericht erkannte die Steuergesetze für verfassungsgemäß. Ebenso entschied das schweizerische Bundesgericht, das damit seiner ständigen Rechtsprechung und der Auffassung folgte, dass die Religionsfreiheit ihrer Natur nach nur natürlichen Personen zustehe.[825] In diesem Sinne entschied auch die EKMR. Sie war der Ansicht, dass selbst wenn der sachliche Anwendungsbereich des Art. 9 EMRK eröffnet sein sollte, eine profitorientierte juristische Person „can neither enjoy nor rely on the rights referred to in Art. 9, paragraph 1, of the Convention.[826]

822 EKMR, *X and Church of Scientology v. Sweden,* Appl. No. 7805/77.
823 EKMR, *X and Church of Scientology v. Sweden,* Appl. No. 7805/77.
824 EKMR, *Vereniging Rechtswinkels Utrecht v. Netherlands,* Appl. No. 11308/84.
825 ZBl. 1977, 163 (163 f.).
826 EKMR, *Firma X v. Schweiz,* Appl. No. 7865/77, S. 87.

bb. Application No. 20471/92 – Kustannus oy vapaa ajattelija AB u.a. v. Finland

In einer Entscheidung aus dem Jahr 1996, die gegen ein finnisches Unternehmen ergangen ist, hat die Kommission es sodann ausdrücklich nicht mehr ausgeschlossen, dass ein Unternehmen, das keine Religionsgemeinschaft ist, sich auf die Religionsfreiheit berufen kann.[827] Beschwerdeführer war ein finnischer Verlag, der von Freidenkern betrieben wurde und dessen Zweck die Veröffentlichung und der Verkauf von Büchern war, die sich freidenkerischen Zielen widmen. Diesem Verlag wurde die Pflicht auferlegt, Kirchensteuer zu zahlen. Hiergegen wandte sich der Verlag unter Berufung auf seine negative Religionsfreiheit aus Art. 9 Abs. 1 EMRK. Zwar sah die Kommission im konkreten Fall keine Verletzung der Religionsfreiheit als gegeben. Dennoch hat sie deutlich gemacht, dass sie eine Berufung auf die Religionsfreiheit von nichtreligiösen Vereinigungen nicht mehr gänzlich ausschließe.[828]

c. Zwischenergebnis

Dass Kapitalgesellschaften, die nicht in einer Beziehung zu irgend einer Religionsgemeinschaft stehen, sich auf die Religionsfreiheit der Grundrechtecharta beziehungsweise der europäischen Menschenrechtskonvention berufen, kommt selten vor. Klagen und Beschwerden tauchen auch hier entweder im Zusammenhang mit Religionsgemeinschaften oder im Zusammenhang mit der Kirchensteuerpflicht nichtreligiöser juristischer Personen auf.

Hierbei gehen die Entscheidungen der Europäischen Menschenrechtskommission von der gänzlichen Verneinung jeglicher korporativer Religionsfreiheit unter dem Regelungsregime der EMRK über die Anerkennung der Religionsfreiheit von Religionsgemeinschaften und Kirchen bis hin zu der Annahme einer möglicherweise bestehenden Religionsfreiheit juristischer Personen, die keine Religionsgemeinschaft oder Kirche sind.

Die Entscheidung der Kommission zur Beschwerde des finnischen Freidenkerverlags zeigt, dass auch auf Ebene der EMRK die Religionsfreiheit

---

827 EKMR, *Kustannus oy vapaa ajattelija AB u.a.v. Finland,* Appl. No. 20471/92.

828 EKMR, *Kustannus oy vapaa ajattelija AB u.a.v. Finland,* Appl. No. 20471/92. „The Commission would therefore not exclude that the applicant association is in principle capable of possessing and exercising the rights under Art. 9, para. 1,."

wirtschaftlich tätiger juristischer Personen nicht mehr kategorisch verneint wird. Tatsächlich war gerade bei dem Verlag, der von Freidenkern betrieben wurde, die für ein von jeglicher Religion losgelöstes Gedankengut im aufklärerischen Sinne eintreten, der Bezug zur - hier: negativen - Religionsfreiheit im Sinne einer Spezialität gegenüber anderen Grundrechten durchaus herstellbar. Dieser Gruppe von Individuen, die ihre Ziele mit dem und durch den Verlag verfolgen, die negative Religionsfreiheit zu versagen, wäre Ausdruck eines rein formalen Verständnisses der Religionsfreiheitsberechtigung gewesen.[829]

Auf lange Sicht wird die gänzliche Ablehnung der Religionsfreiheit juristischer Personen, die keine Religionsgemeinschaft und kein religiöser Verein sind, wohl auch auf europäischer Ebene nicht mehr durchzuhalten sein. Insbesondere die bereits erwähnte Sichtweise des EGMR, dass Anhaltspunkt für den Schutz juristischer Personen der Schutz der dahinterstehenden natürlichen Personen sei, lässt eine Beschränkung der Grundrechtsberechtigung auf juristische Personen, die einer Religionsgemeinschaft institutionell verbunden sind, jedenfalls nicht ohne Weiteres zu.

Nach gegenwärtigem Stand der Rechtsprechung zu Art. 9 EMRK bietet die Konvention zwar noch keinen Mehrwert gegenüber der deutschen Rechtsprechung bezüglich der Religionsfreiheit juristischer Personen. Sollte sich der EGMR jedoch dazu entscheiden, in Konstellationen wie den zuvor genannten eine Beschwerdefähigkeit im Hinblick auf die Religionsfreiheit zu bejahen, so könnte dies Auswirkungen auf die Rechtsprechung deutscher Gerichte haben, da die EMRK als Auslegungshilfe bei der Auslegung deutscher Grundrechte heranzuziehen ist.[830]

Ausblick

Ziel der vorliegenden Arbeit war es, zu untersuchen, ob die Grundrechtsträgerschaft juristischer Personen im Hinblick auf die Religionsfreiheit einer neuen Bewertung bedarf. Ein Blick auf die Rechtsprechung insbesondere des Bundesverfassungsgerichts hat gezeigt, dass das Gericht aus seinen eigens aufgestellten Grundsätze im Hinblick auf die Grundrechtsfähigkeit juristischer Personen bei der Frage nach der Religionsfreiheit juristischer Personen nicht die letzte Konsequenz zieht, sondern sich auf ein Verständnis der juristischen Person zurückzieht, das diese als künstliches Wesen be-

829 So die Beschwerdeführer, vgl. Fn. 643.
830 BVerfGE 137, 273.

greift, welches einer Ausübung individueller religiöser Freiheit nicht zugänglich ist. Aufgrund des Bedeutungsgehaltes der Religionsfreiheit und der unterschiedlichen Ausgestaltung einzelner Gesellschaftsformen, die in unterschiedlichem Ausmaß eine personale Rückbindung aufweisen und sich bei satzungsmäßigem religiösem Bekenntnis durchaus in einer vergleichbaren grundrechtstypischen Gefährdungslage befinden können, sollte diese strikte Ablehnung jedoch noch einmal überdacht werden.

So unverständlich mancher die amerikanische Entscheidung im Fall Hobby Lobby finden mag, so erweist sie sich doch letztlich als das Ergebnis einer konsequenten Anwendung der Durchgriffsdogmatik im Einzelfall und zeigt, dass eine bestimmte Organisationsform nicht mehr sein muss, als die Summe der sie gründenden und leitenden natürlichen Personen.

Immer noch stehen Rechtsprechung und Literatur einer solchen Auslegung mehrheitlich sehr kritisch gegenüber. Bestrebungen wie die in Amerika vorhandenen, finden sich in Deutschland eher selten. In neuere Zeit bestand sowohl in der deutschen als auch in der europäischen Rechtsprechung keine Notwendigkeit, sich erneut mit der Frage nach der Religionsfreiheit „neutraler" juristischer Personen auseinanderzusetzen. Dies könnte sich allerdings bald ändern, da der Kläger Mr. Lee in dem britischen Fall Lee. v. Ashers Baking Company im August 2019 angekündigt hat, Beschwerde beim EGMR einzureichen. Sollte Großbritannien demnach nicht bald auch aus der EMRK austreten, wird sich der EGMR mit dem Fall befassen müssen und in diesem Zusammenhang mit der Frage, wie weit die Rechte juristischer Personen im Bereich der Religionsfreiheit reichen können.

Dass sich momentan in Deutschland (noch) keine vergleichbaren Bestrebungen finden, sollte darüber hinaus nicht davon abhalten, im Einzelfall die Gesellschaftsform genau zu betrachten und eine Berufung auf die Religionsfreiheit dort zu erlauben, wo ein „Durchblick" auf die Religionsfreiheit der dahinterstehenden natürlichen Personen oder die jeweilige Gesellschaft geboten ist oder die jeweilige Gesellschaft selbst in ihrer Verfassung einen substantiellen Bezug zur Religion hergestellt hat. Derartige Ansätze können darüber hinaus auch im Zusammenhang mit der Anwendung anderer Grundrechte auf juristische Personen hilfreich sein.

Literaturverzeichnis

Ackermann, Thomas, Grundrechte juristischer Personen im kartellrechtlichen Sanktionsverfahren: Ein Reformhindernis?, Neue Zeitschrift für Kartellrecht, 2015, 17

Ackermann, Thomas, Unternehmen als Grundrechtssubjekte. Zur verfassungsrechtlichen Transformation privatrechtlicher Formen nicht-individueller Unternehmensträger, Jahrbuch des öffentlichen Rechts der Gegenwart, Neue Folge, Band 65, 2017, 113

Altmeppen, Holger; Roth, H. Günter (Hrsg.), Gesetz betreffend die Gesellschaften mit beschränkter Haftung Kommentar, 8. Auflage, München 2015 (zitiert: *Bearbeiter/in*, in: Roth/Altmeppen, GmbHG Kommentar, §, Rn.)

Anschütz, Gerhard, Die Verfassung des deutschen Reichs, 14. Auflage, 1993

Badura, Peter, Die Unternehmensfreiheit der Handelsgesellschaften – Ein Problem des Grundrechtsschutzes juristischer Personen des Privatrechts, Die öffentliche Verwaltung 1990, 353

Ball, David T., The Hobby Lobby Surprise: Making Money Can Be a Religious Experience, Business Law Today, 2014, 1

Bamberger, Georg; Roth, Herbert; Hau, Wolfgang; Poseck, Roman (Hrsg.), Beck'scher Online Kommentar zum BGB, 53. Edition, Stand 01.02.2020 (zitiert: *Bearbeiter/in*, in: Bamberger/Roth BeckOK BGB, §, Rn.)

Barczak, Tristan, Die Glaubens- und Gewissensfreiheit des Grundgesetzes, Mit ihren verfassungsgeschichtlichen Grundlagen und ihren konventionsrechtlichen Bezügen, JA 2015, 463

Barnet, Emily, Hobby Lobby and the Dictionary Act, The Yale Law Journal Forum, 2014, 11

Beaucamp, Guy, „Obamacare" vor dem Supreme Court, JZ 2016, 987

Bertschi, Martin; Gächter, Thomas; Hurst, Robert; Klaus, Petra; Reller, Andreas; Schmithüsen, Bernhard; Steimen, Urs; Widmer, Michael; Wyss, Moritz von (Hrsg.), Demokratie und Freiheit, 39. Tagung der Wissenschaftlichen Mitarbeiterinnen und Mitarbeiter der Fachrichtung „Öffentliches Recht", Zürich 1999 (zitiert: *Bearbeiter/in*, in: Demokratie und Freiheit)

Bethge, Herbert, Grundrechtsträgerschaft juristischer Personen, AöR 1979, 54.

Bettermann, Karl August, Juristische Personen des öffentlichen Rechts als Grundrechtsträger, NJW 1969, 1321

Bumke, Christian/ Voßkuhle, Andreas, Casebook Verfassungsrecht, 7. Auflage, 2015

Campenhausen, Axel von; de Wall, Heinrich, Staatskirchenrecht, Eine systematische Darstellung des Religionsverfassungsrechts in Deutschland und Europa, 4. Auflage, München 2006

Checketts, Eric, Taking Free Exercise the Second Mile: Why Hobby Lobby Fails to Go Far Enough, Journal of Corporation Law, 2015-2016, 971

Classen, Claus Dieter, Religionsfreiheit und Staatskirchenrecht in der Grundrechtsordnung, Zur besonderen Bedeutung der religionsverfassungsrechtlichen Garantien im Lichte der allgemeinen Grundrechtsordnung, Tübingen 2003

Colombo, Ronald J., Religious Liberty and the Business Corporation, Journal of International Business Law, 2017, 25

Colombo, Ronald J., The Naked Private Square, Houston Law Review, 2013, 1

Conring, Hans-Tjabert, Korporative Religionsfreiheit in Europa, Eine rechtsvergleichende Betrachtung, Zugleich ein Beitrag zu Art. 9 EMRK, Frankfurt am Main 1998

Corbin, Caroline Mala, Corporate Religious Liberty, Constitutional Commentary, 2015, 277

Czermak, Gerhard, Religions- und Weltanschauungsrecht, Eine Einführung, Berlin/ Heidelberg 2008

Dannecker, Gerhard; Dannecker, Christoph, Europäische und verfassungsrechtliche Vorgaben für das materielle und formelle Unternehmensstrafrecht, Neue Zeitschrift für Wirtschafts-, Steuer- und Unternehmensstrafrecht (NZWiSt), 2016, 162

Diringer, Arndt, Wirtschaftliche Betätigung und grundrechtlicher Schutz von so genannten neuen Jugendreligionen, Kriterien zur Unterscheidung zwischen religiös-weltanschaulich und wirtschaftlich ausgerichteten Vereinigungen, NVwZ 2004, 1312

Dörr, Oliver; Grote, Rainer; Marauhn, Thilo (Hrsg.), Konkordanzkommentar zum europäischen und deutschen Grundrechtsschutz, Band. I Artikel 1-19, 2. Auflage, Tübingen 2013 (zitiert: *Bearbeiter/in,* in: Dörr/Grote/Marauhn EMRK/GG, Kap., Rn.)

Dreier, Horst (Hrsg.), Grundgesetz Kommentar, Band I Präambel, Art. 1-19, 3. Auflage, Tübingen 2013 (zitiert: *Bearbeiter/in,* in: Dreier Kommentar zum GG, Art., Rn.)

Drinhausen, Florian; Eckstein, Hans-Martin (Hrsg.), Beck'sches Handbuch der AG, 3. Auflage, München 2018 (zitiert: *Bearbeiter/in,* in: Drinhausen/Eckstein Beck'sches HdB der AG, §,Rn.)

Droege, Michael, Der Religionsbegriff im deutschen Religionsverfassungsrecht – oder: Vom Spiel mit einer großen Unbekannten, in: Hildebrandt, Mathias; Brocker, Manfred (Hrsg.), Der Begriff der Religion, Interdisziplinäre Perspektiven, Wiesbaden 2008

Epping, Volker; Hillgruber, Christian (Hrsg.), Beck'scher Onlinekommentar zum Grundgesetz, 42. Edition, Stand 01.12.2019, München 2019 (zitiert: *Bearbeiter/in,* in: Epping/Hillgruber BeckOK GG, Art., Rn.)

Frenz, Walter, Die Religionsfreiheit, JA 2009, 493

Frenz, Walter, Handbuch Europarecht, Band 4 Europäische Grundrechte, Berlin 2009

Funke, Thomas Gerrit, Die Religionsfreiheit im Verfassungsrecht der USA, Historische Entwicklung und Stand der Rechtsprechung, Bonn, 2006.

Gans, David H; Kendall, Douglas T., A Capitalist Joker: The Strange Origins, Disturbing Past, and Uncertain Future of Corporate Personhood in American Law, The John Marshall Law Review, 2011, 643

Gans, David H.; Shapiro Ilyia, Religious Liberties for Corporations? Hobby Lobby, the Affordable Care Act and the Constitution, 1. Auflage, New York 2014

Garrett, Brandon L., The Constitutional Standing of Corporations, University of Pennsylvania Law Review, 2014, 95

Gaylord, Scott W., For Profit Corporations, Free Exercise and the HHS Mandate, Washington University Law Review, 2014, 589

Gedicks, Frederick Mark; van Tassell, Rebecca G., RFRA Exemptions from the Contraceptive Mandate: An Unconstitutional Accommodation of Religion, Harvard Civil Rights- Civil Liberties Law Review, 2014, 343

Gersdorf, Hubertus, Öffentliche Unternehmen im Spannungsfeld zwischen Demokratie- und Wirtschaftlichkeitsprinzip, Eine Studie zur verfassungsrechtlichen Legitimation der wirtschaftlichen Betätigung der öffentlichen Hand, Berlin 2000

Gierke, Otto von, Das Wesen der menschlichen Verbände: Rektoratsrede vor der Universität Berlin am 15. Oktober 1902, Sonderausgabe der erstmals in Berlin 1902 erschienenen Ausgabe, Darmstadt 1954

Goette, Wulf; Habersack, Mathias; Kalss, Susanne (Hrsg.), Münchner Kommentar zum Aktiengesetz, 4. Auflage, München 2016 (zitiert: *Bearbeiter/in,* in: MüKo AktG, §, Rn.)

Goldhammer, Michael; Sieber, Ferdinand, Juristische Personen und Grundrechtsschutz in Europa, JuS 2018, 22

Grabenwarter, Christoph, Die korporative Religionsfreiheit nach der Menschenrechtskonvention, in: *Muckel, Stefan (Hrsg.),* Festschrift für Wolfgang Rüfner zum 70. Geburtstag, S. 147 ff., Berlin 2003

Grabenwarter, Christoph, Enzyklopädie Europarecht, Bd. 2 Europäischer Grundrechtsschutz, 1. Auflage, Baden-Baden 2014

Grabenwarter, Christoph; Pabel, Katharina, Europäische Menschenrechtskonvention, 6. Auflage, München, Basel, Wien 2016

Greenfield, Kent, In Defense of Corporate Persons, Boston College Law School Research Paper Series, Research Paper 366, 2015, 309

Groh, Kathrin, Selbstschutz der Verfassung gegen Religionsgemeinschaften: Vom Religionsprivileg des Vereinsgesetzes zum Vereinigungsverbot, Berlin 2004

Gröpl, Christoph; Windthorst, Kay; Coelln, Christian von (Hrsg.), Studienkommentar Grundgesetze, 2. Auflage, München 2015 (zitiert: *Bearbeiter/in,* in: Gröpl/Windthorst/ von Coelln Studienkommentar GG, Art., Rn.)

Häublein, Martin; Hoffmann-Theinert, Roland (Hrsg.), Beck'scher Onlinekommentar zum HGB, 20. Edition, Stand: 15.04.2018, München 2018 (zitiert: *Bearbeiter/in,* in: Häublein/Hoffmann-Theinert BeckOK HGB, §, Rn.)

Hay, Peter, Law of the United States, München 2002

Heckel, Martin, Der Augsburger Religionsfriede, Sein Sinnwandel vom provisorischen Notstands-Instrument zum sakrosankten Reichsfundamentalgesetz religiöser Freiheit und Gleichheit, in: *Gartner, Joachim; Godel, Erika (Hrsg.),* Religionsfreiheit und Frieden, Vom Augsburger Religionsfrieden zum europäischen Verfassungsvertrag, Frankfurt am Main 2007

Heinig, Hans Michael; Morlok, Martin, Von Schafen und Kopftüchern, Das Grundrecht auf Religionsfreiheit in Deutschland vor den Herausforderungen religiöser Pluralisierung, JZ 2003, 777

Hillgruber, Christian, Staat und Religion, Deutsches Verwaltungsblatt, 1999, 1155

Hillgruber, Christian, Der deutsche Kulturstaat und der muslimische Kulturimport, die Antwort des Grundgesetzes auf eine religiöse Herausforderung, JZ 1999, 538.

Hillgruber, Christian, Anmerkung zu BVerfG Beschluss v. 19.7.2011 – 1 BvR 1916/09, JZ 2011, 1118

Höfling, Wolfram, Kopernikanische Wende rückwärts? Zur neueren Grundrechtsjudikatur des Bundesverfassungsgerichts, in: *Muckel, Stefan (Hrsg.),* Festschrift für Wolfgang Rüfner zum 70. Geburtstag, S. 329 ff., Berlin 2003

Hölters, Wolfgang, Aktiengesetz Kommentar, 3. Auflage, München 2017 (zitiert: *Bearbeiter/in,* in: Hölters Aktiengesetz, §,Rn.).

Hufen, Friedhelm, Staatsrecht II, 4. Auflage, München 2014

Hüffer, Uwe; Koch, Jens (Hrsg.), Kommentar zum Aktiengesetz, 14. Auflage, München 2020 (zitiert: *Bearbeiter/in,* in: Hüffer/Koch AktG Kommentar, §, Rn.)

Isensee Josef; Kirchhof, Paul (Hrsg.), Handbuch des Staatsrechts der Bundesrepublik Deutschland, Band IX Allgemeine Grundrechtslehren, 3. Auflage, Heidelberg 2011 (zitiert: *Bearbeiter/in,* in: HStR Bd. IX, §, Rn.)

Isensee, Josef; Kirchhof, Paul (Hrsg.), Handbuch des Staatsrechts der Bundesrepublik Deutschland, Band VII Freiheitsrechte, 3. Auflage, Heidelberg 2009 (zitiert: *Bearbeiter/in,* in: HStR Bd. VII, §, Rn.).

Iuliano, Jason, Do Corporations Have Religious Beliefs?, Indiana Law Journal, 2015, 47

Jarass, Hans/ Pieroth, Bodo, Grundgesetz für die Bundesrepublik Deutschland Kommentar, 14. Auflage 2016 (zitiert: *Bearbeiter/in,* in: Jarass/Pieroth, Art., Rn.)

Johnson, Lyman; Millon, David, Corporate Law after Hobby Lobby, The Business Lawyer, 2014, 1

Jorczak, Jennifer, „Not Like You and Me“: Hobby Lobby, The Fourteenth Amendment, and What the Further Expansion of Corporate Personhood Means for Individual Rights, Brooklyn Law Review, 2014, 285.

Kahl, Wolfgang; Waldhoff, Christian; Walter, Christian (Hrsg.), Bonner Kommentar zum Grundgesetz zu Art. 19 Abs. 3 GG, 32. Lieferung, Stand Januar 1974 (zitiert: *Bearbeiter/in,* in BK zum GG, Art., Rn.)

Kahl, Wolfgang; Waldhoff, Christian; Walter, Christian (Hrsg.), Bonner Kommentar zum Grundgesetz zu Art. 4 GG, 135. Aktualisierung August 2008, (zitiert: *Bearbeiter/in*, in BK zum GG, Art., Rn.)

Karlen, Peter, Das Grundrecht der Religionsfreiheit in der Schweiz, Zürich 1988

Kaupisch, Julia, Das Grundrecht der Religionsfreiheit in seiner historischen Entwicklung, Werdegang in den norddeutschen Ländern, Frankfurt am Main 2008

Kingreen, Thorsten, Das Verfassungsrecht der Zwischenschicht. Die juristische Person zwischen grundrechtsgeschützter Freiheit und grundrechtsgebundener Macht, Jahrbuch des öffentlichen Rechts, Neue Folge Band 65, 2017, 1

Kingreen, Thorsten; Möslein, Florian, Die Identität der juristischen Person: Die Hobby Lobby Entscheidung des U.S. Supreme Court zur Glaubensfreiheit gewinnorientierter Kapitalgesellschaften, JZ 2016, 57

Koch, Jens, Gesellschaftsrecht, 10. Auflage, München 2017

Krautscheidt, Joseph; Marré, Heiner (Hrsg.), Essener Gespräche zum Thema Staat und Kirche, Band 3, Münster 1969 (zitiert: *Bearbeiter/in,* in: Essener Gespräche, S.)

Krimphove, Dieter, Europäisches Religions- und Weltanschauungsrecht, EuR 2009, 330

Krüper, Julian, Vier Wege zur Verfassungsgeschichte, Das Verhältnis von Staat, Religion und Kirchen im Spiegel verfassungsgeschichtlicher Methoden, Zeitschrift für das juristische Studium 1/2012, 9

Kulick, Andreas, Vom Kopf auf die Füße. Die juristische Person des Privatrechts und die wesensmäßige Anwendbarkeit der Grundrechte, Jahrbuch des öffentlichen Rechts der Gegenwart, Neue Folge Band 65, 2017, 57

Laycock, Douglas, A Survey of Religious Liberty in the United States, Ohio State Law Journal, 1986, 409

Laycock, Douglas, Free Exercise and the Religious Freedom Restoration Act, Fordham Law Review, 1994, 883

Lenz, Christopher; Hansel, Ronald, Bundesverfassungsgerichtsgesetz Handkommentar, 1. Auflage, Baden-Baden 2013 (zitiert: *Bearbeiter/in,* in: Lenz/Hansel BVerfGG Kommentar, §, Rn.)

Leßmann, Herbert, Persönlichkeitsschutz juristischer Personen, AcP 1970, 266

Levine, Samual J., A Critique of Hobby Lobby and the Supreme Court's Hands-Off Approach to Religion, Notre Dame Law Review Online, 2015, 26

Listl, Joseph, Das Grundrecht der Religionsfreiheit in der Rechtsprechung der Gerichte der Bundesrepublik Deutschland, Berlin 1971

Listl, Joseph; Pirson, Dietrich (Hrsg.), Handbuch des Staatskirchenrechts der Bundesrepublik Deutschland, Erster Band, 2. Auflage, Berlin 1994 (zitiert: *Bearbeiter/in,* in: HStKiR Bd. I, §, S.)

Ludwigs, Markus; Friedmann, Carolin, Die Grundrechtsberechtigung staatlich beherrschter Unternehmen und juristischer Personen des öffentlichen Rechts, Kontinuität oder Wandel der verfassungsrechtlichen Dogmatik?, NVwZ 2018, 22

Mangoldt, Hermann von/ Klein, Friedrich/ Starck, Christian (Hrsg.), Grundgesetz Kommentar Band I – Art. 1-19, 7. Auflage, München 2018 (zitiert: *Bearbeiter/in*, in: von Mangoldt/Klein/Starck, Art, Rn.)

Martorana, Mary Elisabeth, Closely Held Corporations are Persons: The Supreme Court's Correct and Intuitive Holding in *Burwell v. Hobby Lobby Stores, Inc.*, Faulkner Law Review, 2015-2016, 319

Maunz, Theodor; Dürig, Günter (Begr.), Grundgesetz Kommentar, 88. Ergänzungslieferung, München, August 2018 (zitiert: *Bearbeiter/in*, in: Maunz/Dürig, Art., Rn.)

McFarlin, Jamie K., The Associational Hoax: Corporate Personhood and Shareholder Rights after Hoby Lobby and Citizens United, Business and Bankruptcy Law Journal, 2016, 251

Meese, Alan J.; Oman, Nathan B., Hobby Lobby, Corporate Law, and the Theory of the Firm: Why For-Profit Corporations are RFRA Persons, 2013-2014, 273

Merkt, Hanno, US-amerikanisches Gesellschaftsrecht, 3. Auflage, Frankfurt am Main 2013

Merten, Detlef; Papier, Hans-Jürgen (Hrsg.); Handbuch der Grundrechte in Deutschland und Europa, Band II Grundrechte in Deutschland: Allgemeine Lehren I, Heidelberg 2006 (zitiert: *Bearbeiter/in*, in: HBG Bd. II, §, Rn.)

Merten, Detlef; Papier, Hans-Jürgen (Hrsg.); Handbuch der Grundrechte in Deutschland und Europa, Band III Grundrechte in Deutschland, Allgemeine Lehren II, Heidelberg 2009 (zitiert: *Bearbeiter/in*, in: HBG Bd. III, §, Rn.)

Meyer-Ladewig, Jens; Nettesheim, Martin; Raumer, Stefan von (Hrsg.) Europäische Menschenrechtskonvention Handkommentar, 4. Auflage, Baden-Baden 2017 (zitiert: *Bearbeiter/in*, in: Meyer-Ladewig/Nettesheim/von Raumer EMRK, Art., Rn.)

Müller-Glöge, Rudi; Preis, Ulrich; Schmidt, Ingrid (Hrsg.), Erfurter Kommentar zum Arbeitsrecht, 18. Auflage, München 2018 (zitiert: *Bearbeiter/in*, in: Erfurter Kommentar, Art., Rn.)

Müller-Glöge, Rudi/ Preis, Ulrich/ Schmidt, Ingrid (Hrsg.), Erfurter Kommentar zum Arbeitsrecht, 17. Auflage 2017

Müller, Jörg Paul, Die staatsrechtliche Rechtsprechung des Bundesgerichts im Jahre 1976, Zeitschrift des Bernischen Juristenvereins (ZBJV) 1978, 49

Müller, Jörg Paul; Schefer, Markus, Grundrechte in der Schweiz, Im Rahmen der Bundesverfassung, der EMRK und der UNO-Pakte, 4. Auflage, Bern 2008

Münch, Ingo von; Kunig, Philipp (Hrsg.), Grundgesetz Kommentar, Band I Präambel bis Art. 69, 6. Auflage, München 2012 (zitiert: *Bearbeiter/in*, in: von Münch/Kunig GG Kommentar, Art., Rn.)

Nadel, Sean, Closely Held Conscience: Corporate Personhood in the Post-*Hobby Lobby* World, Columbia Journal of Law and Social Problems, 2016-2017, 417

Oliver, Peter, Companies and their Fundamental Rights: A Comparative Perspective, International and Comparative Law Quarterly (ICLQ), 2015, 661

Ottenberg, Daniel, Der Schutz der Religionsfreiheit im internationalen Recht, Baden-Baden 2009

Pelucchini, Laura, Hobby Lobby Case: What Religious Liberty can do to Personal Freedom, Sapienza Legal Papers, 2014-2015, 19

Pieroth, Bodo; Christoph, Görisch, Was ist eine „Religionsgemeinschaft"?, JuS 2002, 937

Priester, Hans-Joachim; Mayer, Dieter; Wicke, Hartmut (Hrsg.), Münchener Handbuch des Gesellschaftsrechts, Band 3 Gesellschaft mit beschränkter Haftung, 4. Auflage, München 2012 (zitiert: *Berarbeiter/in,* in: MünchHdBGesellR Bd. 3, §, Rn.)

Priester, Hans-Joachim/ Mayer, Dieter/ Wicke, Hartmut (Hrsg.), Münchner Handbuch des Gesellschaftsrechts, Band 3, Gesellschaft mit beschränkter Haftung, 4. Auflage 2012

Raiser, Thomas; Veil, Rüdiger, Recht der Kapitalgesellschaften, Ein Handbuch für Praxis und Wissenschaft, München 2015

Raiser, Thomas; Veil, Rüdiger, Recht der Kapitalgesellschaften, Ein Handbuch für Praxis und Wissenschaft, 6. Auflage, München 2015

Richardi, Reinhard (Hrsg.), Betriebsverfassungsgesetz mit Wahlordnung Kommentar, 15. Auflage, München 2016 (zitiert: *Bearbeiter/in,* in: Richardi BetrVG Kommentar, §, Rn.)

Ripken, Susanna Kim, Citizens, Corporate Personhood, and Corporate Power: The Tension between Constitutional Law and Corporate Law, University of St. Thomas Journal of Law and Public Policy, 2011-2012, 285

Römermann, Volker, Die Limited in Deutschland – eine Alternative zur GmbH?, NJW 2006, 2065

Rosenberg, David, The Corporate Paradox of Citizens United and Hobby Lobby, NYU Journal of Law and Liberty, 2017, 308

Rüfner, Wolfgang, Zur Bedeutung und Tragweite des Art. 19 Abs. 3 des Grundgesetzes, Anwendbarkeit der Grundrechte auf juristische Personen, AöR 1964, 261

Rupp-von Brünneck, Wiltraut, Zur Grundrechtsfähigkeit juristischer Personen, in: Ehmke, Horst; Schmid, Carlo; Scharoun, Hans (Hrsg.), Festschrift für Adolf Arndt zum 65. Geburtstag, S. 349 ff.

Sachs, Michael (Hrsg.), Grundgesetz Kommentar, 8. Auflage, München 2018 (zitiert: *Bearbeiter/in,* in: Sachs GG Kommentar, Art., Rn.)

Säcker, Franz Jürgen; Rixecker, Roland; Oetker, Hartmut; Limperg, Bettina (Hrsg.), Münchner Kommentar zum Bürgerlichen Gesetzbuch, Band I Allgemeiner Teil §§ 1-240, 7. Auflage, München 2015 (zitiert: *Bearbeiter/in,* in: MüKo BGB, §, Rn.)

Saenger, Ingo, Gesellschaftsrecht, 3. Auflage, 2015

Savigny, Friedrich Carl von, System des heutigen römischen Rechts, Band I, Berlin 1840

Schmidt-Bleibtreu, Bruno; Klein, Franz (Begr.); Hofmann, Hans; Henneke, Hans-Günter (Hrsg.), GG Kommentar zum Grundgesetz, 14. Auflage, Köln 2018 (zitiert: *Bearbeiter/in,* in: Schmidt-Bleibtreu/Hofmann/Henneke, Art., Rn.)

Schmidt, Karsten, Gesellschaftsrecht, 4. Auflage, Köln 2002

Scolnicov, Anat, Lifelike and Lifeless in Law: Do Corporations Have Human Rights?, University of Cambridge Legal Studies Research Paper Series, Paper No. 13/2013

Sepinwall, Amy J.; Corporate Piety and Impropriety: Hobby Lobby's Extension of RFRA Rights to the For-Profit Corporation, Harvard Business Law Review, 2015, 173

Sepper, Elisabeth, Contraception and the Birth of Corporate Conscience, American University Journal of Gender, Social Policy and the Law, 2014, 303

Stern, Klaus, Das Staatsrecht der Bundesrepublik Deutschland, Band III Allgemeine Lehren der Grundrechte 1. Halbband, München 1988

Stern, Klaus; Becker, Florian (Hrsg)., Grundrechte Kommentar, Die Grundrechte des Grundgesetzes mit ihren europäischen Bezügen, 2. Auflage, Köln 2015 (zitiert: *Bearbeiter/in,* in: Stern/Becker GG Kommentar)

Stern, Klaus; Sachs, Michael (Hrsg.), Europäische Grundrechte-Charta Kommentar, München 2016 (zitiert: *Bearbeiter/in,* in: Stern/Sachs GRCh, Art., Rn.)

Storr, Stefan, Der Staat als Unternehmer, Tübingen, 2001

Stürner, Rolf (Hrsg.), Jauernig Bürgerliches Gesetzbuch Kommentar, 16. Auflage, München 2015 (zitiert: *Bearbeiter/in,* in: Jauernig BGB Kommentar, §, Rn.)

Terbrack, Christoph, L'etat c'est moi- oder: Von der trügerischen Allherrlichkeit des Alleinaktionärs bei der Hauptversammlung, Rheinische Notar-Zeitschrift, 2012, 221

Unruh, Peter, Religionsverfassungsrecht, 3. Auflage, Baden-Baden 2015

Walker, Yvette Ann, More than Human: Modern Expansion of Corporate Personhood Rights in Hobby Lobby, Southern California Review of Law and Social Justice, 2014-2015, 301

Walter, Christian, Religionsverfassungsrecht in vergleichender und internationaler Perspektive, Tübingen, 2006

Weber, Hermann, Religionsrecht und Religionspolitik in der EU, NVwZ 2011, 1485

Wiedemann, Herbert, Gesellschaftsrecht, Ein Lehrbuch des Unternehmens- und Verbandsrechts, Band I Grundlagen, München 1980

Willoweit, Dietmar, Deutsche Verfassungsgeschichte, Vom Frankenreich bis zur Wiedervereinigung Deutschlands, 6. Auflage, München 2009

Wilson, Robin Fretwell, Demystifying Hobby Lobby, International Survey of Family Law, 2015, 343

Windbichler, Christine, Gesellschaftsrecht, 23. Auflage, 2013

Zähle, Kai, Religionsfreiheit und fremdschädigende Praktiken, Zu den Grenzen des forum externum, AöR 2009, 434

FSC
www.fsc.org
MIX
Papier | Fördert gute Waldnutzung
FSC® C083411

Kolibri 360 GmbH
Ferdinand-Jühlke-Straße 7
99095 Erfurt, Deutschland
produktsicherheit@kolibri360.de